AF746715

Collection « L'esprit économique »

fondée par Sophie Boutillier et Dimitri Uzunidis en 1996
dirigée par Sophie Boutillier, Blandine Laperche, Dimitri Uzunidis

Si l'apparence des choses se confondait avec leur réalité, toute réflexion, toute Science, toute recherche serait superflue. La collection « L'esprit économique » soulève le débat, textes et images à l'appui, sur la face cachée économique des faits sociaux : rapports de pouvoir, de production et d'échange, innovations organisationnelles, technologiques et financières, espaces globaux et microéconomiques de valorisation et de profit, pensées critiques et novatrices sur le monde en mouvement...
Ces ouvrages s'adressent aux étudiants, aux enseignants, aux chercheurs en sciences économiques, politiques, sociales, juridiques et de gestion, ainsi qu'aux experts d'entreprise et d'administration des institutions.

La collection est divisée en six séries :

Dans la série *Economie et Innovation* sont publiés des ouvrages d'économie industrielle, financière et du travail et de sociologie économique qui mettent l'accent sur les transformations économiques et sociales suite à l'introduction de nouvelles techniques et méthodes de production. L'innovation se confond avec la nouveauté marchande et touche le cœur même des rapports sociaux et de leurs représentations institutionnelles.

La série *Economie formelle* a pour objectif de promouvoir l'analyse des faits économiques contemporains en s'appuyant sur les approches critiques de l'économie telle qu'elle est enseignée et normalisée mondialement. Elle comprend des livres qui s'interrogent sur les choix des acteurs économiques dans une perspective macroéconomique, historique et prospective.

Dans la série *Le Monde en Question* sont publiés des ouvrages d'économie politique traitant des problèmes internationaux. Les économies nationales, le développement, les espaces élargis, ainsi que l'étude des ressorts fondamentaux de l'économie mondiale sont les sujets de prédilection dans le choix des publications.

La série *Krisis* a été créée pour faciliter la lecture historique des problèmes économiques et sociaux d'aujourd'hui liés aux métamorphoses de l'organisation industrielle et du travail. Elle comprend la réédition d'ouvrages anciens, de compilations de textes autour des mêmes questions et des ouvrages d'histoire de la pensée et des faits économiques.

La série *Clichés* a été créée pour fixer les impressions du monde économique. Les ouvrages contiennent photos et texte pour faire ressortir les caractéristiques d'une situation donnée. Le premier thème directeur est : mémoire et actualité du travail et de l'industrie ; le second : histoire et impacts économiques et sociaux des innovations.

La série *Cours Principaux* comprend des ouvrages simples, fondamentaux et/ou spécialisés qui s'adressent aux étudiants en licence et en master en économie, sociologie, droit, et gestion. Son principe de base est l'application du vieil adage chinois : « le plus long voyage commence par le premier pas ».

Le sous-développement durable

Les pays en « voie de développement » se sont trompés de voie !

© L'Harmattan, 2026
5-7, rue de l'École-Polytechnique ; 75005 Paris

http://www.editions-harmattan.fr/

ISBN : 978-2-336-59337-1
EAN : 9782336593371

Hachimi Madouche

Le sous-développement durable

Les pays en « voie de développement » se sont trompés de voie !

L'Harmattan

Du même auteur

- L'Entreprise et l'Économie algériennes, quel avenir ?
  Éditions LAPHOMIC – 1989

- Le Tourisme en Algérie, Jeu et Enjeux
  Point de vue sur les préoccupations actuelles
  Éditions HOUMA – 2003

- Religions et violence
  Éditions les trois colonnes – Paris – 2019

- Comptabilité générale et Analyse financière avec Éléments de mathématiques financières
  Éditions Imal – Tizi-ouzou – 2023

Avertissement

Pour rendre la lecture de l'ouvrage plus fluide et plus agréable, le lecteur est invité, une fois l'objet d'un tableau identifié, à ne lire que la situation des pays ou des produits qui l'intéressent.

INTRODUCTION

Quand nous avons entamé nos études d'économie, on nous a expliqué que notre pays était un pays en voie de développement. À l'hiver de notre vie, notre pays est, nous dit-on, toujours en voie de développement. Alors, il est légitime de se poser la question de savoir si nous sommes réellement sur la bonne voie. De notre point de vue, non !

Après la Seconde Guerre mondiale, les économistes du développement du Nord comme du Sud se sont mis à réfléchir et ont conçu des théories et des modèles de développement qui se sont tous révélés inefficaces.

L'impasse de tous ces modèles et théories est un fait indiscutable !

Tels des médecins qui se trouvent face à une maladie incurable, les économistes du développement sont dans un désarroi absolu.

Au moment où les pays développés s'interrogent sur la problématique de la durabilité du développement qui a donné naissance à la notion et à la théorie du développement durable ; les pays du tiers-monde - du moins ceux que nous connaissons à peu près bien - font tout pour que leur sous-développement perdure le plus longtemps possible. Ce sont ces pratiques qui nous ont inspiré le titre du livre : le sous-développement durable.

Dans beaucoup de pays, c'est principalement la dénaturation des institutions fondamentales, souvent favorisée par la malédiction des richesses naturelles, qui est à l'origine d'un système de valeurs destructeur.

État de non-droit à la place de l'État de droit ; emmêlement des professions militaire, politique et économique ; emmêlement des pouvoirs législatif, exécutif et judiciaire ; démocratie de façade à la place de la démocratie ; économie rentière à la place de l'économie de marché …, tout ceci entraîne un système de valeurs destructeur : la promotion sociale par le parrainage des puissants, la dévalorisation du travail et du mérite, le clientélisme, la prospérité de la médiocratie, la corruption, le développement de l'affairisme et de la délinquance économique, la démotivation des salariés, le délitement du lien entre le peuple et ses dirigeants, passe–droits, abus de pouvoir, conflits d'intérêts, etc.

Le relatif développement que nous constatons dans les pays du tiers-monde est dû à ce que nous appelons le ruissellement du développement des pays du Nord vers les pays du Sud. Les citoyens des pays sous-développés n'ont pas inventé l'électricité, la voiture, l'avion, le train, le réfrigérateur, le lave-linge, le lave-vaisselle, le téléviseur, la radio, l'ordinateur, le téléphone portable, les équipements médicaux ..., pourtant, ils s'en servent dans leur vie de tous les jours. Si l'Occident n'avait pas inventé tous ces services et biens de consommation durables, on vivrait dans une pauvreté beaucoup plus aiguë !

Écrire un livre descriptif sur le développement et le sous-développement est un acte sans intérêt ! Aussi, après avoir mis en relief l'impasse des théories et des modèles de développement (chapitre I) et après avoir identifié les obstacles au développement (chapitre II), nous allons, dans un troisième chapitre, proposer un modèle de développement industriel et agricole illustré par l'exemple de l'Algérie. En quelques mots, le modèle de développement que nous proposons pour l'Algérie et plus globalement pour les pays pauvres, s'appelle le modèle de développement par les sciences de l'ingénieur et l'esthétique. Comme le suggère l'intitulé, ce modèle est constitué de deux axes principaux : un axe technique et un axe esthétique.

La technique et l'esthétique sont les deux principales caractéristiques des pays développés.

La maîtrise du progrès technique par les pays du tiers-monde ne peut se faire que par les sciences de l'ingénieur et non par un illusoire transfert technologique, c'est ce que nous appelons le Développement par les sciences de l'ingénieur – DSI –.

Pendant la phase de la mise en place de l'économie de marché, le cerveau invisible de l'État développeur doit se substituer à la main invisible du marché.

L'organisation des branches d'activité doit se faire selon les principes du Triangle magique Q.C.I. constitué de trois facteurs déclencheurs du décollage économique :

- La qualité apportée par les investissements directs étrangers – IDE –.
- La concurrence instaurée par la multiplication des acteurs.
- Et l'imitation innovante rendue possible grâce à la formule d'entreprise « produit en main » et à des ingénieurs brillants formés dans les meilleures universités du monde ; car pour imiter, il faut avoir la capacité d'imiter et de la capacité d'imiter à la capacité d'innover, il n'y a qu'un pas.

La formation doit se faire prioritairement dans ce que nous appelons les fonctions développantes de l'entreprise :
- la fonction technique : production et recherche-développement ;
- la fonction de direction ;
- et la fonction de markéting stratégique.

Les économistes[1] expliquent le développement des Nouveaux pays industrialisés –NPI– comme la Corée du Sud, par le succès du modèle dit de promotion des exportations. De notre point de vue, cette explication est erronée ! Tous les pays non développés voudraient promouvoir leurs exportations ; mais malheureusement, tout le monde n'y arrive pas ! En vérité, l'explication réside en amont : ce sont les fonctions développantes de l'entreprise - la fonction technique (recherche-développement et production), la fonction de direction et la fonction de markéting stratégique - qui expliquent le succès ou l'échec des exportations et non le modèle de promotion des exportations en tant que tel, en tant que modèle distinctif des autres modèles sur lesquels nous reviendrons plus tard.

La Corée du Sud qui a réussi l'application du modèle de développement par la promotion des exportations, est capable de réussir n'importe quel autre modèle de développement : Industrialisation par la substitution des importations, industrialisation par la substitution des exportations, industries industrialisantes, etc. Ce qui nous permet d'affirmer sans crainte de nous tromper que ce n'est pas tel ou tel modèle qui explique le développement des pays, mais bien les fonctions développantes de l'entreprise.

[1] Voir notamment : Le sous-développement, stratégies et résultats –André LOUAT Ellipses-Éditions- Les économiques – 1999.

Le professeur A. Benachenhou[1] , dans ses différentes interventions publiques, affirme qu'il ne croit pas au développement industriel de l'Algérie ; par contre, il croit à l'Algérie des services.
De notre point de vue, il se trompe ! À notre connaissance, il n'y a pas un seul pays au monde, grand ou de taille intermédiaire ou moyenne, qui soit relativement développé ou émergent sans passer par l'industrialisation.
Le développement par les services est un modèle adapté aux pays de petite taille comme la Suisse, la Principauté de Monaco, les Émirats arabes unis, Singapour, etc.
Le développement de l'Algérie par les services est une chimère !
Le développement des banques dans notre pays est une question plus ''politique'' que technique.
Le développement du tourisme de loisir à grande échelle est un mirage, une utopie. À l'exception de ''l'exportation'' du Sud qui revient à ''vendre'' l'Algérie sans les Algériens, on imagine mal un bus de touristes suédois s'arrêter à Barraki, Bentalha ou Sidi-Moussa pour permettre aux visiteurs de flâner en toute quiétude dans les rues de ces villes ou de s'installer paisiblement à la terrasse d'un café …
Le transport ? Le commerce ? Il est difficile de voir clair dans la proposition de M. Benachenhou.

Le professeur Omar Aktouf[2] quant à lui, affirme dans ses interventions publiques que Cuba est l'un des pays les plus développés au monde. Devant une telle affirmation, notre réaction peut parfaitement être résumée par un dicton kabyle que nous nous permettons de lui rappeler : dans une famille, on a dit au grand-père très âgé et non-voyant : « On vient de te donner un peu de miel » ; étant persuadé que ce n'était pas du miel, il leur a répondu ironiquement : « J'ai trouvé son goût dans ma bouche ».

Il est vrai que les pays occidentaux sont loin d'être parfaits. C'est précisément pour cette raison que nous proposons la notion de métadéveloppement (chapitre IV). Le métadéveloppement constitue une perspective de développement relativement difficile à atteindre.

---

[1] Ancien ministre des Finances et ancien conseiller économique du président Bouteflika
[2] Professeur - HEC Montréal

Seuls les pays qui réalisent des performances exceptionnelles en matière de démocratie, d'économie, de développement social et de protection de l'environnement accéderont à l'étape du métadéveloppement.

L'Indice synthétique du métadéveloppement est précisément constitué de :

-L'Indice de démocratie - ID -.

-L'Indice de développement économique - IDE -.

-L'Indice de développement social - IDS -.

-Et l'Indice de protection de l'environnement - IPE -.

L'évaluation de ces différents indices intègre le critère de sécurité ; sécurité démocratique, sécurité économique et sécurité dans la société.

Le deuxième volet du modèle de développement proposé est l'aspect esthétique. Le stade actuel du capitalisme est celui du ‘‘capitalisme des beaux-arts’’, caractérisé par une production pénétrée par la sensibilité et l'émotion. Les sociétés occidentales sont des ‘‘sociétés-artistes’’.

Dans les pays non développés, le Développement participatif de l'esthétique (DPE) qui consiste en une esthétisation de l'environnement et de la société, est à nos yeux, indispensable.

CHAPITRE I

LE DÉVELOPPEMENT, LE SOUS-DÉVELOPPEMENT ET LA QUESTION DE LA TRANSITION

SECTION I - DÉVELOPPEMENT ET SOUS-DÉVELOPPEMENT

Les pays développés sont des pays *démocratiques* bien sapés ; à contrario, les pays sous-développés sont généralement des pays autoritaires mal sapés.
Sapés est l'acronyme de : *Savoir – Avoir – Pouvoir et Esthétique.*
Il peut être entendu dans le sens de l'acronyme mais aussi dans le sens populaire de chic et d'élégant.
Ces cinq indicateurs – rédigés en italique – permettent de caractériser relativement bien le développement et le sous-développement et par voie de conséquence, d'identifier les pays développés et les pays sous-développés.

I - GÉOGRAPHIE DU DÉVELOPPEMENT ET GÉOGRAPHIE DE LA DÉMOCRATIE

La richesse immatérielle des nations est principalement constituée du savoir et de la démocratie avec ses attributs fondamentaux.
L'un des attributs consubstantiels à la démocratie est le respect des droits humains, les deux valeurs sont intimement liées, elles sont inséparables ; il n'existe pas de démocratie où les droits de l'homme sont bafoués.
La démocratie devrait être la condition sine qua non de l'accès au statut de pays développé. Un pays sans démocratie et sans respect des droits humains peut être un pays puissant, mais pas un pays développé ; l'exemple de la Chine illustre bien ce cas de figure !

Le savoir sera examiné dans le paragraphe II, car il conditionne l'avoir et le pouvoir. À présent, examinons la situation de la démocratie dans le monde à travers l'Indice de démocratie.

A- L'INDICE DE DÉMOCRATIE : DÉFINITION ET MÉTHODE

Définition

Établi annuellement depuis 2006 par le groupe de presse britannique The Economist, l'Indice de démocratie est une évaluation de la situation de la démocratie dans les différents pays du monde. L'évaluation porte non pas sur les 195 pays reconnus par l'Organisation des Nations unies, mais sur 165 pays et 02 territoires, dont 164 membres de l'ONU.

Méthode

Le calcul est fondé sur 60 critères regroupés en cinq catégories :
- Le processus électoral et le pluralisme.
- Les libertés civiles.
- Le fonctionnement du gouvernement.
- La participation politique.
- Et la culture politique.

La notation se fait selon une échelle allant de 0 à 10. À partir de cette note, les pays sont classés en quatre types de régimes politiques :
- Les démocraties à part entière.
- Les démocraties imparfaites.
- Les régimes hybrides.
- Et les régimes autoritaires.

Les démocraties à part entière : Indice égal ou supérieur à 8 ; elles sont caractérisées par :
- Le respect des libertés individuelles et collectives.
- La séparation des pouvoirs législatif, exécutif et judiciaire.
- L'indépendance de la justice et l'application des décisions judiciaires.
- Le respect de la constitution par le gouvernement.
- Une presse diverse, libre et indépendante.

- Et l'organisation régulière d'élections démocratiques, transparentes et justes permettant l'alternance au pouvoir.

Les problèmes constatés dans le fonctionnement démocratique de ces pays sont mineurs et marginaux.

Les démocraties imparfaites : indice entre 6 et 7,99 ; elles sont caractérisées par :

- Des élections transparentes et libres.
- La reconnaissance des libertés fondamentales avec des violations ponctuelles de ces dernières : atteintes à la liberté de la presse, restrictions aux critiques de l'opposition politique …
- Culture politique insuffisante.
- Faible niveau de participation politique.
- Problèmes dans le fonctionnement du gouvernement.

Les régimes hybrides : indice entre 4 et 5,99 ; ils sont caractérisés par :

- Des fraudes électorales régulières.
- Des pressions sur l'opposition politique.
- Des pressions sur les médias.
- Une justice dépendante du pouvoir.
- Une corruption répandue ou généralisée.
- Une grande faiblesse de l'État de droit.
- Une culture politique insuffisante.
- Un faible niveau de participation politique.
- Des problèmes dans le fonctionnement du gouvernement.

Les régimes autoritaires : indice inférieur à 4 ; ils sont caractérisés par :

- Un pluralisme politique très limité, voire inexistant.
- Ils sont souvent des monarchies absolues ou des dictatures.
- Faiblesse des institutions démocratiques.
- Violations récurrentes des libertés fondamentales.
- Fraudes électorales.
- Contrôle de la presse de manière directe ou indirecte.
- Censures récurrentes.
- Répression de l'opposition politique.
- Mainmise sur le système judiciaire.

B- L'INDICE DE DÉMOCRATIE PAR PAYS

La situation dans les pays développés

Pays développés	État de la démocratie –2022–
Amérique	
États-Unis	Démocratie imparfaite
Canada	Démocratie à part entière
Asie	
Singapour	Démocratie imparfaite
Hong Kong (Chine)	*Régime hybride*
Japon	Démocratie à part entière
Corée du Sud	Démocratie à part entière
Taïwan	Démocratie à part entière
Europe	
Norvège	Démocratie à part entière
Islande	Démocratie à part entière
Suisse	Démocratie à part entière
Allemagne	Démocratie à part entière
Danemark	Démocratie à part entière
Pays-Bas	Démocratie à part entière
Irlande	Démocratie à part entière
Finlande	Démocratie à part entière
Suède	Démocratie à part entière
Liechtenstein	(Indice non calculé)
Royaume-Uni	Démocratie à part entière
Luxembourg	Démocratie à part entière
France	Démocratie à part entière
Belgique	Démocratie imparfaite
Autriche	Démocratie à part entière
Slovénie	Démocratie imparfaite
Italie	Démocratie imparfaite
Espagne	Démocratie à part entière
Tchéquie	Démocratie imparfaite
Grèce	Démocratie imparfaite

Estonie	Démocratie imparfaite
Andorre	Indice non calculé
Chypre	Démocratie imparfaite
Malte	Démocratie imparfaite
Slovaquie	Démocratie imparfaite
Portugal	Démocratie imparfaite
Océanie	
Australie	Démocratie à part entière
Nouvelle-Zélande	Démocratie à part entière

Source : The Economist -2022-

Á l'exception de Hong Kong (Chine), tous les pays développés sont des pays démocratiques, mais près d'un tiers sont des démocraties imparfaites.

La situation dans les pays non développés

Pays	**État de la démocratie**
Uruguay	Démocratie à part entière
Costa Rica	Démocratie à part entière
Chili	Démocratie à part entière
Botswana	Démocratie imparfaite
Lettonie	Démocratie imparfaite
Lituanie	Démocratie imparfaite
Malaisie	Démocratie imparfaite
Trinité-et-Tobago	Démocratie imparfaite
Jamaïque	Démocratie imparfaite
Timor-Oriental	Démocratie imparfaite
Afrique du Sud	Démocratie imparfaite
Inde	Démocratie imparfaite
Pologne	Démocratie imparfaite
Suriname	Démocratie imparfaite
Panama	Démocratie imparfaite
Argentine	Démocratie imparfaite
Brésil	Démocratie imparfaite

Philippines	Démocratie imparfaite
Colombie	Démocratie imparfaite
Indonésie	Démocratie imparfaite
Thaïlande	Démocratie imparfaite
Hongrie	Démocratie imparfaite
Bulgarie	Démocratie imparfaite
Namibie	Démocratie imparfaite
Croatie	Démocratie imparfaite
Sri Lanka	Démocratie imparfaite
Monténégro	Démocratie imparfaite
Roumanie	Démocratie imparfaite
Ghana	Démocratie imparfaite
Albanie	Démocratie imparfaite
République dominicaine	Démocratie imparfaite
Mongolie	Démocratie imparfaite
Guyana	Démocratie imparfaite
Serbie	Démocratie imparfaite
Moldavie	Démocratie imparfaite
Lesotho	Démocratie imparfaite
Macédoine du Nord	Démocratie imparfaite
Bangladesh	Régime hybride
Papouasie-Nouvelle-Guinée	Régime hybride
Pérou	Régime hybride
Malawi	Régime hybride
Paraguay	Régime hybride
Zambie	Régime hybride
Sénégal	Régime hybride
Madagascar	Régime hybride
Équateur	Régime hybride
Arménie	Régime hybride
Fidji	Régime hybride
Bhoutan	Régime hybride
Tunisie	Régime hybride
Liberia	Régime hybride

Ukraine	Régime hybride
Hong Kong	Régime hybride
Mexique	Régime hybride
Géorgie	Régime hybride
Honduras	Régime hybride
Tanzanie	Régime hybride
Salvador	Régime hybride
Kenya	Régime hybride
Maroc	Régime hybride
Sierra Leone	Régime hybride
Bosnie-Herzégovine	Régime hybride
Guatemala	Régime hybride
Ouganda	Régime hybride
Bolivie	Régime hybride
Népal	Régime hybride
Gambie	Régime hybride
Turquie	Régime hybride
Bénin	Régime hybride
Nigeria	Régime hybride
Côte d'Ivoire	Régime hybride
Pakistan	Régime hybride
Mauritanie	Régime hybride
Angola	Régime autoritaire
Palestine	Régime autoritaire
Koweït	Régime autoritaire
Niger	Régime autoritaire
Algérie	Régime autoritaire
Qatar	Régime autoritaire
Liban	Régime autoritaire
Kirghizistan	Régime autoritaire
Mozambique	Régime autoritaire
Gabon	Régime autoritaire
Mali	Régime autoritaire
Comores	Régime autoritaire

Cambodge	Régime autoritaire
Éthiopie	Régime autoritaire
Jordanie	Régime autoritaire
Irak	Régime autoritaire
Oman	Régime autoritaire
Rwanda	Régime autoritaire
Burkina Faso	Régime autoritaire
Kazakhstan	Régime autoritaire
Eswatini	Régime autoritaire
Togo	Régime autoritaire
Egypte	Régime autoritaire
Zimbabwe	Régime autoritaire
Émirats arabes unis	Régime autoritaire
Azerbaïdjan	Régime autoritaire
Haïti	Régime autoritaire
République du Congo	Régime autoritaire
Djibouti	Régime autoritaire
Viêt Nam	Régime autoritaire
Cuba	Régime autoritaire
Guinée-Bissau	Régime autoritaire
Cameroun	Régime autoritaire
Bahreïn	Régime autoritaire
Nicaragua	Régime autoritaire
Soudan	Régime autoritaire
Guinée	Régime autoritaire
Russie	Régime autoritaire
Venezuela	Régime autoritaire
Burundi	Régime autoritaire
Ouzbékistan	Régime autoritaire
Arabie Saoudite	Régime autoritaire
Libye	Régime autoritaire
Erythrée	Régime autoritaire
Biélorussie	Régime autoritaire
Iran	Régime autoritaire

Yémen	Régime autoritaire
Chine	Régime autoritaire
Tadjikistan	Régime autoritaire
Guinée-équatoriale	Régime autoritaire
Laos	Régime autoritaire
Tchad	Régime autoritaire
Turkménistan	Régime autoritaire
République démocratique du Congo	Régime autoritaire
Syrie	Régime autoritaire
République centrafricaine	Régime autoritaire
Corée du Nord	Régime autoritaire
Birmanie	Régime autoritaire
Afghanistan	Régime autoritaire

*Source : The Economist

Sur 132 pays mentionnés dans le tableau précédent, 03 sont des démocraties à part entière (soit 2,27 %) ; 34 sont des démocraties imparfaites (25,76 %) ; 37 sont des régimes hybrides (28,03 %) et 58 sont des régimes autoritaires (43,94 %). Autrement dit, près de 72 %, 71,97 % plus précisément, sont des pays non démocratiques.

II- GÉOGRAPHIE DU DÉVELOPPEMENT ET GÉOGRAPHIE DU SAVOIR, DE L'AVOIR ET DU POUVOIR

A- GÉOGRAPHIE DU DÉVELOPPEMENT ET GÉOGRAPHIE DU SAVOIR

Ce qui fait la différence entre pays développés et pays sous-développés, c'est en *premier lieu* le savoir, c'est l'excellence dans le savoir !

Ce n'est certainement pas les indicateurs spécieux et trompeurs de la durée moyenne d'études et du taux d'alphabétisation chez les adultes, intégrés dans l'Indice de développement humain - IDH – créé par les économistes indien et pakistanais, Amartya Sen (prix Nobel d'économie en 1998) et Mahbub Ul Haq (banquier et ancien ministre des Finances du Pakistan). Puis adopté par le Programme des nations unies pour le développement – PNUD – à partir de 1990.

S'il y a un facteur décisif dans le déclenchement du développement, c'est bien l'excellence dans le savoir ; c'est l'intelligence supérieure et certainement pas l'intelligence moyenne ou médiocre comme la nôtre[1] ! L'intelligence supérieure est une intelligence féconde qui crée, invente et innove. Comme celle des Européens occidentaux avec la Première Révolution industrielle et celle des Occidentaux de manière plus globale, pour les trois autres Révolutions industrielles qui ont suivi.

La maîtrise des savoirs peut raisonnablement être appréciée à travers quatre critères :

- Les Révolutions industrielles.
- L'Indice de l'innovation.
- Les prix Nobel, dont les prix Nobel scientifiques.
- Et les meilleures universités dans le monde.

Les Quatre Révolutions industrielles

La Première Révolution industrielle

C'est elle qui force le barrage des ténèbres de l'ignorance, permettant à l'humanité de faire en un siècle un bond dans le progrès qu'elle n'a pas pu faire pendant tous les millénaires précédents réunis ! Ce sont les Britanniques et les Hollandais (en tant que facilitateurs plutôt qu'en tant que moteur) qui ont pris le flambeau au milieu du 18e siècle ; suivis par la Belgique, la France et la Suisse au début du 19e siècle ; puis par l'Allemagne, la Suède, les USA et le Japon au milieu du même siècle ; puis enfin par l'Espagne, l'Italie et l'Autriche à la fin du siècle. Elle est caractérisée par :

- L'invention de la vapeur comme source d'énergie : la vapeur produite par l'eau chauffée au charbon se transforme en énergie mécanique.
- La mécanisation grâce aux machines à vapeur (émergence de l'industrie textile grâce à des machines à coudre mécanisées,

[1] L'adjectif possessif nôtre est personnel, individuel et non collectif.

de l'industrie métallurgique qui permet la fabrication de machines et la construction de ponts, de l'industrie du charbon…).

- Et le développement des chemins de fer à vapeur qui facilitent l'accélération des échanges économiques et humains.

- *Chronologie des événements* :

1769 - James Watt, ingénieur écossais, invente la machine à vapeur qui transforme en énergie mécanique la vapeur produite par l'eau chauffée au charbon.

1779 - Samuel Crompton, inventeur britannique, met au point une machine à filer le coton qui a permis d'obtenir un fil à la fois fin et résistant et le développement de l'industrie textile.

1825 - Stephenson, ingénieur britannique, invente la locomotive et crée la première ligne ferroviaire ouverte au public, inaugurant ainsi le chemin de fer à vapeur.

1827 - Joseph Niepce dit Nicéphore Niepce, ingénieur français, invente la photographie.

1855 - Henry Bessemer, industriel et métallurgiste britannique, invente un procédé d'affinage de la fonte brute, ayant servi à fabriquer de l'acier peu coûteux. Le procédé est perfectionné avec la ‘‘Henry Bessemer and Company’’, société implantée à Sheffield, ville du nord de l'Angleterre.

La Deuxième Révolution industrielle

La Deuxième Révolution industrielle apparaît à la deuxième moitié du XIXe siècle. Elle est caractérisée par :

- Une nouvelle source d'énergie : l'invention de l'électricité et l'extraction du pétrole et du gaz.
- De nouveaux modes de transport rendus possibles notamment par l'invention du moteur à explosion, permettant le développement de l'industrie automobile et de l'industrie aéronautique.
- L'invention du télégraphe et du téléphone révolutionne la communication.
- L'invention de nouveaux modèles d'organisation comme l'Organisation scientifique du travail (taylorisme) ; le travail à la chaîne (fordisme)… afin d'augmenter la productivité du travail.

- Chronologie des événements :

1858 - Etienne Lenoir, inventeur né dans une ville luxembourgeoise aujourd'hui située en Belgique, naturalisé français, invente le premier moteur à combustion et explosion à essence, principalement utilisé pour la propulsion des véhicules de transport (camions, automobiles, motos, bateaux et avions légers) et pour de nombreux outils mobiles, comme les tronçonneuses et les tondeuses ainsi que pour des installations fixes, comme les groupes électrogènes, les pompes, etc.

1863 – Louis Pasteur, scientifique français, chimiste et physicien de formation, pionnier en microbiologie, met au point un vaccin contre la rage et la pasteurisation. La pasteurisation est un procédé de conservation des aliments et de leurs propriétés gustatives, qui permet de prévenir d'éventuelles intoxications alimentaires.

1871 - Zénobe Gramme, inventeur belge, né en Belgique, mort en France, invente le premier générateur électrique.

1876 - Alexander Graham Bell, né à Édimbourg en Écosse, mort au Canada, naturalisé américain en 1882, est connu pour être le véritable inventeur du téléphone.

Antonio Meucci, inventeur italien né à Florence, est reconnu depuis juin 2002 par la chambre des représentants des Etats-Unis, pour sa contribution à l'invention du téléphone.

1882 - Edison, inventeur, scientifique et industriel américain ; et Swan un électricien et chimiste britannique inventent l'ampoule électrique.

1886 - Carl Benz, Allemand, ingénieur en mécanique, met au point la première automobile à l'aide de son moteur à explosion.

1895 - Les frères Lumière, tous deux ingénieurs et industriels français, projettent le 1er film cinématographique. Ils ont joué un rôle primordial dans l'histoire du cinéma et de la photographie.

1896 - Guglielmo Marconi, physicien, inventeur et homme d'affaires italien, met au point la 1re communication radiophonique : la télégraphie sans fil. Il est considéré comme l'un des inventeurs de la radio et de la télégraphie sans fil.

1898 - Pierre et Marie Curie, physiciens français, réussissent à isoler le radium ouvrant ainsi la voie à la physique nucléaire.

1903 - Les frères Wright, deux célèbres pionniers américains de l'aviation, à la fois chercheurs, ingénieurs, concepteurs, constructeurs et pilotes, effectuent le 1er vol motorisé.
1911 - Frederick Winslow Taylor, ingénieur américain, met au point l'Organisation scientifique du travail – OST – à travers la division du travail et la séparation des tâches de conception et d'exécution.
1914 - Henri Ford, industriel américain, instaure une nouvelle méthode de travail : le travail à la chaîne.

La Troisième Révolution industrielle

La Troisième Révolution industrielle apparaît à partir de 1970, cette fois-ci, d'abord aux États-Unis et au Japon. Elle est caractérisée par :

- L'émergence d'une nouvelle source d'énergie : l'énergie nucléaire.
- L'invention en 1971 du microprocesseur par Marcian Hoff, ingénieur américain en électronique ; et Federico Faggin, physicien italien, tous deux ingénieurs chez Intel.
- L'avènement de l'électronique, du transistor et du microprocesseur.
- La naissance d'Internet comme nouveau moyen de communication.
- L'invention de l'automate et du robot…

La Quatrième Révolution industrielle

La Quatrième Révolution industrielle appelée également l'industrie 4.0, en référence au 4eme bouleversement industriel caractérisé par l'introduction des technologies numériques dans les différents secteurs d'activité économiques.

En quelques mots, la Première Révolution industrielle est caractérisée par la mécanisation fonctionnant à la vapeur.

La Deuxième par l'utilisation de l'électricité comme source d'énergie.

La Troisième par l'introduction de l'énergie nucléaire et de l'automatisation.

La Quatrième par l'introduction de plusieurs technologies numériques qui permettent entre autres, d'augmenter la productivité, la croissance et la satisfaction des clients.

- Les technologies utilisées

. L'Internet des objets : C'est l'introduction d'Internet dans le fonctionnement des objets que les consommateurs et les entreprises utilisent dans leur vie de tous les jours. Ces objets sont connectés de façon autonome et communiquent des données via Internet ; réfrigérateur, lave-linge et lave-vaisselle connectés ; montre intelligente ; Alexa, assistant personnel intelligent capable d'interaction vocale, de lire de la musique, de faire des listes de tâches, de régler des alarmes, de donner la météo, le trafic et d'autres informations en temps réel.

Le secteur industriel possède également de nombreux appareils connectés qui partagent des données de fabrication, de stockage, de commercialisation…

. Le Big data industriel : Les appareils connectés et alimentés d'informations industrielles, fournissent d'énormes données aux différents services de l'entreprise. Le Big data permet de gérer des données beaucoup plus variées et volumineuses à une très grande vitesse. Il permet entre autres de déceler des corrélations entre des informations, d'identifier des schémas et tendances jusque-là inconnus, de mieux comprendre les préférences des clients, etc.

. Les algorithmes avancés : Ils sont constitués de formules mathématiques complexes qui transmettent des instructions aux différents systèmes informatiques, afin de veiller à l'exécution correcte des tâches.

. L'Intelligence artificielle – L'IA – : L'Intelligence artificielle est un ensemble de techniques développant des programmes informatiques complexes capables de simuler l'intelligence humaine, grâce à ses algorithmes avancés.

. La Technologie 3D : La Technologie 3D est l'ensemble des techniques permettant d'enregistrer des informations visuelles en trois dimensions ou de créer une impression de profondeur. La 3D signifie que l'image affichée donne une impression de relief.

Elle se décline en plusieurs catégories : l'impression 3D ; la modélisation 3D ; l'affichage 3D, etc.

. Les robots cobotiques : un robot est un dispositif conçu pour accomplir automatiquement des tâches imitant ou reproduisant des actions humaines dans un domaine précis. La conception de ces systèmes est l'objet d'une branche de l'automatisme nommée robotique. Les robots sont isolés du contact humain. Dans l'industrie 4.0 on utilise des robots collaboratifs appelés cobots qui facilitent grandement les interactions entre le robot et l'opérateur. En d'autres termes, à la différence du robot industriel classique qui travaille pour les humains, le robot collaboratif (cobot) est fait pour travailler avec les humains. Quand le robot industriel traditionnel reste isolé de l'humain pour des raisons de sécurité ; le robot collaboratif fait place à une réelle interaction entre l'homme et le robot.

- Les secteurs d'application de l'industrie 4.0

L'industrie 4.0 est appliquée non seulement dans le secteur industriel mais aussi dans le secteur agricole et celui des services.
Elle s'applique également dans la vie des particuliers ; les appareils électroménagers, les smartphones, les tablettes, les ordinateurs portables et les montres connectées sont déjà omniprésents dans la vie des citoyens des pays développés.

- Les avantages de l'industrie 4.0

L'utilisation des technologies de l'industrie 4.0 procure de nombreux avantages parmi lesquels :

. L'augmentation de la productivité.
. L'amélioration de la qualité des produits.
. La réduction des coûts d'exploitation.
. Une personnalisation des produits.
. Une plus grande satisfaction des clients.
. Une meilleure sécurité des employés grâce à l'interaction avancée homme-machine.
. L'élimination du papier grâce à la numérisation des documents.
. Un contrôle en temps réel des machines et des productions grâce à des capteurs sans fil installés sur les différents équipements.
. L'introduction de procédés intelligents qui permettent aux machines

d'analyser leurs propres données pour corriger en temps réel les défauts de fabrication éventuels sur les produits et prévoir à quel moment l'entretien doit être effectué.

. L'optimisation des procédés à l'aide de logiciels d'analyse avancée afin d'identifier les meilleurs procédés de fabrication et d'entretien.

. L'utilisation de l'impression en 3D afin de produire rapidement des prototypes et de fabriquer des produits personnalisés selon les spécifications des clients.

. La connexion des produits à Internet en les dotant de capteurs pour en surveiller l'utilisation.

. L'intégration des réseaux informatiques pour entrer en contact plus facilement et plus rapidement avec les clients, les fournisseurs et les différents partenaires de l'entreprise (utilisation de l'extranet, de systèmes d'échange de données informatisées pour le commerce interentreprises, de sites web pour le commerce grand public…).

L'indice de l'innovation par pays

L'Indice mondial de l'innovation est un indice qui permet un classement annuel de 132 pays selon leurs capacités et leurs réussites en matière d'innovation.

Lancé en 2007, il est publié annuellement par l'Organisation mondiale de la propriété intellectuelle.

L'Indice synthétique est calculé en prenant la moyenne simple des scores de deux indices :

- L'Indice des moyens de l'innovation (l'Innovation Input Index).
- Et l'Indice des résultats de l'innovation (l'Innovation Output Index).

Chacun d'eux est décrit à l'aide d'indicateurs et leurs scores sont calculés selon la méthode de la moyenne pondérée.

Beaucoup de gouvernements suivent la publication de cet Indice afin d'apprécier leurs performances.

L'Indice a été parfois critiqué pour avoir accordé une importance excessive à des facteurs qui ne font pas partie de l'écosystème de l'innovation.

Les 50 meilleurs pays en matière d'innovation pour l'année 2022

Rang	Pays ou territoire	Région
1	Suisse	Europe
2	États-Unis	Amérique du Nord
3	Suède	Europe
4	Royaume-Uni	Europe
5	Pays-Bas	Europe
6	Corée du Sud	Asie de l'Est
7	Singapour	Asie du Sud-Est
8	Allemagne	Europe
9	Finlande	Europe
10	Danemark	Europe
11	Chine	Asie de l'Est
12	France	Europe
13	Japon	Asie de l'Est
14	Hong Kong	Asie de l'Est
15	Canada	Amérique du Nord
16	Israël	Asie de l'Ouest
17	Autriche	Europe
18	Estonie	Europe
19	Luxembourg	Europe
20	Islande	Europe
21	Malte	Europe
22	Norvège	Europe
23	Irlande	Europe
24	Nouvelle-Zélande	Océanie
25	Australie	Océanie
26	Belgique	Europe
27	Chypre	Asie de l'Ouest
28	Italie	Europe
29	Espagne	Europe
30	Tchéquie	Europe
31	Émirats arabes unis	Asie de l'Ouest

32	Portugal	Europe
33	Slovénie	Europe
34	Hongrie	Europe
35	Bulgarie	Europe
36	Malaisie	Asie du Sud-Est
37	Turquie	Asie de l'Ouest
38	Pologne	Europe
39	Lituanie	Europe
40	Inde	Asie du Sud
41	Lettonie	Europe
42	Croatie	Europe
43	Thaïlande	Asie du Sud-Est
44	Grèce	Europe
45	Maurice	Afrique subsaharienne (Est)
46	Slovaquie	Europe
47	Russie	Europe
48	Viêt Nam	Asie du Sud-Est
49	Roumanie	Europe
50	Chili	Amérique latine

Prix Nobel, dont prix Nobel scientifiques par pays, depuis 1901

Le prix Nobel est une récompense annuelle décernée depuis 1901 à des personnes pour :

- Leurs apports dans les différents domaines de la connaissance (prix Nobel scientifiques).
- Leurs œuvres littéraires (prix Nobel de littérature).
- Ou pour leur travail en faveur de la paix (prix Nobel de la paix).

Le prix Nobel résulte du testament d'Alfred NOBEL, chimiste, industriel et fabricant d'armes suédois. Alfred NOBEL est titulaire de plus de 350 brevets scientifiques dont celui de la dynamite, il lègue son immense fortune pour instituer le prix Nobel.

Le tableau suivant donne la répartition des prix Nobel par pays et par catégorie.

Pays	Total	Scientifiques	littérature	Paix
USA	393	358	13	22
Royaume-Uni	136	110	13	13
Allemagne	111	95	10	6
France	73	44	17	12
Suède	33	20	8	5
Japon	29	25	3	1
Suisse	28	22	2	4
Russie +URSS	27	18	5	4
Canada	26	22	2	2
Autriche	23	18	2	3
Pays-Bas	22	20	0	2
Italie	20	13	6	1
Pologne	15	6	6	3
Hongrie	13	12	1	0
Danemark	13	9	3	1
Norvège	13	8	3	2
Australie	12	11	1	0
Israël	12	8	1	3
Belgique	11	6	1	4
Irlande	11	2	4	5
Afrique du Sud	10	4	2	4
Inde	9	5	2	2
Chine	8	5	2	1
Espagne	8	2	6	0
Finlande	5	3	1	1
Tchéquie	5	3	1	1
Argentine	5	3	0	2
Ukraine	4	3	1	0
Roumanie	4	2	1	1
Portugal	4	1	1	2
Egypte	4	1	1	2
Nouvelle-Zélande	3	3	0	0

Biélorussie	3	1	1	1
Mexique	3	1	1	1
Luxembourg	2	2	0	0
Croatie	2	2	0	0
Lituanie	2	1	1	0
Turquie	2	1	1	0
Sainte-Lucie	2	1	1	0
Pakistan	2	1	0	1
Grèce	2	0	2	0
Chili	2	0	2	0
Guatemala	2	0	1	1
Colombie	2	0	1	1
Liberia	2	0	0	2
Taïwan	1	1	0	0
Hong Kong	1	1	0	0
Îles-Féroé	1	1	0	0
Venezuela	1	1	0	0
Serbie	1	1	0	0

*Tableau élaboré par nos soins à partir de données collectées.

-La Bulgarie, la Bosnie-Herzégovine et le Nigeria ont eu chacun 01 prix Nobel de littérature.
-Le Kenya, la Tunisie, l'Ethiopie, le Ghana, le Vietnam, le Yémen, le Tibet, la Macédoine du Nord, la Birmanie, la Palestine, le Pérou, ont eu chacun 01 prix Nobel de la paix.

Les meilleures universités dans le monde

Dans la formation universitaire en général et dans la maîtrise des savoirs techniques comme les sciences de l'ingénieur, l'Occident surclasse de très loin les autres pays du monde comme le montre le classement QS ci-dessous. QS - Quacquarelli Symonds - est une société britannique d'évaluation des universités et des établissements de formation supérieure.

Le seul pays non développé cité plusieurs fois dans les TOP 100 est la Chine. Ne pas reconnaître la percée de ce pays dans la maîtrise des savoirs, c'est faire preuve d'inélégance à son égard.
L'Inde, la Russie et le Brésil sont également cités dans les Top 100, mais de manière moins remarquable.
D'autres pays enfin, font des intrusions ponctuelles qui manquent de confirmation ; Malaisie, Argentine, Mexique, Chili…

Les meilleures universités dans le monde - Top 100

Rang	Université	Pays
1	Institut de technologie du Massachusetts (MIT)	États-Unis
2	Université de Cambridge	Royaume-Uni
3	Université d'Oxford	Royaume-Uni
4	Université de Harvard	États-Unis
5	Université de Stanford	États-Unis
6	Collège impérial de Londres	Royaume Uni
7	ETH Zurich	Suisse
8	Université nationale de Singapour (NUS)	Singapour
9	UCL - Londres	Royaume Uni
10	Université de Californie, Berkeley (UCB)	États-Unis
11	Université de Chicago	États-Unis
12	Université de Pennsylvanie	États-Unis
13	Université de Cornell	États-Unis
14	Université de Melbourne	Australie
15	Institut de technologie de Californie (Caltech)	États-Unis
16	Université de Yale	États-Unis
17	Université de Pékin	Chine
17	Université de Princeton	États-Unis
19	L'Université de Nouvelle-Galles du Sud UNSW	Australie
19	Université de Sydney	Australie
21	Université de Toronto	Canada
22	Université d'Édimbourg	Royaume-Uni
23	Université de Colombie	États-Unis
24	Université - PSL	France
25	Université de Tsinghua	Chine

26	Université technologique de Nanyang,	Singapour
26	Université de Hong Kong	Hong Kong
28	Université Johns Hopkins	États-Unis
28	L'Université de Tokyo	Japon
30	Université de Californie à Los Angeles (UCLA)	États-Unis
31	Université McGill	Canada
32	Université de Manchester	Royaume-Uni
33	Université du Michigan-Ann Arbor	États-Unis
34	Université nationale australienne (ANU)	Australie
35	Université de la Colombie-Britannique	Canada
36	EPFL	Suisse
37	Université technique de Munich	Allemagne
38	Institut Polytechnique de Paris	France
38	Université de New York (NYU)	États-Unis
40	Kings Collège de Londres	Royaume-Uni
41	Université Nationale de Seoul	Corée du Sud
42	Université Monash	Australie
43	Université du Queensland	Australie
44	Université du Zhejiang	Chine
45	La London School of Economics and Political Science	Royaume-Uni
46	Université de Kyoto	Japon
47	Université de technologie de Delft	Pays-Bas
47	Université du nord-ouest	États-Unis
47	Université chinoise de Hong Kong – CUHK-	Hong Kong
50	Université Fudan	Chine
51	Université Jiao Tong de Shanghai	Chine
52	L'université de Carnegie Mellon	États-Unis
53	Université d'Amsterdam	Pays-Bas
54	Université Ludwig-Maximilians de Munich	Allemagne
55	Université de Bristol	Royaume -Uni
56	KAIST - Institut supérieur coréen des sciences et technologies	Corée du Sud
57	Université de Duke	États-Unis
58	Université du Texas à Austin	États-Unis

59	Sorbonne Université	France
60	Université des sciences et technologies de Hong Kong	Hong Kong
61	KU Louvain	Belgique
62	Université de Californie à San Diego (UCSD)	États-Unis
63	Université de Washington	États-Unis
64	Université de l'Illinois à Urbana- Champaign	États-Unis
65	Université Polytechnique de Hong Kong	Hong Kong
65	Université de Malaisie (UM)	Malaisie
67	Université de Warwick	Royaume-Uni
68	Université d'Auckland	Nouvelle-Zélande
69	Université nationale de Taiwan (NTU)	Taiwan
70	Université municipale de Hong Kong	Hong Kong
71	Université Paris-Saclay	France
72	Université d'Australie occidentale	Australie
73	Université Brown	États-Unis
73	Institut royal de technologie KTH	Suède
75	Université de Leeds	Royaume-Uni
76	Université de Glasgow	Royaume-Uni
77	Université Yonsei	Corée du Sud
78	Université de Durham	Royaume-Uni
79	Université de Corée	Corée du Sud
80	Université d'Osaka	Japon
81	Trinity College de Dublin, Université de Dublin	Irlande
81	Université de Southampton	Royaume-Uni
83	Université d'État de Pennsylvanie	États-Unis
84	Université de Birmingham	Royaume-Uni
85	Université de Lund	Suède
85	Université de São Paulo	Brésil
87	Université d'État Lomonossov de Moscou	Russie
87	Université de Heidelberg	Allemagne
89	'Université d'Adélaïde	Australie
90	Université de technologie de Sydney	Australie
91	Institut de technologie de Tokyo - Tokyo Tech	Japon
91	Université de Zurich	Suisse

93	Université de Boston	États-Unis
93	Université nationale autonome de Mexique	Mexique
95	Université de Buenos Aires (UBA)	Argentine
95	Université de St Andrews	Royaume-Uni
97	Institut de technologie de la Géorgie	États-Unis
98	Université libre de Berlin	Allemagne
99	Université Purdue	États-Unis
100	Université des sciences et technologies de Pohang	Corée du Sud
100	Université de Nottingham	Royaume-Uni

B- GÉOGRAPHIE DU DÉVELOPPEMENT ET GÉOGRAPHIE DE L'AVOIR

La richesse des nations : les différentes approches

Le mercantilisme (du 16e au milieu du 18e siècle)

Contexte : triomphe de la monarchie absolue et de la colonisation.

Idées : le symbole de la puissance du prince et de la richesse de la nation est représenté par les métaux précieux. Pour s'en procurer, il faut, selon ce courant de pensée économique, favoriser l'essor industriel pour fabriquer des biens manufacturés et s'appuyer sur la classe des marchands pour les exporter, afin qu'un excédent commercial permette l'entrée de métaux précieux.

L'État joue un rôle majeur dans l'accumulation des richesses, en adoptant des politiques protectionnistes tout en étant offensif dans le développement industriel et la promotion des exportations.

La richesse est définie par la possession de pierres et métaux précieux ; car ce sont eux qui permettent de financer les guerres et qui ont une valeur durable dans le temps. Il s'agit d'une richesse essentiellement princière.

De nos jours, la question de la pertinence de certaines idées mercantilistes refait surface dans le débat sur la mondialisation, le libre-échange et le protectionnisme.

La physiocratie (seconde moitié du XVIIIe siècle)

En opposition aux idées mercantilistes, les physiocrates considèrent que :

- La richesse d'un pays est représentée par la richesse de tous ses habitants et non pas seulement par celle de l'État et du prince.
- Cette richesse est constituée de tous les biens qui satisfont les besoins et non seulement de métaux précieux thésaurisés.
- La richesse doit être produite par le travail.
- Pour les physiocrates, la seule activité réellement productive est l'agriculture. La terre multiplie les biens : une pomme de terre semée donne plusieurs pommes de terre.
- L'industrie et le commerce sont considérés comme des activités stériles, car elles se contentent de transformer les matières premières produites par l'agriculture ou de distribuer les biens et services.

Le mouvement physiocratique connaît son apogée au cours de la seconde moitié du XVIIIe siècle pour devenir obsolète avec le développement prodigieux de l'industrie et des services.

Adam Smith (philosophe et économiste écossais, 1723 - 1790)

Pour Smith, la richesse est l'ensemble des produits nécessaires à la vie de la nation tout entière. L'or et la monnaie ne sont pas des richesses mais de simples moyens d'échange.

L'origine de la richesse est le travail des hommes. Il pose ainsi les bases de la doctrine de la valeur travail.

La production de la richesse et sa croissance dépendent essentiellement de trois facteurs : la division du travail, la taille du marché et l'accumulation du capital.

- La division du travail *:* Elle consiste en une spécialisation des travailleurs chacun dans une tâche bien précise. Elle augmente leur efficacité et leur productivité.

- Le marché, sa taille et son rôle : Si le marché n'est pas assez grand, le surplus de production permis par la division du travail ne trouvera pas d'acheteurs.

Selon Smith, la recherche par les agents économiques de leurs propres intérêts particuliers et égoïstes, conduit à l'intérêt général, grâce à la « main invisible du marché » qui incite les individus à produire ce dont la société a besoin.

Le marché selon lui, s'autorégule, il n'a nullement besoin de l'intervention de l'État. C'est probablement pour cette idée qu'Adam Smith est considéré comme le père putatif du libéralisme économique.

- L'accumulation et la croissance : Adam Smith fait l'éloge de l'épargne et de l'investissement industriel, les mieux à même d'augmenter la productivité et de conduire la société vers l'opulence et la prospérité.

- Le libre-échange : Adam Smith prône le libre-échange et la spécialisation internationale selon le principe de l'avantage absolu qui recommande de ne jamais fabriquer chez soi un bien qui coûte moins cher à importer.

Cette théorie est corrigée par la théorie des avantages comparatifs de David Ricardo.

- Le rôle de l'État : Adam Smith recommande à l'État d'être le gardien de l'intérêt général et non de celui du prince, en assurant les fonctions régaliennes : police, armée, justice ; et ce, pour protéger les citoyens des violences internes et externes et des injustices.

La véritable richesse

De notre point de vue, la richesse des nations est due, soit au savoir et au travail, soit à la Providence.

- Savoir et travail : Le travail à lui seul ne conduit pas à la richesse et au développement des nations. Les citoyens de tous les pays du monde travaillent à peu près dans les mêmes proportions et pourtant il y a des pays qui sont développés et d'autres qui ne le sont pas. Pour que le travail conduise au développement, il faut qu'il soit précédé par la maîtrise des savoirs et savoir-faire, notamment dans les domaines techniques, car c'est le progrès technique qui décuple de manière décisive la productivité.

La division du travail sur laquelle s'attardent des économistes comme Smith, n'est qu'un facteur organisationnel parmi d'autres, qui agit sur la productivité de manière nettement moins importante. Dans les pays du tiers-monde, le travail est divisé et les travailleurs spécialisés, aussi bien dans les entreprises que dans les administrations. Est-ce que cette division du travail et cette spécialisation les ont aidés à sortir du sous-développement ? Non ! La division du travail et la spécialisation permettent une augmentation de la productivité, mais cette augmentation est loin d'atteindre un niveau suffisamment important pour provoquer le décollage économique.

Pour que le travail produise de la richesse de manière substantielle, il faut qu'il intègre le progrès technique et qu'il soit érigé au rang de valeur dans la société.

Il faut que l'amour du travail bien fait et l'amour du travail propre fassent partie de la culture de la nation ; il faut qu'ils soient des facteurs déterminants dans la réussite professionnelle et sociale de l'individu ; ce qui n'est malheureusement pas le cas dans beaucoup de pays sous-développés. D'autres considérations aussi destructrices les unes que les autres prennent le pas sur le travail et le travail de qualité. Dans un pays comme le nôtre, l'humour populaire dit : « En Algérie, on ne va pas travailler, on va au travail… » La nuance est de taille !

Ce qui permet ce travers et tant d'autres, ce sont principalement les richesses naturelles.

Imaginons un instant l'Algérie sans hydrocarbures ! L'État profond et sa boutique, avec toutes ses clientèles à l'intérieur, vont s'écrouler en quelques mois !

Venons-en donc à la seconde source de la richesse des nations : les dons de la Providence.

- Les richesses naturelles : On a beaucoup disserté sur la question de savoir si les richesses naturelles du tiers-monde sont une bénédiction ou une malédiction du Ciel.

Contentons-nous à ce stade de deux observations et d'une conclusion.

- 1re observation : force est de constater que ce ne sont pas toutes les richesses naturelles qui permettent à un pays d'accéder au statut de pays riche. Le coton, le café, le cacao, la banane… ne peuvent pas être mis sur le même pied d'égalité que le pétrole et le gaz.

- 2e observation : la simple constatation empirique nous contraint d'admettre qu'en général, seuls les pays de petite taille, tels que les

monarchies du Golfe, peuvent atteindre grâce aux hydrocarbures le niveau de vie des pays développés.
Pour les pays de taille moyenne, comme l'Algérie, l'Irak, le Venezuela … les hydrocarbures sont plutôt une malédiction de Dieu ; car ils permettent à la médiocratie avec tout son cortège de travers, corruption, passe-droits, abus de pouvoir, conflits d'intérêts … de s'installer durablement au pouvoir en tant que système qui sape les fondements mêmes de la société !

- Conclusion : Les richesses naturelles ou les matières premières étant épuisables, la vraie richesse d'une nation est celle qui est basée sur le savoir ; car le savoir s'auto-entretient et est de ce fait inépuisable.

Nous avons suggéré de ne pas limiter les indicateurs de mesure de la richesse des nations au seul Produit intérieur brut - PIB, ou à l'Indice de développement humain - IDH ; mais de la caractériser par la démocratie, le savoir, l'avoir, le pouvoir et enfin l'esthétique.
Mais comment est mesuré habituellement l'avoir ou la richesse d'une nation ? Cette question fera l'objet du paragraphe suivant.

Les indicateurs usuels de mesure de l'avoir ou de la richesse des nations

Les indicateurs les plus utilisés pour mesurer l'avoir ou la richesse des nations sont :
- Dans un premier temps, le Produit intérieur brut – PIB – par habitant ou le Produit national brut –PNB– (Revenu national) par habitant ;
- Et dans un deuxième temps, l'Indice de développement humain – IDH-

Le Produit intérieur brut – PIB –

Le Produit intérieur brut (PIB) est un indicateur économique qui permet de mesurer les richesses créées dans un pays au cours d'une année par les entreprises résidentes, aussi bien nationales qu'étrangères.
Pour calculer le PIB de l'Algérie par exemple, on fait la somme des richesses créées par les entreprises algériennes et les entreprises

étrangères qui activent en Algérie – abstraction faite de l'administration sur laquelle nous reviendrons un peu plus bas –

Si on privilégiait le critère de la nationalité et non celui de la résidence et qu'on veuille calculer la richesse créée par les seules entreprises de nationalité algérienne, on fait la somme des richesses créées par les entreprises algériennes qui activent en Algérie et les richesses créées par les entreprises algériennes qui activent à l'étranger. Cet indicateur s'appelle le Produit national brut – PNB – ou revenu national.

Mais les citoyens de deux pays qui ont le même PIB ou le même PNB n'ont pas le même niveau de vie si l'un des pays compte 50 millions d'habitants et l'autre 500.000.

C'est pour prendre en considération cet aspect du problème que l'on calcule le PIB ou le PNB par habitant.

Posons-nous maintenant la question de savoir ce que signifie l'expression utilisée précédemment : « Somme des richesses créées par les entreprises ».

Somme des richesses créées signifie somme des valeurs ajoutées créées par les entreprises.

Prenons un exemple simple pour expliciter cette notion de valeur ajoutée.

Pour confectionner un costume, une entreprise utilise les consommations intermédiaires suivantes :

Tissu : 600 ; fil 100 ; boutons et fermetures 100 ; soit un total de 800 de consommations intermédiaires.

La valeur du costume ou son prix de vente sur le marché étant de 1 000, quelle est la valeur ajoutée par l'entreprise aux consommations intermédiaires de 800 pour produire ce bien d'une valeur de 1 000 ?

Réponse : 1 000 – 800 = 200

La valeur du costume est de 1000, mais alors pourquoi la valeur ajoutée ou la richesse créée par l'entreprise est-elle de 200 et non de 1000 ?

L'explication est très simple, parce que les 800 de consommations intermédiaires sont déjà comptés comme richesses dans les entreprises

qui les ont créées ; l'entreprise de confection n'a fait qu'ajouter une valeur de 200 à ces 800.
Quittons maintenant la simplicité de cet exemple et pensons à d'autres entreprises comme les banques, les agences de voyages, les sociétés d'assurances, les entreprises commerciales… qui n'utilisent pas de matières premières et qui pourtant produisent une valeur ajoutée, une richesse. Comment se calcule cette dernière ?
C'est la comptabilité générale qui apporte la réponse à cette question :
Valeur ajoutée = Montant des Ventes – les Achats consommés enregistrés dans les comptes 60 ; 61 et 62[1] ;

= Chiffre d'Affaires – les consommations intermédiaires.

Avec cette formulation, on peut calculer la valeur ajoutée d'une entreprise ou la richesse produite par elle quel que soit son secteur d'activité.
Au total, Produit intérieur brut signifie :
Produit = Richesse = ∑valeurs ajoutées créées par les entreprises.
Intérieur = Richesses créées à l'intérieur d'un pays par les entreprises résidentes, nationales et étrangères.
Brut : signifie probablement, déduction non faite des amortissements des équipements qui ont servi à la production de la richesse.

Pour calculer la richesse produite par l'Administration et les services publics, la comptabilité nationale se contente de la somme des dépenses occasionnées par l'ensemble des services non marchands, administratifs et publics.
L'approche précédente de calcul du Produit intérieur brut est l'approche dite ‘‘par la production'', elle indique la manière dont la richesse intérieure a été produite.

Il existe deux autres approches du Produit intérieur brut : l'approche par les revenus et l'approche par la demande.

- L'approche par les revenus : Elle permet de montrer la manière dont la richesse nationale a été distribuée sous forme de revenus entre

[1] Pour le contenu des comptes 60 ; 61 et 62, se rapporter au plan comptable ou aux manuels de comptabilité générale.

les entreprises, les salariés et l'État. Le PIB est égal aux sommes perçues par :

. Les salariés : somme des rémunérations versées aux salariés.

. L'État : somme des impôts perçus par l'État sur la production et les importations, corrigée des subventions versées ou accordées.

. Et les entreprises : somme des rémunérations des entreprises par les Excédents bruts d'exploitation (EBE).

Cette approche permet de veiller à ce qu'il n'y ait pas de distorsions trop importantes dans la distribution de la richesse nationale, qui remettent en cause la cohésion sociale.

Pour comprendre la répartition de la valeur ajoutée dans une entreprise, revoir si besoin, le modèle du compte de résultats dans le Plan comptable ou dans les manuels de comptabilité générale.

- L'approche par la demande : Cette approche met en relief la manière dont la richesse produite a été utilisée dans :

. La consommation : les dépenses de consommation finale correspondent aux dépenses réalisées par les ménages, les administrations et les organisations à but non lucratif, pour acquérir les biens et les services nécessaires à la satisfaction de leurs besoins.

. L'investissement ou formation brute de capital fixe : il correspond à la différence entre les acquisitions et les cessions d'actifs fixes réalisées par les producteurs résidents, au cours d'une période.

. La variation des stocks : dans les entreprises commerciales, elle correspond à la différence entre le stock initial et le stock final.

Dans les entreprises de production, elle correspond à la différence entre le stock final et le stock initial[1]. Selon l'importance des deux termes de la soustraction, il peut y avoir stockage ou déstockage.

. Le solde des échanges extérieurs : il correspond à la différence entre les importations et les exportations de biens et de services réalisées par un pays donné. Si le solde des échanges extérieurs est

---

[1] Pour comprendre l'inversion des termes de la formule, voir notre ouvrage de comptabilité générale, édité chez Imal Éditions TIZI-OUZOU, juin 2023

négatif, le pays importe plus qu'il n'exporte et son PIB diminue. Inversement, si le solde des échanges extérieurs est positif, le pays exporte plus qu'il n'importe et son PIB augmente.

Le PIB ou le PNB par habitant comme indicateur de mesure de la richesse d'une nation a été critiqué. Certaines de ces critiques sont justifiées, d'autres le sont moins.
Mais globalement, les améliorations apportées au fil du temps paraissent pertinentes.

La question de l'inflation : Pour remédier au problème des disparités de l'inflation d'un pays à un autre et ne pas altérer la fiabilité des comparaisons internationales, les économistes ont introduit une correction du PIB ou PNB/habitant par les Parités de pouvoir d'achat -PPA-
La PPA est le taux de conversion entre monnaies qui tient compte de l'inflation.
Exemple : Un panier de biens et services coûte 12 000 DA en Algérie, et 100 dollars aux USA ; le taux de change utilisé pour calculer le PIB PPA de l'Algérie est de 1 dollar = 120 DA , (12000/100= 120/1) ; même si sur le marché de change, le taux est de : 1 dollar = 134 DA

Les disparités entre pays sous-développés : La science économique devient une science fruste quand elle classe la Chine et le Burundi dans le même groupe, celui des pays sous-développés.
Pour remédier à cette absurdité, la Banque mondiale apporte la correction nécessaire en classant les pays, non pas en deux blocs, pays développés et pays sous-développés ; mais en quatre groupes :
- Les pays à revenus élevés.
- Les pays à revenus intermédiaires, tranche supérieure.
- Les pays à revenus intermédiaires, tranche inférieure.
- Et les pays à faibles revenus.

Par ailleurs, l'apparition de la notion de pays émergents contribue à corriger l'aberration de classer des pays réellement en voie de développement dans la même classe que les pays les plus pauvres de la planète.

Les pays émergents sont des pays qui présentent au moins trois caractéristiques :

- Leurs PIB-PPA par habitant sont relativement élevés, ils peuvent atteindre jusqu'à 75 % du revenu moyen des pays développés.
- Leurs taux de croissance sont supérieurs à la moyenne mondiale, attestant d'un rattrapage du retard économique qui les sépare des pays développés :
- Leurs structures économiques et sociales ont subi des transformations qui leur permettent une meilleure intégration dans le marché mondial.

L'appartenance au groupe des pays émergents est évolutive. Les quatre dragons asiatiques, Corée du Sud, Taïwan, Singapour et Hong Kong, sont désormais des pays développés à part entière.

La composition des BRICS (Brésil, Russie, Inde, Chine, Afrique du Sud) évolue également comme en témoignent les récentes admissions de six pays : l'Argentine, les Émirats arabes unis, l'Arabie Saoudite, l'Egypte, l'Iran et l'Ethiopie.

Les MINT (Mexique, Indonésie, Nigeria et Turquie) ainsi que d'autres pays sont également considérés comme des économies émergentes.

L'émergence n'est cependant pas un mouvement imperturbable, la crise de 2008 – 2009, qui a touché les pays émergents à des degrés variables, a mis en évidence leur fragilité due essentiellement aux mouvements de capitaux ou aux variations des prix des matières premières.

La question de l'élargissement du nombre d'indicateurs : Les Anglo-Saxons ont raison de penser que le PIB ou le PNB par habitant est suffisant pour mesurer l'avoir ou la richesse d'une nation ; car il va de soi que dans un pays riche, les besoins fondamentaux sont largement satisfaits. Les besoins fondamentaux sont de trois ordres :

L'alimentation, la santé et l'éducation.

Comme il paraît superflu d'intégrer d'autres indicateurs comme l'accès à certains biens de consommation durables en % de la population : voiture particulière ; TV ; lave-linge ; lave-vaisselle ; ordinateur ; téléphone…

L'Indice de développement humain – IDH –

Conçu initialement par les économistes indien et pakistanais Amartya Sen et Mahbub Ul Haq, l'Indice de développement humain est adopté par le Programme des Nations unies pour le développement – PNUD – à partir de 1990.

L'IDH est composé de trois indicateurs :

- Niveau de vie (revenu : PIB ou PNB par habitant).
- Espérance de vie (longévité).
- Éducation (savoir) : appréciée à travers 2 critères :
  . Le taux d'alphabétisation des adultes, comptant pour 2/3 ;
  . et le nombre moyen d'années d'études comptant pour 1/3

Exemple[1] :

- Niveau de vie (revenu) ; Il est calculé à partir du PIB ajusté, ou revenu ajusté.

Au niveau mondial, le PIB moyen par habitant est de 5 120 $. Au-delà de cette valeur, l'utilité marginale du revenu est décroissante (+100 n'a pas la même utilité marginale pour celui qui gagne 10 000 et celui qui gagne 500). La valeur maximale de ce revenu (5 120) est de 5 385 ; sa valeur minimale est de 200 $.

Pour la France, en appliquant l'échelle des utilités marginales décroissantes, on trouve un PIB ajusté de 5349 ; ainsi le calcul donne :

$$\frac{5349 - 200}{5385 - 200} = \frac{5\,149}{5\,185} = 0.993$$

- Espérance de vie : Valeur maximale = 85 ans (note = 1) ; valeur minimale 25 ans (note = 0).

Pour la France, où l'espérance de vie en 1995 était de 76.6 ans, la note est de : $\frac{76.6 - 25}{85 - 25} = \frac{51{,}60}{60.00} = 0.860$

- Le savoir : Il est apprécié à partir de 2 indicateurs : taux d'alphabétisation des adultes, comptant pour 2/3 et le nombre moyen d'années d'études comptant pour 1/3.

---

[1] Exemple repris de : Économie du développement –Lahcen Abdelmalki et Patrick Mundler - Hachette livres – supérieur- 1995

Taux d'alphabétisation maximum 100 % ; note = 1.
Taux d'alphabétisation minimum 0 % ; note = 0.
Note extrême 99 % = 0.99
Nombre moyen d'années d'études : valeur maxi = 15 ; valeur mini 0.
Pour la France :
Taux d'alphabétisation

$$\frac{99.0 - 00}{100 - 00} = \frac{99{,}0}{100.0} = 0.990$$

Nombre moyen d'années d'études

$$\frac{12.0 - 0}{15.0 - 0} = \frac{12.0}{15.0} = 0.800$$

Le niveau des savoirs est donc de 2/3 x 0.990 +1/3 x 0.800 = 0.927
L'IDH de la France = moyenne des trois notes
= (0.993 + 0.860 + 0.927) / 3 = 0.927

De notre point de vue, l'IDH est à la fois oiseux et trompeur.

- Oiseux parce que la correction apportée par la Banque mondiale en classant les pays en quatre catégories : pays à revenus élevés ; pays à revenus intermédiaires tranche supérieure ; pays à revenus intermédiaires tranche inférieure et pays à faibles revenus ; est largement suffisante pour se faire une idée sur l'état de santé de la population et sa nutrition ainsi que sur son éducation.

- Trompeur parce qu'il donne l'illusion de développement même aux pays qui s'enfoncent dans le sous-développement.

Les citoyens des pays pauvres n'ont pas besoin d'apprendre à baragouiner quelques mots ou à faire quelques opérations arithmétiques. Ils ont besoin d'une élite intellectuelle brillante, intègre et dévouée, qui les sorte de la pauvreté ou l'extrême pauvreté dans laquelle ils se trouvent. L'éducation, la santé, la culture … toutes de qualité, viendront par la suite tout naturellement.

Classement des pays par PIB – PPA / habitant – 2022- Top 50

Rang	Pays ou territoire	PIB PPA par habitant
1	Luxembourg	142 214
2	Singapour	127 565
3	Irlande	126 905
4	Norvège	114 899
5	Qatar	114 648
6	Bermudes	95 837
7	Émirats arabes unis	87 729
8	Suisse	83 598
9	États-Unis	76 399
10	Danemark	74 005
11	Pays-Bas	69 577
12	Brunei	69 275
13	Islande	69 081
14	Hong Kong	69 049
15	Autriche	67 936
16	Belgique	65 027
17	Suède	64 578
18	Allemagne	63 150
19	Australie	62 625
20	Bahreïn	61 228
21	Arabie-Saoudite	59 065
22	Finlande	59 027
23	Canada	58 400
24	Koweït	58 056
25	Malte	55 928
26	France	55 493
27	Macao	55 344
28	Royaume-Uni	54 603
29	Union européenne	54 249
30	Nouvelle-Zélande	51 967
31	Italie	51 865
32	Corée du Sud	50 070

33	Slovénie	50 032
34	République tchèque	49 946
35	Chypre	49 931
36	Israël	49 509
37	Lituanie	48 397
38	Estonie	46 697
39	Espagne	45 825
40	Japon	45 573
41	Pologne	43 269
42	Hongrie	41 907
43	Roumanie	41 888
44	Saint-Martin	41 812
45	Oman	41 724
46	Portugal	41 452
47	Guyana	40 642
48	Porto Rico	40 498
49	Croatie	40 380
50	Bahamas	40 379

*Données Banque mondiale

Bermudes : territoire britannique d'outre-mer ; 61 777 habitants.
Brunei : micro-État du Sud-Est asiatique ; monarchie islamique absolue ; colonie britannique jusqu'en 1984 ; 464 478 habitants.
Macao : territoire chinois depuis le 20 décembre 1999 ; auparavant colonie portugaise ; 673 600 habitants.
Saint-Martin : micro-territoire enclavé dans la partie centrale de l'Italie ; 33 938 habitants ; langue : italien ; monnaie : Euro ; mais ne fait pas partie de l'Union européenne.
Guyana : ancienne colonie britannique ; indépendante depuis 1966 ; située en Amérique du Sud ; fait partie du Commonwealth ; langue officielle : anglais ; 750 204 habitants.
Porto Rico : île des Caraïbes ; territoire non incorporé des Etats-Unis ; population : 3 285 874 habitants ; monnaie : dollar américain ; langue officielle : espagnol 1re langue ; anglais 2eme langue.
Bahamas : royaume du Commonwealth ; situé au sud-est de la Floride ; indépendant vis-à-vis du Royaume-Uni depuis 1973 ; population : 397 900 habitants ; langue officielle : anglais.

Classement des pays par IDH –2021– Top 50

Rang	Pays	IDH
1	Suisse	0,962
2	Norvège	0,961
3	Islande	0,959
4	Hong Kong	0,952
5	Australie	0,951
6	Danemark	0,948
7	Suède	0,947
8	Irlande	0,945
9	Allemagne	0,942
10	Pays-Bas	0,941
11	Finlande	0,940
12	Singapour	0,939
13	Belgique	0,937
13	Nouvelle-Zélande	0,937
15	Canada	0,936
16	Liechtenstein	0,935
17	Luxembourg	0,930
18	Royaume-Uni	0,929
19	Japon	0,925
19	Corée du Sud	0,925
21	États-Unis	0,921
22	Israël	0,919
23	Malte	0,918
23	Slovénie	0,918
25	Autriche	0,916
26	Émirats Arabes unis	0,911
27	Espagne	0,905
28	France	0,903
29	Chypre	0,896
30	Italie	0,895
31	Estonie	0,890
32	République tchèque	0,889

33	Grèce	0,887
34	Pologne	0,876
35	Bahreïn	0,875
35	Lituanie	0,875
35	Arabie Saoudite	0,875
38	Portugal	0,866
39	Lettonie	0,863
40	Andorre	0,858
40	Croatie	0,858
42	Chili	0,855
42	Qatar	0,855
44	Saint-Marin	0,853
45	Slovaquie	0,848
46	Hongrie	0,846
47	Argentine	0,842
48	Turquie	0,838
49	Monténégro	0,832
50	Koweït	0,831

Liechtenstein : monarchie constitutionnelle à régime parlementaire ; située entre l'Autriche et la Suisse ; langue officielle : allemand ; population : 39 000 habitants ; monnaie : franc suisse.

Andorre : coprincipauté franco-espagnole de 79 535 habitants ; monnaie : Euro ; langue officielle : catalan.

Monténégro : pays des Balkans occidentaux ; issu de l'éclatement de l'ex-Yougoslavie ; population : 617 213 habitants ; candidat à l'adhésion à l'UE depuis 2008 ; membre de l'OTAN depuis 2017.

Liste des pays développés

Continent/Pays	Population en millions – 2022 –
Amérique	
États-Unis	333
Canada	39
Asie	
Singapour	6
Hong Kong (Chine)	7

Japon	125
Corée du Sud	51
Taïwan	23
Europe	
Norvège	5
Islande	00, 382 000
Suisse	9
Allemagne	84
Danemark	6
Pays-Bas	18
Irlande	5
Finlande	5
Suède	10
Liechtenstein	00.039 000
Royaume-Uni	67
Luxembourg	00,653 000
France	68
Belgique	12
Autriche	9
Slovénie	2
Italie	59
Espagne	48
Tchéquie	11
Grèce	10
Estonie	1
Andorre	00,79 824
Chypre	1
Malte	00,531 113
Slovaquie	5
Portugal	10
Océanie	
Australie	26
Nouvelle-Zélande	5
Total : 35	**1.062,4**

En 2022, la population mondiale avoisine 8 milliards d'individus ; moins de 13 % vivent dans les pays développés.

C- GÉOGRAPHIE DU DÉVELOPPEMENT ET GÉOGRAPHIE DU POUVOIR

Vocabulaire

Bien qu'il existe une nuance entre puissance et pouvoir, ici, ils sont considérés comme synonymes.
Le pouvoir mesure l'étendue d'un champ d'action qui peut avoir des limitations internes (pouvoirs d'autres acteurs) et externes (lois, constitution…)
La puissance, quant à elle, mesure la capacité d'action dans un domaine précis, domaine scientifique, économique (technologique, financier ou commercial), domaine culturel, diplomatique, militaire…

Les déterminants de la puissance

La puissance dépend de plusieurs paramètres :
- L'étendue territoriale.
- L'importance démographique.
- Le poids économique.
- Les capacités scientifiques et culturelles.
- Les capacités diplomatiques.
- Les capacités militaires…

L'étendue territoriale notamment quand elle renferme des richesses naturelles importantes, peut être un facteur de puissance, mais ce n'est pas toujours le cas. L'exemple de la Fédération de Russie est significatif à cet égard : elle est le pays le plus vaste du monde, mais elle est loin d'être parmi les premières puissances économiques du monde. Son PIB-PPA par habitant la classe plutôt parmi les pays émergents. Il en est de même de l'Algérie, pays le plus vaste d'Afrique, du monde arabe et du bassin méditerranéen, 10e au classement mondial ; son PIB-PPA par habitant le classe à la 108e place[1].

[1] Données Banque mondiale -2022

L'importance démographique peut, à certains égards, être un facteur de puissance, mais elle ne paraît pas décisive. Le progrès technique la surclasse très largement.
L'Inde et la Chine - pays de très loin les plus peuplés au monde - ne sont respectivement classées du point de vue de la richesse par habitant qu'à la 127e et la 77e place[1].
Dans les pays sous-développés, la démographie est souvent considérée comme un frein au développement ; pire encore, chaque enfant qui naît est parfois perçu, non pas comme une intelligence potentielle, mais comme un fardeau du point de vue des dépenses publiques.

Le poids économique : en maîtrisant les savoirs et savoir-faire, les pays occidentaux ont acquis une puissance économique (technologique, financière et commerciale) qui les place en tête dans le classement des nations.
Par ailleurs, leurs savoirs et leurs avoirs leur donnent une puissance culturelle, diplomatique et militaire individuelle ou collective, incontestable.

La puissance militaire par pays

Le site Global Firepower classe chaque année les pays selon leur puissance militaire. Pour établir ce classement, plusieurs facteurs sont pris en considération : le nombre de soldats, les équipements, les véhicules, les capacités logistiques, les moyens financiers et la situation géographique. En analysant ces éléments, le site web attribue à chaque pays un indice appelé «PowerIndex».
Une puissance militaire suprême obtiendrait un «PowerIndex» de 0. Plus l'Indice est élevé, moins la force militaire est puissante.
En vertu de ce système de classement, voici les 30 plus grandes puissances militaires au monde de ces dernières années.

[1] Données - Banque mondiale -2022

Rang	États	Power Index
1	États-Unis	0,0712
2	Russie	0,0714
3	Chine	0,0722
4	Inde	0,1025
5	Royaume-Uni	0,1435
6	Corée du Sud	0,1505
7	Pakistan	0,1694
8	Japon	0,1711
9	France	0,1848
10	Italie	0,1973
11	Turquie	0,2016
12	Brésil	0,2151
13	Indonésie	0,2221
14	Egypte	0,2224
15	Ukraine	0,2516
16	Australie	0,2567
17	Iran	0,2712
18	Israël	0,2757
19	Vietnam	0,2855
20	Pologne	0,3406
21	Espagne	0,3556
22	Arabie Saoudite	0,3626
23	Taïwan	0,3639
24	Thaïlande	0,3738
25	Allemagne	0,3881
26	Algérie	0,3911
27	Canada	0,3956
28	Argentine	0,4243
29	Singapour	0,4613
30	Grèce	0,4621

La puissance militaire collective de l'Occident : l'OTAN

L'Organisation du traité de l'Atlantique Nord est une organisation militaire défensive créée le 04 avril 1949 par douze (12) pays* afin d'assurer leur défense collective si l'un des pays membres venait à être attaqué.

Les années qui ont suivi, plusieurs pays ont rejoint l'Alliance, comme le montre le tableau ci-après.

Pays	Date d'adhésion
22 États de l'Union européenne	
Allemagne	1955
Belgique	1949*
Bulgarie	2004
Croatie	2009
Danemark	1949*
Espagne	1982
Estonie	2004
Finlande	2023
France	1949*
Grèce	1952
Hongrie	1999
Italie	1949*
Lettonie	2004
Lituanie	2004
Luxembourg	1949*
Pays-Bas	1949*
Pologne	1999
Portugal	1949*
République tchèque	1999
Roumanie	2004
Slovaquie	2004
Slovénie	2004
07 États européens non membres de l'UE	
Albanie	2009
Islande	1949*

Macédoine du Nord	2020
Monténégro	2017
Norvège	1949*
Royaume-Uni	1949*
Turquie	1952
02 États du continent américain	
Canada	1949*
États-Unis	1949*

Le signe (*) indique l'appartenance au groupe des pays fondateurs

Actuellement, seuls les pays européens peuvent intégrer l'OTAN. Quatre pays ont déposé leurs candidatures, il s'agit de la Suède, (membre de l'UE), de la Bosnie – Herzégovine, de la Géorgie et de l'Ukraine. Quatre autres pays de l'UE ne sont ni candidats ni membres de l'OTAN : l'Autriche, Chypre, l'Irlande et Malte.

L'OTAN possède une capacité militaire qu'aucune autre alliance de défense ne possède.

Les contributeurs importants au budget de l'OTAN en %

Pays	2016/2017	2023/2024
Etats-Unis	22,1446%	16,3572%
Allemagne	14,6500%	16,3572%
France	10,6339%	10,4986%
Royaume-Uni	9,8485%	11,2908%
Italie	8,4109%	8,7881%
Canada	6,6092%	6,8840%

*Source : Site nato.int.

NB- Le « Pacte de Varsovie » est une ancienne alliance militaire des pays de l'Europe de l'Est. Il est conclu le 14 mai 1955 entre la plupart des pays communistes du bloc soviétique par un traité d'amitié, de coopération et d'assistance mutuelle.

Il a été conçu pendant la guerre froide comme un contrepoids à l'Organisation du traité de l'Atlantique Nord (OTAN) créée en avril 1949.L'alliance issue du pacte de Varsovie est dissoute en juillet 1991.

III- L'ESTHÉTIQUE : CAPITALISME DES BEAUX-ARTS ET SOCIÉTÉS-ARTISTES[1]

0- Définitions

L'esthétique désigne les caractéristiques, d'harmonie, de beauté, de grâce et d'élégance qui déterminent l'apparence d'une personne ou d'une chose.

Le goût, quant à lui, est la faculté de discerner avec justesse la beauté et la laideur.

Les beaux-arts désignent l'ensemble des arts qui ont pour objet la représentation de la beauté, notamment la beauté plastique.

Les arts plastiques sont les arts qui élaborent des formes, comme le dessin, la peinture, la sculpture, l'architecture, le paysagisme …

Les arts appliqués sont les arts qui s'appliquent à tout ce qui entoure l'individu ; ils constituent le métier des stylistes et des designers qui conçoivent les apparences ou les formes en respectant les contraintes fonctionnelles et techniques des biens.

Sont considérés comme arts appliqués :

- Le design d'espace (architecture d'intérieur, paysagisme…).
- Le design textile (vêtements, haute couture…).
- Le design de produits (appareils électroménagers, mobilier, véhicules, ordinateurs, téléphones portables…).
- Le design de communication (graphisme, publicité, multimédia…).
- Les métiers d'art (joaillerie, orfèvrerie, bijoux, céramique…).

Il y a des signes extérieurs du développement et du sous-développement, comme il y a des signes extérieurs de richesse et de pauvreté. Dans le développement et le sous-développement, Il y a des paramètres lisibles, d'autres visibles. Parmi les paramètres visibles, il y a l'hygiène et l'esthétique dans les pays développés ; le manque d'hygiène et l'inesthétique dans les pays sous-développés.

---

[1] Titre inspiré par celui du livre de Gilles LIPOVETSKY et Jean SERROY : L'esthétisation du monde - Vivre l'âge du capitalisme artiste – Gallimard 2013

L'esthétique dans les pays développés peut être observée à trois niveaux : la production de biens et de services, l'environnement et la société.

A- L'ESTHÉTIQUE DE LA PRODUCTION : LE CAPITALISME DES BEAUX-ARTS

L'esthétique est l'une des caractéristiques visibles des modes de production, de distribution et de consommation capitalistes. La beauté, le style, le design, la décoration, le raffinement, la finesse des goûts, la mode, la haute couture… créent de plus en plus des produits chargés de beauté et de séduction.

Le capitalisme actuel est un capitalisme des beaux-arts ; la production de biens et de services est pénétrée par l'esthétique, la sensibilité et l'émotion.

La dimension esthétique est devenue une variable stratégique centrale dans la concurrence que se livrent les grandes marques.

De nos jours, les professionnels de la beauté sont incontournables dans les sphères de la production, de la distribution et de la communication. Leur travail est de nature fondamentalement esthétique. Les designers sont présents dans quasiment toutes les branches du secteur industriel. Leur rôle est d'imaginer ou de concevoir, de mettre en forme ou de dessiner les nouveaux produits, en fonction des spécificités de la demande du chef de produit ou du client de façon plus générale.

Si vous vous déplacez en voiture, en train, en tram ou en avion, la forme du moyen de transport que vous utilisez, le siège sur lequel vous vous asseyez, le confort et l'ergonomie du wagon, les couloirs de l'avion … ont tous été pensés et dessinés par un designer.

Le designer peut se spécialiser dans une branche (train, avion, automobile …) ou même dans une marque (Toyota par exemple).

La forme de votre réfrigérateur, téléviseur, lave-linge, smartphone, ordinateur portable ; la forme de la console de jeux de votre enfant, celle du flacon de parfum de votre épouse…, la forme des chaises et de la table de votre salle-à-manger... ont toutes été conçues et dessinées par des designers.

Les stylistes qui sont des designers du vêtement ont les mêmes exigences en matière de beauté, d'élégance et de séduction.

L'empreinte des graphistes appelés également designers graphiques est partout : (emballages, sites web, affiches, logos...). Leur mission est de concevoir une forme visuelle alliant sens esthétique et enjeux commerciaux et markéting dans le but de séduire le consommateur.

B- L'ESTHÉTIQUE DE L'ENVIRONNEMENT

L'environnement est constitué de tout ce qui nous entoure.

On peut distinguer l'environnement interne, constitué de ce qui nous entoure quand on est chez soi ou sur son lieu de travail ; et l'environnement externe constitué de tout ce qui entoure l'individu une fois à l'extérieur de son lieu de vie ou de travail.

L'esthétique dans les environnements internes

Elle est principalement le fait d'architectes d'intérieur et de décorateurs.

Les architectes d'intérieur sont des professionnels qui conçoivent des espaces intérieurs accueillants, confortables et fonctionnels.

Les architectes d'intérieur ont un rôle différent de celui des décorateurs d'intérieur. Ces derniers ne procèdent à aucune modification de la structure de la construction, ils n'ont pas recours à de gros travaux.

Les décorateurs d'intérieur travaillent sur l'occupation des espaces disponibles, le choix du style général, du mobilier, des couleurs, des lumières… de manière à optimiser les espaces intérieurs et à les rendre harmonieux.

Le décorateur d'intérieur peut passer par des croquis ou directement sur l'ordinateur pour des présentations en 3D ou en images de synthèse, qui permettent au client de se projeter dans le nouvel espace et de mieux visualiser les changements envisagés.

Il peut par ailleurs coordonner le travail des différents artisans, s'il est maître d'œuvre du projet.

L'esthétique de l'environnement externe : Les idées et les acteurs

L'environnement externe est constitué des constructions et des paysages.

Constructions et urbanisme

Pour édifier de belles constructions et concevoir des centres urbains modernes, beaux et harmonieux, l'Occident a inventé plusieurs branches d'architecture.

- Les architectes commerciaux travaillent sur les projets de construction de magasins, de boutiques, de bureaux …
- Les architectes résidentiels conçoivent des maisons individuelles, des résidences et d'autres types de logements à usage d'habitation.
- Les architectes urbains travaillent sur la conception des espaces publics tels que les centres-villes, les places, les grands boulevards, les rues, les parcs, les jardins et tous types d'équipements publics.
- Les architectes environnementaux travaillent sur les constructions qui intègrent les préoccupations climatiques et environnementales.

Les paysages

Trois métiers essentiels permettent d'avoir des paysages d'une beauté exceptionnelle.

- Les paysagistes concepteurs ont pour mission de concevoir des espaces extérieurs séduisants, agréables et fonctionnels : parcs, jardins, squares, aires de jeux …
- Les paysagistes exécutent les chantiers suivant les plans fournis par le paysagiste concepteur ou l'architecte paysagiste.
- Les jardiniers assurent l'entretien des jardins.

Le tour de France de cyclisme offre aux téléspectateurs non seulement le spectacle d'une compétition sportive mais aussi la beauté et l'harmonie des paysages.

Le plus grand poète et chanteur kabyle a évoqué ce phénomène à l'aide d'une métaphore en disant qu'à Paris les arbres sont alignés, car ils sont allés à l'école, ils ont fait des études, ils sont instruits.

C- L’ESTHÉTIQUE DES SOCIÉTÉS OCCIDENTALES : DES SOCIÉTÉS-ARTISTES

On n’a pas besoin d’avoir un sens aigu de l’observation pour remarquer que l’esthétique est entrée dans la vie quotidienne des sociétés occidentales à tel point qu’elles peuvent être qualifiées de sociétés-artistes.

Que la tyrannie de l’apparence gâche la vie des femmes ; cela peut se comprendre !

Mais qui aurait imaginé la cuisine transformée en art culinaire, où le visuel et l’apparence des plats comptent tout autant que leurs goûts ?

Dans quelle région du monde parle-t-on de l’art oratoire ?

Où sont inventés les traités de bonnes manières et l’art de vivre ?

Qui aurait pensé à la beauté même au-delà de la vie, dans les cérémonies funéraires et dans les cimetières ?

Qui aurait imaginé que la recherche de l’esthétique pousserait les Occidentaux jusqu’à falsifier l’apparence du prophète Jésus-Christ en lui donnant une physionomie qui ne correspond pas à celle d’un homme né à Bethléem au Proche-Orient ?

Qui aurait pensé à mettre plus de beauté dans la vente de fruits et légumes ? Les magasins ‘‘Grand Frais’’ l’ont fait pour se distinguer de la concurrence !

Cette quête de l’esthétique même dans les domaines où on ne la soupçonne pas est bien la preuve que la recherche de la beauté et de l’harmonie a pénétré les sociétés occidentales au point de devenir un phénomène culturel et sociétal.

La dimension esthétique est intégrée dans la réflexion et l’action des Occidentaux de manière naturelle ; ils produisent la beauté comme ils respirent !

Ce n’est pas un hasard si l’industrie du luxe est la seule industrie qui résiste aux crises économiques et aux guerres. Au moment où la Syrie était dans l’abîme, madame Bachar El Assad faisait ses courses dans les boutiques parisiennes de luxe.

Tyrannie de l’apparence chez les femmes ; recherche systématique et paisible de l’esthétique partout ailleurs ; telles sont les caractéristiques des sociétés occidentales.

SECTION II - LA QUESTION DE LA TRANSITION : IDÉOLOGIES, THÉORIES ET MODÈLES DE DÉVELOPPEMENT

I- IDÉOLOGIES DU DÉVELOPPEMENT : ENTRE ADAM SMITH ET KARL MARX, L'HUMANITÉ A CHOISI

A- Adam SMITH

Adam Smith est un philosophe et économiste écossais, né le 05 juin 1723, décédé le 17 juillet 1790.

Il est l'auteur de deux ouvrages importants : « Théorie des sentiments moraux » et « Recherche sur la nature et les causes de la richesse des nations ».

Il est considéré comme le père putatif du libéralisme. Le libéralisme est une doctrine fondée sur la liberté et la responsabilité.

Appliqué au domaine politique, le libéralisme se manifeste par la démocratie avec tous ses attributs fondamentaux : pluralisme politique, alternance au pouvoir, libre choix des électeurs, égalité des citoyens devant la loi, respect des libertés individuelles et collectives, indépendance de la justice, liberté de la presse …

Le libéralisme économique est l'application des principes du libéralisme à la sphère économique : Liberté de posséder, liberté d'entreprendre, libre-échange, libre choix des consommateurs, libre choix des salariés …

Les économistes libéraux classiques (Adam Smith, John Locke, Anne Robert, Jacques Turgot, Étienne Bonnot de Condillac…) contestent aussi bien la légitimité que l'efficacité de l'intervention de l'État dans la sphère économique.

Selon eux, il n'appartient pas à l'État de dicter aux consommateurs ce qu'ils doivent consommer ; ni aux producteurs ce qu'ils doivent produire.

Le rôle de l'État doit se limiter aux fonctions régaliennes : justice, police et armée.

En d'autres termes, l'État doit assurer aux citoyens une triple protection : protection contre les injustices (justice), protection contre les violences internes (police) et les violences externes (armée).

Le marché doit être l'unique régulateur de la sphère économique. Grâce à sa main invisible, il fait en sorte que les acteurs économiques en agissant pour leurs intérêts égoïstes et individuels, contribuent à la réalisation de l'intérêt général et ce, à leur insu !

Les économistes libéraux néoclassiques quant à eux (Walras, Pareto, Marshall, Jevons, Pigou ...) tout en admettant l'inefficacité de l'intervention de l'État dans la sphère économique, reconnaissent l'existence des défaillances du marché et de ce fait, diffèrent des économistes libéraux classiques sur l'étendue du champ de l'intervention de l'État.

B- Karl MARX

Karl Marx est né le 5 mai 1818 à Trèves en Allemagne, il est mort le 14 mars 1883 à Londres.

Il est à la fois philosophe, économiste, historien, sociologue, journaliste, théoricien de la révolution ...

Ce qui nous intéresse ici, c'est son analyse du système capitaliste.

Son idéologie repose principalement sur deux idées fondamentales :

- L'exploitation des salariés par les capitalistes propriétaires des moyens de production.
- Et la baisse tendancielle du taux de profit qui conduit le capitalisme à l'implosion.

Marx pense démontrer l'exploitation des salariés ou des prolétaires par les capitalistes grâce à la notion de la plus-value.

Selon lui, les machines détenues par les capitalistes transmettent progressivement leurs valeurs aux biens produits, exactement leurs valeurs ; alors que le salarié crée une valeur supérieure à la valeur des biens et services nécessaires au renouvellement de sa force de travail physique et intellectuelle.

Exprimée en temps de travail, cette valeur supplémentaire s'appelle la plus-value ; exprimée en termes monétaires, elle s'appelle le profit.

Le profit est donc produit par les salariés mais il est accaparé par les capitalistes. C'est cette injustice qui justifie selon Marx, la lutte des classes, classe ouvrière contre la classe capitaliste.

La lutte des classes devrait se traduire par la mise en place de la dictature du prolétariat et l'appropriation collective des moyens de production.
Dans un premier temps, c'est l'État qui gérera le système productif et qui distribuera les fruits du travail à chacun selon son travail ; c'est l'étape du socialisme.
Dans un second stade, l'État disparaîtra et la richesse sera distribuée à chacun selon ses besoins. Ce stade ultime est celui de la société communiste.

La deuxième idée fondamentale de la théorie marxiste est la baisse tendancielle du taux de profit.
Selon Marx, ce qui donne la valeur à un produit, c'est la quantité de travail nécessaire à sa production. Cette valeur est composée de deux parties : une partie transmise par la machine, une autre créée par le salarié.
Pour faire face à la concurrence, le capitaliste investit de plus en plus dans les machines. Le profit n'augmentant pas, car c'est le salarié qui le crée, le taux de profit (profit/capital investi exprimé en %) baisse, car le dénominateur augmente et le numérateur reste constant ou diminue.
Pour sauver ses bénéfices, le capitaliste est contraint d'augmenter la production et de baisser les salaires ou le nombre de salariés, faisant ainsi baisser le pouvoir d'achat global. Cette baisse du pouvoir d'achat jumelée à une crise de surproduction généralisée conduirait le système capitaliste à l'implosion.
Le but ici, n'est pas de faire la critique du marxisme ; quatre idées simplement :

- Un bien produit qui n'èst pas demandé finira dans la décharge publique, il n'a donc aucune valeur même s'il incorpore des heures et des heures de travail !
- L'idée que seul le salarié crée le profit ressemble à une croyance spirituelle. Une usine entièrement robotisée peut réaliser des profits faramineux !
- La lutte des classes et ses millions de victimes sont superflus puisque la baisse tendancielle du taux de profit suffit à elle seule

à faire imploser le système capitaliste. Pourquoi alors tant de millions de morts ?

- Plus de 140 ans après le décès de Karl MARX, le capitalisme est toujours là, il a toujours su rebondir après les crises, c'est un système résilient ! Ce n'est pas tant les critiques intellectuelles qui sont importantes du point de vue de la fiabilité d'une théorie, mais sa réussite ou son échec dans la pratique à l'épreuve des faits.

Sur le plan pratique, force est de constater que le libéralisme est devenu quasiment la seule référence des gouvernements de droite comme de gauche.

Le socialisme et le communisme sont devenus résiduels à l'échelle planétaire ! Seuls le Laos, le Vietnam la Corée du Nord et Cuba s'agrippent encore au communisme. La Chine, quant à elle, est devenue une « économie socialiste de marché », libérale sur le plan économique, communiste sur le plan politique.

Par ailleurs, le libéralisme est devenu la seule idéologie des institutions internationales : Organisation mondiale du commerce, Fonds monétaire international, Banque mondiale... Il est le seul système à être enseigné dans les Grandes écoles. Il est la seule logique des grandes entreprises.

Le triomphe du libéralisme est donc factuel ; cela ne veut pas dire que le système libéral est parfait, mais il est incontestablement le moins mauvais système que l'intelligence humaine ait pu imaginer !

Nous proposerons dans le dernier chapitre la notion de pays méta-développé qui est une perspective de développement qui ne peut être atteinte qu'en éliminant les défaillances actuelles du libéralisme.

II - LES THÉORIES DU DÉVELOPPEMENT

Nous réservons la notion de théorie du développement à celle qui tente d'expliquer les causes du sous-développement ou qui propose une voie de développement.

Les modèles de développement renvoient quant à eux aux modes opératoires adoptés pour atteindre le développement tant désiré !

A- LES THÉORIES LIBÉRALES

Le sous-développement comme retard de développement : La théorie de Rostow

Walt Whitman Rostow est né le 7 octobre 1916 à New York, il est mort le 13 février 2003 à Austin au Texas.

Il était économiste et conseiller spécial pour la sécurité nationale du président Johnson dans les années 1960.

En 1960 précisément, il publie un livre intitulé « Les étapes de la croissance économique », pour contredire et s'opposer à la théorie marxiste du développement.

Pour lui, le sous-développement est un simple retard que tous les pays vont rattraper les uns après les autres.

Pour se développer, chaque pays doit nécessairement passer par cinq étapes :

La société traditionnelle : Elle est le point de départ du processus de développement. Elle est caractérisée par une prédominance du secteur agricole, faiblement mécanisé ayant une faible productivité. La production est destinée à satisfaire les besoins locaux, les échanges sont très limités et les prêts avec intérêts inexistants.

La société privilégie les valeurs culturelles et la solidarité familiale ou clanique ; elle est réfractaire au changement.

Les conditions préalables au décollage : Cette étape est caractérisée par l'entrée de la science et de la technologie dans la sphère de production avec comme première conséquence l'augmentation de la productivité.

Il y a également un changement des mentalités : L'homme cherche à s'enrichir, il développe le commerce, il crée des banques et accepte les prêts avec intérêts ; l'industrie est balbutiante.

Le décollage ou take off : Cette étape a lieu grâce à un fort taux d'investissement et l'industrialisation prend son rythme de croisière. Elle fournit des machines à l'agriculture qui dégage des surplus investis dans l'industrie. Cette situation favorise la croissance économique, mais les inégalités sociales persistent.

La phase de maturité : C'est une phase où tous les secteurs profitent des fruits de la croissance ; laquelle croissance est dopée par de nombreuses inventions et innovations. De grands groupes industriels, commerciaux et financiers se créent.

La phase de consommation de masse : Durant cette phase, les populations disposent d'une quantité et d'une variété importantes de biens, de services et de loisirs. Le pouvoir d'achat et le niveau de vie augmentent.

La plupart des pays sous-développés semblent être coincés dans la 2e et la 3e phase. Le décollage ne pouvant se produire que grâce à un fort taux d'épargne et d'investissement qui déclenche une dynamique de croissance.

C'est précisément sur ce point qu'insiste Ragnar Nurkse dans sa théorie du sous-développement.

La théorie de Ragnar Nurkse : Le sous-développement comme cercle vicieux

Ragnar Nurkse est un économiste américain d'origine estonienne, né en 1907, mort en 1959.

Pour lui, les pays sous-développés sont des pays qui sont coincés dans un cercle vicieux duquel ils ne parviennent pas à s'extirper.

Le point de départ de son raisonnement est que les pays sous-développés sont des pays à faibles revenus.

Un revenu faible a dans un premier temps une double conséquence, une faible épargne et une faible consommation.

La faiblesse de l'épargne et celle de la consommation induisent un faible investissement.

Le faible investissement entraîne à son tour une faible productivité, donc une faible croissance et un faible revenu. Nous voilà revenus au point de départ, le faible revenu ! Et le cercle vicieux de la pauvreté se referme sur près de 90 % de l'humanité !

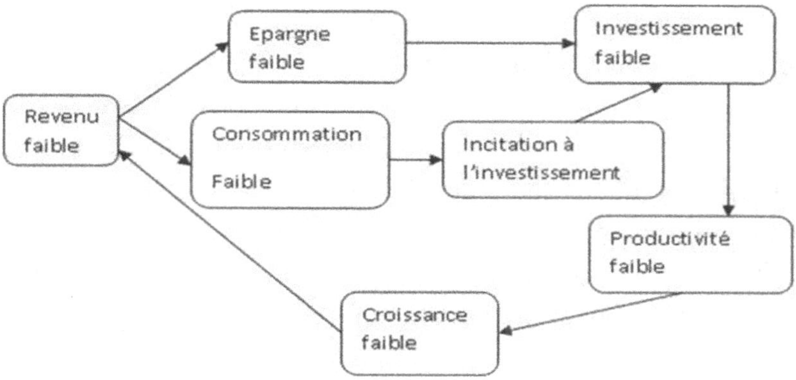

La théorie du développement par l'ouverture : Le commerce international comme facteur de croissance

Pour les libéraux, le développement des pays pauvres passe nécessairement par leur libéralisation et leur insertion dans l'économie mondiale.

Adam SMITH, David RICARDO et les institutions de Bretton Woods (Fonds monétaire international et Banque mondiale) défendent tous le libre échange comme moyen de développement des nations.

Dans la vision mercantiliste, pour qu'un pays s'enrichisse, il doit avoir une balance commerciale excédentaire, c'est-à-dire exporter plus qu'il n'importe. Pour ce faire, il doit adopter une politique protectionniste en mettant en place des barrières douanières à l'importation et favoriser les exportations. Dans ce système, les intérêts des pays sont opposés ; si un pays s'enrichit, c'est au détriment d'un autre qui s'appauvrit ; ce que l'un gagne, l'autre le perd.

Aux 18 e et 19 e siècles, cette perspective change avec Adam Smith et David Ricardo.

Adam SMITH et les avantages absolus

Adam Smith se positionne résolument contre la vision mercantiliste qui ne permet pas à toutes les nations de s'enrichir simultanément. Il pense que l'enrichissement de tous est possible

grâce à la spécialisation de chaque pays dans la production de biens qu'il est à même de produire mieux que les autres.
Cette réflexion découle de sa théorie de la division du travail basée sur l'idée que les individus sont plus efficaces et plus productifs avec la spécialisation et la répartition des tâches.
Le même raisonnement est transposé à l'échelle des nations. Chaque pays a intérêt à se spécialiser dans la production de biens qu'il produit le mieux et à échanger le surplus contre d'autres produits, c'est la Division internationale du travail (DIT).
Smith explique qu'un pays possède un avantage absolu dans la production d'un bien quand la productivité (la quantité produite par heure de travail) de ce bien est plus élevée que dans les autres pays.
Exemple[1] : Prenons le cas de deux pays avec deux biens, en situation d'autarcie.
Le nombre d'heures de travail nécessaires pour produire une unité de chaque bien avant la spécialisation figure dans le tableau ci-après.

	Portugal	Angleterre
1L de vin	10 h	20 h
1m de drap	20 h	10 h
Heures production	30 h pour 1m de drap et 1L de vin	30h pour 1m de drap et 1L de vin

Total : 60 h pour 2 m de drap et 2 L de vin

Au Portugal, un travailleur a besoin de 10 h de travail pour produire 1 litre de vin ; tandis qu'en Angleterre, le travailleur a besoin de 20 h. Par contre, pour 1 m de drap, il faut 20 h pour le travailleur portugais contre 10 pour le travailleur anglais.
L'Angleterre possède donc un avantage absolu dans la production de draps, tandis que le Portugal possède un avantage absolu dans la production de vin.
Selon Smith, le Portugal a donc intérêt à se spécialiser dans la production de vin et l'Angleterre dans celle du drap.

[1] Exemple tiré du site de l'université de Lausanne UNIL – Suisse

Si chacun cesse de produire le bien pour lequel il est moins efficace et se spécialise dans la production du bien pour lequel il a un avantage absolu, on obtient la situation suivante : le Portugal affecte 30 h de travail à la production de vin, et l'Angleterre 30 h à la production de draps.
Chacun pourra ensuite échanger le surplus de sa production avec l'autre pays. Cette théorie est donc un encouragement au libre-échange.

Situation après spécialisation

Portugal	Angleterre
30 h pour 0 m de drap et 3L de vin	30 h pour 3 m de drap et 0 L de vin

Total : 60 h pour 03 mètres de drap et 03 litres de vin

Dans ce second tableau, on constate que chaque pays, étant spécialisé dans le bien pour lequel il est le plus productif, la production totale a augmenté : pour un même temps de travail (60 h), on a produit au total 3 m de drap et 3 L de vin, contre 1 m et 1 L avant spécialisation.
En conclusion, chaque pays a intérêt à se spécialiser dans la production du bien pour lequel il a un avantage absolu et laisser la production des autres biens à d'autres pays.
Ceci n'a de sens que si l'on peut s'échanger facilement les biens (situation de libre-échange). Par ailleurs, un problème apparaît dans cette théorie si l'un des pays ne possède aucun avantage absolu sur l'ensemble des produits. C'est David Ricardo qui apporte une réponse à cette problématique avec sa théorie des avantages comparatifs.

David RICARDO et les avantages comparatifs

David Ricardo est un économiste anglais de l'école classique. Il est né à Londres en 1772 et mort à Gatcombe Park en 1823. Il est considéré comme le premier grand théoricien de l'économie.
En 1817 il publie la 1re édition de son ouvrage « Des principes de l'économie politique et de l'impôt ».
En 1819 il devient membre du parlement britannique où il défendra le libre-échange en s'opposant aux « corn laws » qui limitent le commerce des céréales avec l'étranger.

Sa théorie des avantages comparatifs corrige celle des avantages absolus d'Adam Smith. Selon cette théorie, peu importe qu'un pays ait des avantages absolus ou pas, il gagne à se spécialiser dans la production de biens pour lesquels son avantage comparatif est le plus élevé, c'est-à-dire dont les coûts relatifs sont les plus bas ; et à échanger l'excédent de ces biens contre ceux qu'il ne produit pas. C'est donc un argument pour le libre-échange où tous les pays peuvent gagner en se spécialisant.
Exemple : Prenons la situation simplifiée résumée dans le Tableau ci-après comportant deux pays, deux biens, et le nombre d'heures de travail nécessaires à la production d'une unité de chaque bien.

	Portugal	**Angleterre**
1m de drap	90 h	100 h
1L de vin	80 h	120 h
Total d'heures	170 h	220 h

Comme le montre l'exemple ci-dessus, le Portugal produit à meilleur coût les deux biens ; l'Angleterre n'ayant aucun avantage absolu, devrait en toute logique tout acheter au Portugal ; mais dans ce cas de figure, l'économie de l'Angleterre risque de s'effondrer. La solution qui reste pour les Anglais est la fermeture de leurs frontières.
David Ricardo qui est aussi un partisan du libre-échange propose une solution à cette situation. Sa théorie des avantages comparatifs démontre que même en l'absence d'avantages absolus, l'Angleterre a quand même intérêt à se spécialiser et à échanger avec le Portugal.
Les deux pays ont intérêt à se spécialiser dans la production de biens pour lesquels ils ont un avantage comparatif (ou relatif) et les échanger contre ceux qu'ils ne produisent pas.
Pour déterminer pour quel produit, on a un avantage comparatif, il faut regarder les productivités comparées des pays. Pour rappel, la productivité est le rapport entre la quantité produite et la quantité de travail nécessaire à cette production (en heures de travail par exemple). Observons donc les productivités pour les deux pays, l'Angleterre et le Portugal.

Tableau des productivités

	Portugal	Angleterre
1 m de drap	1/90	1/100
1 L de vin	1/80	1/120

Pour savoir dans quelle production les deux pays ont intérêt à se spécialiser, il faut comparer leurs productivités pour chacun des produits.

Rapport entre productivité du vin des Anglais et productivité du vin des Portugais : (1/120) / (1/80) = 0.66

Rapport entre productivité du drap des Anglais et productivité du drap des Portugais : (1/100) / (1/90)= 0.9

Le désavantage de l'Angleterre est moins grand pour le drap que pour le vin ; car sa productivité relative est meilleure pour ce produit.

Regardons maintenant dans quel bien le Portugal doit se spécialiser.

Rapport entre productivité du vin des Portugais et productivité du vin des Anglais : (1/80) / (1/120) = 1.5

Rapport entre productivité du drap des Portugais et productivité du drap des Anglais : (1/90) / (1/100) = 1.11

Le Portugal a donc un avantage comparatif pour le vin (productivité de 1.5 contre 1.11 pour le drap).

- Comparaison des situations avant et après le libre-échange :

Avant le libre-échange, pour produire 2 m de drap, il fallait 190 h de travail (100 + 90), et 200 h de travail pour 2 L de vin (120 + 80).

Étant donné les avantages comparatifs de chacun, le Portugal se spécialise dans le vin et l'Angleterre dans le drap, pour produire les 2 m de drap, l'Angleterre va mettre 200 h, économisant 20 h par rapport à la situation antérieure et peut consacrer ces 20 h supplémentaires à produire plus de draps par exemple.

Le Portugal abandonnant la production de draps, va mettre 160 h pour produire les 2 L de vin, il économise ainsi 10 h de travail.

Ainsi, au total, 30 h de travail sont économisées (ou sont utilisées pour produire davantage de marchandises). Les deux pays bénéficient donc de la spécialisation et du libre-échange.

Les Programmes d'ajustement structurel

Les Programmes d'ajustement structurel – P.A.S. – ont été appliqués presque exclusivement dans les pays du Sud, rencontrant des difficultés de remboursement de leurs dettes.

L'acceptation de ces programmes est posée comme condition préalable à l'octroi de prêts. Ces derniers une fois accordés sont libérés par tranches au fur et à mesure que les programmes sont appliqués.

Les Programmes d'ajustement structurel sont pilotés par le Fonds monétaire international (FMI) et la Banque mondiale (BM).

Le FMI s'occupe du rééchelonnement de la dette et des programmes de stabilisation à court terme visant à aider les pays en crise à rétablir les grands équilibres financiers (voir les mesures en ce sens plus bas)

La Banque mondiale est chargée de piloter les programmes à moyen ou long terme visant les réformes structurelles dans les domaines économique et social des pays surendettés.

Le contenu des Programmes d'ajustement structurel est un contenu de libéralisation économique :

- Déréglementation de l'économie en réduisant les règles et les interventions publiques pour laisser jouer les mécanismes du marché.
- Libéralisation du commerce extérieur par la réduction des tarifs douaniers et leur suppression pure et simple pour les biens intermédiaires nécessaires à la production des biens destinés à l'exportation.
- Libéralisation des marchés financiers nationaux, des taux d'intérêt réels positifs favorisent l'épargne et empêchent la fuite des capitaux.
- Privatisation des entreprises publiques pour une meilleure efficacité économique.
- Élimination des barrières à l'investissement direct étranger.

- Taux de change compétitifs : les pays surendettés doivent adopter des taux de change qui favorisent les exportations en dévaluant leurs monnaies.
- Réforme fiscale obéissant à deux impératifs : abaisser les taux marginaux et élargir les assiettes fiscales.
- Une stricte discipline budgétaire, car les déficits importants et prolongés engendrent une inflation et provoquent la fuite des capitaux.
- Une réorientation des dépenses publiques vers les domaines offrant une rentabilité économique élevée et une amélioration de la répartition des revenus (infrastructures, santé, éducation …).
- La protection de la propriété intellectuelle…

B- THÉORIES MARXISTES OU THÉORIES DE L'EXPLOITATION : LE DÉVELOPPEMENT DES UNS FAIT LE SOUS-DÉVELOPPEMENT DES AUTRES

Les économistes d'inspiration marxiste considèrent le sous-développement comme une conséquence du capitalisme.
Selon ces économistes, le monde est divisé en Centre et Périphérie ; le Centre est constitué des pays capitalistes développés, la Périphérie est représentée par les pays du Sud, les pays sous-développés.
Selon ces économistes, de la même manière que les capitalistes exploitent les travailleurs salariés ; les pays capitalistes développés exploitent les pays pauvres ; le Centre exploite la Périphérie.
Cette exploitation prend des formes diverses.
Pendant la colonisation, l'exploitation des richesses naturelles et de la main-d'œuvre des pays colonisés se faisait directement sur place.
Après l'indépendance l'exploitation continue sous d'autres formes :
- L'échange inégal ou la dégradation des termes de l'échange : les pays pauvres vendent leurs ressources naturelles aux pays capitalistes à bas prix et achètent les produits manufacturés fabriqués par les pays riches à prix élevé.
- Le rapatriement des bénéfices des investisseurs vers le Centre.
- Un service de la dette exorbitant payé par les pays du Sud aux pays du Nord.

- La fuite des capitaux occasionnée par les élites locales qui placent leurs avoirs dans les pays du Centre…

La conclusion des marxistes est que le sous-développement est purement et simplement la conséquence de cette exploitation, de cette domination, la conséquence du développement du capitalisme et de l'impérialisme.

C'est donc logiquement qu'ils proposent des modèles de développement basés sur la rupture de cette relation de domination. - Voir plus bas, paragraphe III -

C- AUTRES THÉORIES

La théorie du développement durable

Cette théorie résulte de la prise de conscience que les ressources naturelles sont limitées, que la planète Terre est fragile et que les générations actuelles ne devraient pas s'octroyer le droit d'hypothéquer la vie des générations futures ; car si les pays du Sud s'approchaient ou avaient le niveau de vie des pays du Nord, il faudrait selon certains calculs 3 à 8 planètes Terre pour répondre aux besoins de l'humanité. Donc à quelque chose malheur est bon ! C'est peut-être la main invisible de Dieu qui a tracé le Tropique du Cancer pour le bonheur des gens du Nord et celui du Capricorne pour le malheur des gens du Sud afin d'éviter une fin du monde anticipée !

Mais à ce moment-là, il n'y a rien à faire contre la volonté divine !

Faisons plutôt confiance à l'humanité et faisons des propositions pour sortir la majorité des citoyens du monde de la pauvreté dans laquelle elle se trouve !

Cette préoccupation est intégrée dans la définition du développement durable formulée dès 1987 par la Commission ad hoc de l'Organisation des Nations unies, pour qui : « Le développement durable est un développement qui répond aux besoins du présent sans compromettre la capacité des générations futures de répondre aux leurs. »

Cette notion de développement durable ou de développement soutenable est une notion consensuelle modérée, car elle tente de concilier le développement économique avec les exigences sociales et environnementales, comme l'indiquent les 17 objectifs du développement durable approuvés par 193 pays membres de l'ONU le 2 août 2015 :

- Éradication de la pauvreté.
- Lutte contre la faim.
- Accès à la santé.
- Accès à une éducation de qualité.
- Égalité entre les sexes.
- Accès à l'eau salubre et à l'assainissement.
- Recours aux énergies renouvelables.
- Accès à des emplois décents.
- Promouvoir une industrialisation durable qui profite à tous et encourager l'innovation.
- Réduction des inégalités.
- Villes et communautés durables.
- Production et consommation responsables.
- Lutte contre les changements climatiques.
- Vie aquatique à conserver et à exploiter de manière durable.
- Préservation de la vie terrestre et restauration des écosystèmes terrestres.
- Justice et paix.
- Partenariats pour la réalisation de ces objectifs.

D'autres plus radicaux pensent que la société de croissance n'est pas soutenable et prônent la décroissance

La théorie de la décroissance économique

Les partisans de la décroissance sont convaincus que la croissance économique mesurée par la croissance du Produit intérieur brut va à l'encontre de l'amélioration des conditions de vie humaines et de la durabilité du développement ; car elle engendre plusieurs conséquences négatives sur les plans social et environnemental.

- Chômage, précarisation du travail, remise en cause des acquis sociaux, stress, harcèlement psychologique, multiplication des accidents de travail …

- Épuisement dans un avenir proche des ressources énergétiques pétrole, gaz, uranium, charbon…
- Épuisement de certains minerais.
- La pollution et le réchauffement climatique provoquent la détérioration des écosystèmes et la disparition de milliers d'espèces animales et végétales, à tel point que l'espèce humaine elle-même est menacée.
- Augmentation des maladies cardiovasculaires, des troubles respiratoires, des cancers…

La Charte de la décroissance fixe les objectifs suivants :
- Cesser de faire de la croissance un objectif à atteindre.
- Sortir de l'économie productiviste et consumériste.
- Combattre le déferlement technologique.
- Faire un usage mesuré des ressources naturelles.
- Protéger l'environnement.
- Aller vers une société libérée de l'individualisme et fondée sur la coopération.
- Mieux vivre avec moins de biens et plus de liens …

La théorie de l'altermondialisme

L'altermondialisme est un mouvement social qui revendique l'adoption de valeurs nouvelles pour contrecarrer la mondialisation libérale démesurée.

Comme tout mouvement composé d'associations et d'organisations d'horizons divers, l'altermondialisme se manifeste par des positions réformistes et parfois par des positions radicales et brutales.

Le mouvement a pris de l'importance et s'est fait connaître du grand public à l'échelle planétaire en 1999 avec la manifestation de Seattle, à l'occasion de la 3e Conférence ministérielle de l'Organisation mondiale du commerce – OMC –
- Puis en 2001 avec le rassemblement de Gênes contre le sommet du G8.
- En 2001 et 2003 aux forums sociaux de Porto Alegre.
- En 2002 au forum social européen de Florence…

Voici les propositions essentielles des altermondialistes :

- Modifier les règles des instances internationales qui n'ont aucune légitimité démocratique du fait de leur caractère supranational (FMI – Banque mondiale - OMC- OCDE– G7 –) accusées d'être soumises aux lobbies privés.
- Développer le commerce équitable garantissant aux producteurs un juste revenu.
- Mettre en place le développement durable pour éviter l'épuisement des ressources naturelles.
- Alléger la dette des pays pauvres.
- Taxer les transactions financières.
- Démanteler les paradis fiscaux.
- Exclure l'agriculture des négociations de l'OMC pour garantir la souveraineté et la sécurité alimentaires des peuples.
- Comme il faut exclure des négociations de l'OMC, l'éducation, la santé et la culture.

Les théories de l'économie duale

Elles partent du constat que les économies sous-développées sont des économies duales où coexistent un secteur traditionnel et un secteur moderne avec des modes de fonctionnement différents.

La théorie d'Arthur Lewis

Arthur Lewis est né le 23 janvier 1915 à Sainte-Lucie (État insulaire des Antilles alors colonie britannique), il est mort le 15 juin 1991 à Bridgetown (capitale de la Barbade, micro-État des Caraïbes). Il a reçu le prix Nobel d'économie en 1979.
Après des travaux consacrés à l'industrialisation de l'Angleterre, Lewis s'intéresse à la question de l'adaptation des modèles de développement des pays nouvellement industrialisés aux particularités des économies sous-développées.
La théorie du cercle vicieux de Nurkse considère le sous-développement comme résultant de facteurs endogènes notamment la faiblesse de l'épargne. Lewis de son côté estime que ce cercle vicieux de la pauvreté peut être évité par l'investissement de l'épargne nationale dont il explique l'origine.

En d'autres termes, comme Rostow, il fait de l'accumulation du capital le moteur de la croissance économique et du développement, cette accumulation nécessite une épargne, car elle détermine l'investissement. Cette épargne provient du secteur moderne et elle est amplifiée grâce à sa relation avec le secteur traditionnel.

Le secteur traditionnel comprend l'agriculture de subsistance, l'artisanat et toute autre forme de travail informel. Ce secteur a comme particularités, la faiblesse du capital, la faiblesse de la productivité, l'abondance de la main-d'œuvre peu qualifiée et des bas salaires.

Le secteur moderne capitaliste est le secteur industriel ; celui-ci présente les caractéristiques suivantes : une main-d'œuvre salariée et qualifiée, une productivité relativement élevée, des salaires conséquents et une accumulation du capital grâce au réinvestissement d'une partie des profits réalisés.

La problématique posée par Lewis est de savoir si le transfert de la main-d'œuvre excédentaire du secteur traditionnel vers le secteur moderne peut présager le développement économique.

Selon lui, le développement du secteur moderne peut se faire grâce au transfert de la main-d'œuvre abondante et à bon marché du secteur traditionnel. L'utilisation de cette main-d'œuvre à bas salaires lui permet de dégager des profits substantiels dont une fraction importante est réinvestie.

Ce processus de transfert de main-d'œuvre et de dégagement de profits importants réinvestis se poursuit jusqu'à l'absorption totale du surplus de main-d'œuvre agricole par le secteur capitaliste.

À ce moment-là, les salaires dans le secteur de subsistance commencent à augmenter, car la productivité augmente du fait du départ d'une main-d'œuvre importante vers le secteur moderne sans engendrer une baisse de la production. Puis l'augmentation des salaires touche également le secteur moderne en raison de la reprise de l'augmentation de la productivité notamment grâce à l'effet d'apprentissage. Selon Lewis, le décollage économique s'opère quand le taux d'investissement du secteur capitaliste passe de 4 – 5 % à 10 – 15 % du revenu national.

L'approche de François PERROUX

François Perroux est un économiste français né le 19 décembre 1903 à Lyon dans le Rhône, mort le 2 juin 1987 à Stains en Seine-Saint-Denis.

Selon lui, le sous-développement s'explique par des facteurs internes et externes.

Les facteurs externes sont principalement la colonisation, l'échange inégal et la dégradation des termes de l'échange.

Les facteurs internes sont le dualisme, la désarticulation et la dépendance qui caractérisent les économies sous-développées.

- Le dualisme : C'est la coexistence dans une même économie de deux secteurs sans liaisons entre eux ; l'un traditionnel, l'autre moderne.

Le secteur traditionnel est un secteur qui utilise des techniques anciennes avec peu de capital et beaucoup de main-d'œuvre peu productive. Il est fermé aux échanges extérieurs, sa production est destinée à l'autoconsommation et au marché local.

Le secteur moderne est un secteur qui utilise des techniques modernes avec beaucoup de capital et une main-d'œuvre salariée, qualifiée et plus productive. Il est ouvert aux échanges extérieurs, sa production est destinée à être commercialisée sur le marché national et/ou international.

- La désarticulation : Une économie désarticulée est une économie où il y a peu ou pas de relations entre les différentes branches et secteurs d'activité, ce qui induit l'absence d'effet d'entraînement et d'effet multiplicateur. Alors que l'économie intégrée est une économie où les différentes branches sont complémentaires, chacune d'elles utilise comme consommations intermédiaires les produits et services fournis par d'autres branches appartenant à la même économie.

- La dépendance : Les économies des pays sous-développés sont des économies dépendantes de l'Occident sur les plans technologique, commercial et financier.

Selon F. Perroux, le développement suppose des acteurs dynamiques et des structures adéquates.

Il définit le développement comme « la combinaison des changements mentaux et sociaux d'une population, qui la rendent apte à faire croître cumulativement et durablement son produit réel global.»

Le développement doit avoir deux finalités principales :

- La première est d'ordre politique, elle doit viser à se libérer de l'étranger.
- La seconde finalité est d'ordre économique, elle doit mobiliser les énergies pour réduire la désarticulation et la dépendance.

F. Perroux donne une importance particulière à la notion de Pôles de développement constitués d'unités économiques motrices capables d'exercer un effet d'entraînement sur le reste de l'économie.

Pour que ces unités économiques dynamisantes agissent dans le sens du projet collectif, il est important de créer des organes d'intérêt général qui veillent à ce que la croissance économique coïncide avec le développement de la nation.

Pour lui, l'économie doit tenir compte non seulement des besoins solvables, mais des besoins réels, économiques, culturels et sociaux ; c'est-à-dire tenir compte de ce qu'il appelle les coûts de l'homme.

Pour ce faire, l'État a un rôle essentiel à jouer notamment dans la redistribution, l'organisation de l'économie, l'animation de la recherche et la diffusion de l'innovation…

Le développement par le système de valeurs

Alain Peyrefitte **:** *La confiance comme ressort du développement*

Alain Peyrefitte est né le 26 août 1925 à Najac en Aveyron, il est mort le 27 novembre 1999 à Paris. Il est à la fois homme politique, diplomate, écrivain et membre de l'Académie française.

En 1995, il publie chez Odile Jacob, un essai intitulé ''La Société de confiance'', dans lequel il étudie les ressorts du développement des nations.

L'originalité de cet essai, est de ne pas s'attarder sur les caractéristiques des pays développés et celles des pays sous-développés qui n'ont aucun intérêt du point de vue du décollage économique, mais de poser la question pertinente et énigmatique des facteurs de déclenchement qui font passer les sociétés traditionnelles à l'état de sociétés modernes.

Il estime que ce qui est considéré comme facteurs essentiels pour le développement, le travail, le capital et les ressources naturelles sont en réalité des facteurs secondaires ; et ce qui est considéré comme secondaires, la culture, les mentalités, les attitudes, les comportements... sont en réalité des facteurs déclencheurs du développement des nations.

Alors que la pauvreté est le sort commun des hommes depuis les origines, il cherche à expliquer le miracle du développement qui a permis à l'Occident de s'arracher à la surmortalité, à la famine, aux maladies endémiques, à l'analphabétisme qui y sévissaient encore il y a deux cents ans ; pour que les trois-quarts de l'humanité qui connaissent encore ces affres puissent être gagnés par le développement.

Le ressort du développement résiderait selon A. Peyrefitte, dans des facteurs immatériels, plus précisément dans la construction d'une société de confiance : confiance entre les citoyens et l'État ; confiance que l'État accorde à l'initiative privée, confiance entre le chef et ses subordonnés ; entre le banquier et l'emprunteur, entre les citoyens d'une même nation...

Sa conviction est que la confiance est le lien social le plus fécond, y compris entre un enseignant et ses élèves, entre un médecin et ses patients, entre les parents et leurs enfants ... La confiance fertilise, la défiance stérilise !

Selon Alain Peyrefitte, « ce serait notamment cet éthos de confiance qui, en bousculant des tabous traditionnels et en favorisant l'innovation, la mobilité, la compétition, l'initiative rationnelle et responsable, aurait permis le développement de l'Europe occidentale.»

Les auteurs d'un livre collectif intitulé « Besoin d'Afrique[1] », racontent l'histoire du "Docteur mobylette" - nommé ainsi par les

[1] Ouvrage collectif d'Éric Fottorino, Éric Orsenna et Christophe Guillemin paru aux Éditions Fayard - Paris 1992

experts des Nations unies pour le développement - qui chaque matin s'installe sous un grand arbre à Bamako pour réparer les mobylettes. Une fois la somme de 2000 Francs CFA gagnée, somme qui d'après ses calculs, suffit amplement à satisfaire ses besoins et ceux de sa famille, il cessait de travailler. Les experts des Nations unies qui l'ont observé pendant plusieurs jours l'ont invité à voir plus grand en créant une entreprise. Il refusa la proposition estimant que cela reviendrait à voler le travail de son « frère ». Les experts de l'ONU sont repartis avec la conviction que l'accumulation nécessaire au développement ne pourra jamais voir le jour dans un pays où les individus sont méfiants ou peu tentés par la perspective d'accumulation et d'enrichissement personnel.

Le système de valeurs comme facteur de développement est difficile à quantifier et à vérifier. Certains rejettent l'idée, d'autres la mettent volontiers en avant.

Max Weber : le protestantisme à l'origine du capitalisme

Il y a exactement 120 ans, Max Weber avait fait le lien entre le protestantisme et l'émergence du capitalisme[1] et donc du développement.

De notre point de vue, le lien n'est pas si facile à établir. En effet comment expliquer que d'autres pays où le protestantisme est quantitativement important sont restés sous-développés ou simplement émergents, comme c'est le cas du Nigeria, de l'Afrique du Sud, de la Chine et du Brésil… ?

Comment expliquer le fait que d'autres religions qui incitent les croyants au travail n'aient pas abouti au même résultat… ?

---

[1] L'Éthique protestante et l'Esprit du capitalisme 1904

III- LES MODÈLES DE DÉVELOPPEMENT

A- LES MODÈLES DE DÉVELOPPEMENT INDUSTRIEL

Ils peuvent être schématisés de la manière suivante :

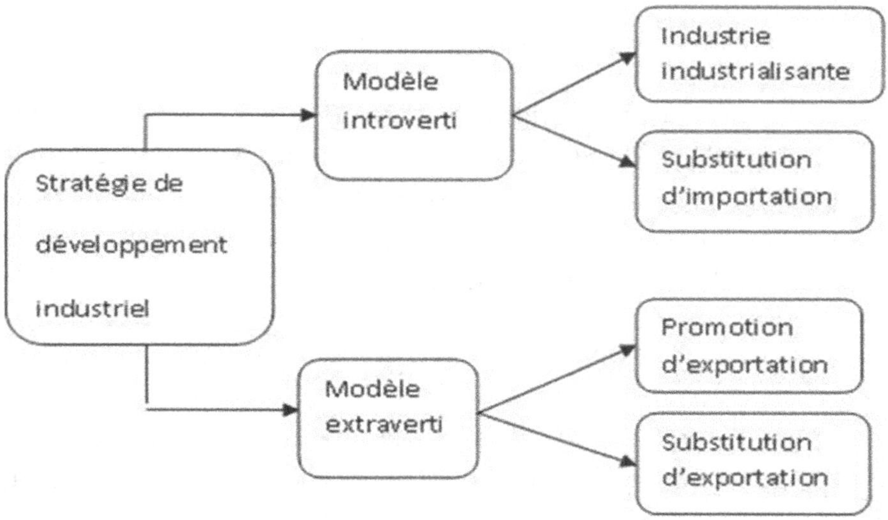

Les modèles d'inspiration libérale : Les modèles extravertis

Le modèle d'Industrialisation par la promotion des exportations – I.P.E. –

Cette stratégie d'industrialisation consiste à choisir quelques produits manufacturés pour lesquels un pays a des avantages comparatifs, main-d'œuvre abondante à bas salaires, matières 1res à bas coûts, rapport qualité prix avantageux, savoir-faire, avantages fiscaux à l'exportation … pour les fabriquer en vue de les exporter sur le marché mondial.

Grâce à ces exportations, le pays améliore sa balance des paiements en obtenant des moyens de paiement internationaux, lesquels moyens sont utilisés dans une deuxième phase, pour la production des biens d'équipement nécessaires à la fabrication des produits destinés à l'exportation. C'est ce qu'on appelle la remontée de filière de l'aval vers l'amont qui permet un développement industriel quasi autonome.

Cette stratégie d'industrialisation a été adoptée par les pays asiatiques comme la Corée du Sud, Hong Kong, Singapour, Taïwan, puis la Chine. La littérature de l'économie du développement explique le succès de ce modèle par entre autres, l'intervention active de l'État. Bien sûr que l'État peut prendre des décisions judicieuses, mais de notre point de vue, le facteur déterminant dans le succès de ce modèle est la validation des produits exportés par le marché mondial.

Le modèle de développement par la substitution des exportations

Ce modèle d'industrialisation est une variante du modèle précédent. Sa particularité réside dans le fait de substituer à l'exportation de richesses naturelles (matières 1res et produits agricoles) l'exportation de produits manufacturés.

Le modèle de coopération internationale : *Les Programmes d'ajustement structurel (P.A.S.)*

De notre point de vue, ils sont à la fois théorie et modèles. Théorie au singulier car il s'agit d'un ensemble cohérent d'idées d'inspiration libérale. Modèles au pluriel, parce que les programmes s'adaptent aux spécificités de chaque pays.

Il s'agit d'un ensemble de mesures dont certaines agissent sur la conjoncture, d'autres sur les structures :

- Déréglementation de l'économie.
- Libéralisation du commerce extérieur.
- Libéralisation des marchés financiers nationaux.
- Privatisation des entreprises publiques.
- Promotion des investissements directs étrangers – IDE -.
- Politique de change compétitive.
- Stricte discipline budgétaire…

Les modèles d'inspiration marxiste : Les modèles introvertis

L'objectif est de rompre avec la domination impérialiste et l'exploitation exercée par les pays capitalistes du Nord sur les pays pauvres du Sud.

Le modèle des industries industrialisantes

Comme leur nom l'indique, les industries industrialisantes sont des industries qui industrialisent le reste de l'économie ; des industries qui ont le plus d'effets d'entraînement sur les autres secteurs et branches d'activité ; celles qui noircissent le plus de cases dans la matrice interindustrielle. Ces industries sont constituées des industries de base et d'équipement : Mines, sidérurgie, métallurgie, hydrocarbures, pétrochimie, industries des biens d'équipement … Elles coïncident avec ce que les économistes appellent le secteur I, celui des biens de production. Le secteur II étant celui des biens de consommation durables et non durables.

Les avantages de ce modèle d'industrialisation sont principalement d'après ses concepteurs, les effets d'entraînement sur les branches des industries des biens de consommation et sur le secteur agricole en lui fournissant notamment des machines agricoles, des engrais... Ce modèle est celui de l'Europe à la fin du 18e et au début du 19e siècle.

Il a été appliqué en Algérie au temps du président Boumédiène sur les conseils de Gérard de Bernis, économiste français d'inspiration marxiste, professeur émérite à l'université de Grenoble.

Le modèle d'Industrialisation par substitution des importations

Il emprunte le chemin inverse du modèle précédent, il va de l'aval vers l'amont.

L'idée de base de ce modèle est d'identifier les biens de consommation pour lesquels il existe une demande interne préalablement satisfaite par les importations et de les produire localement en important les biens d'équipement nécessaires à leur fabrication.

Dans une seconde phase, grâce aux économies ainsi dégagées - ressources préalablement consacrées aux importations - les entreprises et les pays pratiquant ce modèle seraient à même de produire localement les biens d'équipement nécessaires à la fabrication des biens de consommation.

Les théories du développement par le bas

Dans les années 1950, la pauvreté est considérée comme un symptôme du sous-développement. Dans les années 1970, certains économistes pensent que le développement économique n'éradique pas forcément la pauvreté. À partir de ce constat, ils formulent les théories du développement par le bas dont voici les principales idées :

- Les populations pauvres doivent être des acteurs du développement et non seulement de simples bénéficiaires de celui-ci.
- La priorité est donnée à l'éradication de la pauvreté en garantissant l'alimentation, la santé et l'éducation considérées à tort ou à raison comme des problèmes autonomes et non comme des conséquences ou des symptômes du sous-développement.
- La promotion de « technologies » adaptées aux contextes locaux moins coûteuses et plus accessibles, par opposition aux technologies de pointe importées.
- La valorisation de l'économie locale, de l'artisanat et des initiatives communautaires pour construire le développement de manière endogène.
- La remise en question de l'idée que la croissance économique résoudra par elle-même tous les problèmes de développement.

....

B- LES MODÈLES DE DÉVELOPPEMENT AGRICOLE

En se basant sur l'histoire des pays développés, plusieurs auteurs considèrent le succès du secteur agricole comme un préalable au développement. Ils mettent en avant l'importance du surplus agricole dans le décollage économique des nations.

Ce surplus peut prendre des formes diverses :

- Un surplus de production qui peut être affecté aux industries agro-alimentaires ou à l'exportation. S'il reste sur le marché domestique, il peut avoir comme conséquence une baisse des prix, voire des salaires, y compris dans les secteurs non agricoles.
- Un surplus de main-d'œuvre : Le modèle de Lewis examiné précédemment a montré comment le surplus de main-d'œuvre dans le secteur agricole peut migrer vers le secteur industriel et participer à

son essor ; et comment il fait augmenter la productivité agricole en maintenant le même niveau de production avec moins de travailleurs.
- Un surplus d'épargne : Il est une source de financement pour l'agriculture elle-même et pour le reste de l'économie. Cette épargne est soit volontaire, c'est-à-dire déposée dans les banques qui à leur tour financent l'économie ; soit forcée en étant ponctionnée par la puissance publique par le biais de la fiscalité.
Le modèle de développement agricole est soit libéral, soit interventionniste ou collectiviste.

Le modèle collectiviste

Ses modes d'organisation diffèrent selon les pays et les expériences (kolkhozes et sovkhozes dans l'ex-URSS, les coopératives agricoles autogérées en ex-Yougoslavie et en Algérie ...)
Au fur et à mesure que la doctrine socialiste et communiste décline à travers le monde au point de devenir résiduelle et que le libéralisme triomphe, les différents pays optent, bon gré mal gré, pour le modèle libéral.

Le modèle libéral

Il consiste à appliquer les règles de l'économie libérale au secteur agricole :
- La régulation par le marché.
- La vérité des prix.
- La concurrence entre les opérateurs.
- L'ouverture sur l'extérieur.
- Le financement bancaire ...

Les exploitations agricoles modernes sont de grandes tailles ; elles utilisent des équipements lourds et des techniques de pointe qui leur permettent d'avoir une productivité élevée. Elles sont parfois la propriété de sociétés financières.

Pour des raisons économiques, sociales, politiques ou géostratégiques, le modèle d'une agriculture libérale est contrarié par les pays libéraux eux-mêmes, États-Unis face à l'Union européenne, au Japon, etc.

D'un autre côté, en maintenant des barrières douanières élevées pour protéger leurs productions et en accordant des subventions aux agriculteurs et des aides à l'exportation de produits agricoles, les pays riches sont accusés de concurrence déloyale qui ruine des millions d'exploitations à travers le monde et empêche les pays pauvres d'écouler leurs productions sur le marché mondial.

Les Trois Révolutions agricoles

La Première Révolution agricole

La Première Révolution agricole, souvent appelée Révolution agraire, désigne les profonds changements techniques et d'usages agraires en Europe, notamment en Angleterre à partir des XVIIe et XVIIIe siècles, marquant le passage à une agriculture moderne, avec l'abandon de la jachère, l'assolement continu et l'intégration culture-élevage, préparant ainsi l'essor de la Révolution industrielle.
Ses caractéristiques principales sont les suivantes :

- La disparition de la jachère remplacée par des cultures fourragères qui nourrissent le bétail et enrichissent les sols.
- L'intégration culture-élevage, plus de bétail c'est plus de fumier et plus de rendement pour les cultures.
- La diversification des cultures : Introduction massive de la pomme de terre, du navet…
- L'amélioration des techniques : Fumure plus abondante, labours plus profonds et meilleure gestion des terres.
- Le changement des usages par notamment la mise en culture des biens communaux.
- Impacts socio-économiques : Augmentation des rendements, libération de main-d'œuvre pour les villes et les usines…

La Deuxième Révolution agricole

C'est celle du XXe siècle, elle est caractérisée par :

- La généralisation de la mécanisation et de la motorisation.
- L'utilisation importante des engrais et des produits phytosanitaires.
- La mise au point de semences hybrides à haut rendement.
- Et l'utilisation de systèmes d'irrigation modernes.

C'est cette Révolution étendue à certains pays du Sud dans les années 1960 et 1970 qui porte le nom de « Révolution verte ».
La Révolution verte a été expérimentée et appliquée dans plusieurs pays du tiers-monde : Inde, Indonésie, Philippines, Vietnam, Mexique, Colombie, Pérou, Pakistan, Sri Lanka, Afrique du Nord... Celle-ci a conduit à des aspects positifs mais aussi négatifs.

Les conséquences positives : La Révolution verte a eu comme conséquence positive principale un accroissement spectaculaire de la productivité et des rendements agricoles, ce qui a permis d'éviter des famines potentiellement dévastatrices avec la croissance sans précédent de la population mondiale depuis les années 1960.

Les conséquences négatives sont principalement les suivantes :
- La perte de la biodiversité.
- L'utilisation intensive des pesticides engendre la contamination des terres et de l'eau, notamment par les nitrates.
- La dégradation et l'érosion des sols.
- L'apparition de souches de moustiques résistantes.
- La diminution de l'efficacité des programmes anti-paludisme.
- La salinisation voire la perte de nappes phréatiques.
- L'exode rural et l'apparition de gigantesques bidonvilles.
- L'augmentation du coût énergétique de la production.
- L'émergence de nouveaux marchés dans le domaine des semences, des engrais et des pesticides qui a principalement profité à des entreprises basées aux États-Unis.
- Des considérations géopolitiques auraient poussé les USA à aider à développer la Révolution verte dans les pays du tiers-monde pour éviter que la famine ne pousse ces peuples dans le camp du communisme.
- Dans certains cas, la lourdeur des investissements a conduit de nombreux petits agriculteurs lourdement endettés à vendre leurs terres…

La Troisième Révolution agricole :

La Troisième Révolution agricole désigne les transformations actuelles de l'agriculture dues à l'introduction du numérique, de la robotique, de la génétique… visant une agriculture de précision axée

sur l'Intelligence artificielle et l'automatisation pour optimiser les rendements tout en respectant les enjeux climatiques et environnementaux. Elle s'appuie sur des outils high-tech (drones, robots désherbeurs, IA) pour gérer efficacement les ressources, mais soulève par ailleurs des débats sur l'accès à ces technologies et leur impact social.
La « Révolution Verte » des années 1960-1970 s'est concentrée sur l'introduction de semences à haut rendement et d'intrants chimiques pour augmenter massivement la production alimentaire mondiale. La Troisième Révolution agricole actuelle souvent appelée « Révolution du Vivant » ou « Révolution Numérique » vise une approche plus intégrée et technologique, axée sur la durabilité et la résilience.

Les alternatives à la Révolution verte

Le début des années 1990 a été marqué par un intérêt croissant pour les préoccupations environnementales.
Les nombreux aspects négatifs de la Révolution verte ont favorisé l'émergence de plusieurs alternatives.

- L'agroécologie : C'est une approche de l'agriculture qui s'appuie sur les principes de l'écologie pour concevoir et gérer des systèmes agricoles durables, résilients et respectueux de l'environnement.
Elle vise à produire des aliments tout en préservant les ressources naturelles, la biodiversité, les sols et les écosystèmes, en réduisant l'usage d'intrants chimiques. Elle intègre également des dimensions sociales, économiques et culturelles en valorisant les savoir-faire locaux et l'autonomie des agriculteurs.

- L'écoagriculture : L'écoagriculture est une approche agricole qui vise à produire durablement tout en préservant les écosystèmes, les ressources naturelles et la biodiversité. Elle cherche à intégrer les activités agricoles dans leur environnement naturel afin de réduire les impacts écologiques (dégradation des sols, pollution de l'eau, perte de la biodiversité) et de maintenir les fonctions écologiques des territoires.

Contrairement à une agriculture strictement productiviste, l'écoagriculture met l'accent sur la gestion durable des terres, l'efficience des ressources et la coexistence entre agriculture, nature et sociétés humaines.

- L'agriculture raisonnée : C'est un mode de production agricole qui vise à optimiser les rendements tout en limitant les impacts négatifs sur l'environnement, la santé et le bien-être animal.
Elle repose sur une utilisation mesurée et réfléchie des intrants (engrais, pesticides, eau, énergie), en les adaptant aux besoins réels des cultures et des sols. Cette approche cherche un équilibre entre performance économique, respect de l'environnement et qualité des produits, sans exclure totalement les produits chimiques, mais en les utilisant de manière raisonnable, contrôlée et justifiée.

- La Révolution doublement verte : La Révolution doublement verte désigne une stratégie de développement agricole visant à augmenter durablement la production agricole tout en préservant l'environnement. Elle cherche à dépasser les limites de la « Révolution verte » classique en combinant intensification de la production et respect des équilibres écologiques. Elle repose sur :
- Une meilleure gestion des ressources naturelles (sols, eau, biodiversité).
- L'utilisation de techniques agricoles adaptées aux écosystèmes locaux.
- La réduction des intrants chimiques au profit de pratiques plus durables.
- L'amélioration des revenus et de la sécurité alimentaire, notamment dans les pays du Sud.
En bref, la Révolution doublement verte vise une agriculture à la fois productive et écologiquement soutenable.

C- LE FINANCEMENT DE LA TRANSITION PAYS PAUVRE - PAYS RICHE

L'endettement comme source de financement du développement

Schématiquement, les pays sous-développés possèdent des ressources naturelles et une main-d'œuvre abondante à bas salaires et peu qualifiée ; en revanche, ils ne possèdent pas la technologie et manquent de moyens financiers.

À partir de ce constat, aussi bien l'Organisation des Nations unies que les experts de tous bords pensaient que le développement était une simple affaire. Il suffisait de mettre en œuvre un processus de transfert technologique et de prêter de l'argent aux pays du Sud pour qu'ils rattrapent leur retard de développement.

C'est dans cet esprit et avec confiance qu'en 1961, l'Organisation des Nations unies vote une résolution intitulée « Première décennie de développement, 1961 - 1970.»

Dans la pratique, cela s'est traduit par plusieurs flux. Les États et les banques commerciales des pays développés prêtent de l'argent aux pays sous-développés. Grâce à cet argent, les Pays du Sud achètent des usines et autres produits aux entreprises des Pays du Nord.

Tout le monde semble être gagnant dans l'affaire. Sauf que :

En 1960, la dette des pays pauvres s'élevait à 7,6 milliards de $.

En 1970, elle s'élevait à 66 milliards. En 1980, elle était de l'ordre de 650 milliards de $. Pour les pays les plus endettés, la dette représente jusqu'à 160 % de leurs exportations annuelles. Ainsi, l'idée de l'échec du développement et la menace de faillite commence à effleurer les esprits. La décennie 1980 – 1990 confirme les difficultés de remboursement de nombreux pays. Certains d'entre eux s'endettent non pas pour investir mais pour rembourser les dettes antérieures.

En 1985, la dette des pays du Sud atteint 1000 milliards de $; fin 1994, elle avoisine 2000 Milliards. Ainsi, le piège de l'endettement se referme sur les pays pauvres. Voici les 15 pays les plus endettés à cette époque :

Pays	Dette en milliards de $	Taux d'endettement en % du PIB
Brésil	121,110	33,6
Mexique	113,378	34,46
Indonésie	84, 385	66,78
Russie	78,658	20,30
Inde	76,983	35,87
Chine	69,321	13,70
Argentine	67,569	29,53
Turquie	54,772	54,79
Pologne	48,521	57,88
Rép. de Corée	42,999	14,52
Egypte	40,018	119,27
Thaïlande	39,424	35,73
Venezuela	37,193	60,83
Nigeria	30,959	104,35
Algérie	26,349	73,86

*Source : Banque mondiale

Le volume de la dette est tel, que les Institutions monétaires et financières internationales (Fonds monétaire international et Banque mondiale) sont mises à contribution.

Le rééchelonnement de la dette privée (dettes des Pays du Sud vis-à-vis des banques commerciales privées des Pays du Nord) s'est fait au sein du club de Londres qui regroupe l'ensemble des créanciers privés.

La gestion de la dette souveraine (dette publique des États du Sud vis-à-vis des États du Nord) s'est faite au sein du club de Paris qui regroupe l'ensemble des créanciers publics.

Les institutions multilatérales (FMI et Banque mondiale) ont demandé aux créanciers publics et privés de continuer à soutenir les pays sous-développés, en s'engageant elles-mêmes à apporter leurs aides à ces pays, dans le cadre de ce qui est communément appelé les Programmes d'ajustements structurels – P.A.S. – examinés précédemment.

Nous verrons plus bas que ces programmes ont été utiles comme outil de gestion de la dette ; mais pas comme outil de développement des pays pauvres.

L'aide publique au développement

L'aide publique au développement est constituée de dons, de prêts à taux préférentiels et d'allègements de dettes.

Les principaux donateurs sont initialement les pays de l'OCDE : Etats-Unis, Royaume-Uni, Allemagne, France, Japon … regroupés au sein du Comité d'aide au développement – CAD –

Plus tard, la Chine et certains pays producteurs d'hydrocarbures notamment du Golf, établissent leurs propres politiques d'aide au développement essentiellement en direction de l'Afrique.

En 2014, le montant mondial de l'aide publique au développement s'élevait à 135,2 milliards de dollars US. En 2022, l'aide accordée par les seuls membres du Comité d'aide au développement de l'OCDE s'est élevée à un montant jamais atteint de 204 milliards de dollars.

Les principaux donateurs membres du Comité d'aide au développement (CAD) de l'OCDE font transiter en moyenne un tiers de leur aide publique au développement, par les institutions multilatérales : Banque mondiale, Programme des nations unies pour le développement, UNICEF, FAO, Haut-commissariat pour les réfugiés, Fonds pour l'environnement mondial, Fonds mondial de lutte contre le sida, le paludisme et la tuberculose, le Fonds vert pour le climat, les Banques de développement régionales comme la Banque africaine de développement, la Banque asiatique de développement…

L'aide privée au développement

L'aide publique au développement n'est pas le seul flux d'aide en direction des pays du Sud ; les flux d'aides privés, émanant de fondations, d'associations, d'Organisations non gouvernementales sont loin d'être négligeables notamment dans les domaines de l'éducation, de l'accès aux soins, de l'accès à l'eau potable, de l'agriculture et de la protection de l'environnement.

En incluant les investissements directs étrangers et l'argent envoyé par les émigrés à leurs familles restées au pays, la Banque mondiale estime les transferts privés en 2022 à 626 milliards de dollars.

Par ailleurs, il convient de noter que l'aide au développement est souvent orientée en fonction des objectifs géostratégiques des pays donateurs. Grâce à ces aides, les grandes puissances se partagent les pays du Sud en zones d'influence.

En outre, on ne peut passer sous silence le fait que l'aide au développement est parfois détournée à des fins d'enrichissement personnel par les dirigeants et les cadres des pays sous-développés.

IV- L'IMPASSE DES THÉORIES ET MODÈLES DE DÉVELOPPEMENT

Dans 25 ans, la situation des pays sous-développés n'aura pas changé de manière significative. Alors, on peut affirmer sans crainte de se tromper qu'en un siècle, les résultats des théories et modèles de développement n'auront pas été probants.

Quand des outils ne donnent pas de bons résultats sur une période aussi longue, il faut les abandonner !

Ceci étant un constat, une critique générale qui concerne tous les modèles de développement. Des critiques spécifiques peuvent être formulées à l'encontre de chacun des modèles et théories examinés précédemment.

A- CRITIQUE DES THÉORIES ET MODÈLES D'INSPIRATION MARXISTE

Après la Seconde Guerre mondiale qui ouvre la période de décolonisation, les théories d'inspiration marxiste ont trouvé un terrain fertile dans les pays du tiers-monde. Quel régime autre que le socialisme peut récompenser les peuples opprimés qui ont arraché l'indépendance de leurs pays en chassant les colonisateurs capitalistes ? L'instauration de régimes socialistes et communistes et l'application des modèles de développement y afférents étaient quasiment une évidence dans certains pays du tiers-monde.

Les deux idées structurantes de la pensée marxiste sont les suivantes :

- La plus-value (ou son expression monétaire le profit) est produite par les salariés mais accaparée par les capitalistes. Les machines ne font que transmettre leurs valeurs aux produits fabriqués ; seuls les travailleurs créent de la valeur ; s'ils coûtent 100, ils créent par exemple 120 ; ce sont les 20 supplémentaires qui constituent la plus-value ou le profit que les capitalistes s'approprient.
Cette exploitation des salariés par les propriétaires des moyens de production justifie selon Marx et les marxistes, la révolution et la dictature du prolétariat.

- La baisse tendancielle du taux de profit doit entraîner fatalement l'implosion du système capitaliste et sa disparition.

Quelle différence y a-t- il entre ces deux idées et l'affirmation que Jésus-Christ est le fils de Dieu, puisque la Vierge Marie l'a mis au monde en étant précisément vierge ? Aucune ! Dans un cas comme dans l'autre, on est dans le domaine de la croyance !
Comment prouver que le profit est le fait des seuls salariés quand on sait que des usines entièrement robotisées peuvent produire des biens marchands et donc des profits ? Comment démontrer que la baisse tendancielle des taux de profit est à la fois générale et permanente jusqu'à l'implosion du capitalisme ? Alors que dans la pratique, la baisse des taux de profit est un phénomène conjoncturel limité dans le temps et dans l'espace ; elle ne peut en aucun cas concerner durablement toutes les entreprises de tous les secteurs en même temps. Il n'y a de meilleures preuves que les preuves pratiques : plus d'un siècle et demi après la prophétie de la disparition du capitalisme, le triomphe du libéralisme est plus évident que jamais. Le communisme est dans un état résiduel ! Malheureusement, son instauration aurait fait selon certaines estimations, 100 millions[1] de morts ; 25 millions selon l'estimation la plus basse.
Passons à présent aux critiques spécifiques aux différents modèles de développement.

---

[1] Le livre noir du communisme ; ouvrage collectif sous la direction de Stéphane Courtois - Éditions Robert Laffont -1997

Le modèle des industries industrialisantes

Gérard Debernis – paix à son âme – est décédé le 24 décembre 2010 ; il a eu un temps largement suffisant pour constater que le modèle des industries industrialisantes appliqué en Algérie sur ses conseils de 1967 à 1978, n'a pas permis la mise en place d'une industrie autonome capable d'assurer sa pérennité. Les grands complexes industriels se sont transformés en gigantesques cimetières de machines et d'équipements à partir de la fin des années quatre-vingt.

Sous-développement et développement du capitalisme

- Prebisch et la dégradation des termes de l'échange

Contrairement à la théorie des avantages comparatifs de David Ricardo qui soutient que la spécialisation économique selon la règle des avantages comparatifs et le commerce international sont profitables à tous ; la thèse de Prebisch-Singer affirme que la spécialisation économique et les échanges internationaux ne conduisent pas forcément à la croissance et au développement de toutes les nations. L'auteur soutient l'idée selon laquelle le sous-développement découle de la Division internationale du travail qui scinde les nations en deux groupes : Le Centre, constitué des pays développés producteurs de produits manufacturés et la Périphérie composée des pays sous-développés spécialisés dans la production et l'exportation de produits primaires. Cette spécialisation entraîne une dégradation des termes de l'échange en faveur du Centre, au détriment de la Périphérie. Les produits primaires voient leurs valeurs diminuer par rapport aux biens manufacturés, contraignant les pays du Sud à exporter davantage pour maintenir leur niveau de revenu.

L'affirmation selon laquelle le sous-développement est la conséquence de la division internationale du travail ne résiste pas à la rigueur intellectuelle, pour au moins deux raisons :

- La dégradation des termes de l'échange peut aggraver les difficultés des pays du Sud mais n'explique en aucun cas l'apparition du sous-développement ; ce phénomène prévalait avant même l'existence du Centre et de la Périphérie.

- Les termes de la comparaison ne sont pas pertinents. Une voiture, un téléviseur, un smartphone, un ordinateur … ne sont pas des tas de matières premières, Ils sont constitués de matières premières bien évidemment, mais aussi d'intelligence.

L'intelligence peut être facturée à un prix élevé en raison de sa rareté à l'échelle planétaire.

- Le sous-développement, conséquence de l'impérialisme et de la colonisation

De nombreux économistes du tiers-monde considèrent le sous-développement comme une conséquence du développement du capitalisme et de la domination des pays sous-développés par l'Occident.

De notre point de vue, cette approche ne résiste pas à la rigueur de l'analyse. L'un des premiers livres écrits par le professeur A. Benachenhou est intitulé : « La formation du sous-développement en Algérie – Essai sur les limites du développement du capitalisme de 1830 à 1862 » – OPU –.

Quand on s'arrête une fraction de seconde sur ce titre, on ne peut s'empêcher de poser la question suivante : Mais quel était donc l'état de développement de l'économie algérienne avant l'avènement du capitalisme et de son stade ultime, l'impérialisme ? La réponse est incontestable : L'économie algérienne était sous-développée.

Si on pose la même question par rapport à la colonisation, la réponse est la même ; l'Algérie était sous-développée avant, pendant et après la colonisation. Le sous-développement ne s'est donc pas formé à un moment donné !

Inutile de chercher ailleurs les causes du sous-développement ; elles sont en nous-mêmes.

Modèles pour les pauvres ou ennemis des pauvres

Le modèle de développement par le bas, le développement par la lutte contre la pauvreté, la théorie de la satisfaction des besoins

essentiels, le développement humain…tous ces modèles généreux à l'égard des pauvres se trompent ! Avec eux, la science économique devient une science non-voyante !
Pour donner ou redistribuer aux pauvres, il faut d'abord avoir une richesse à redistribuer qu'il faut au préalable produire. Cette vérité est une vérité économique élémentaire.
Le devoir impérieux des partenaires sociaux est de veiller à ce que la richesse produite soit répartie entre les salariés, l'État et les entreprises de manière à assurer la justice et la cohésion sociales.
Centrer le développement sur l'être humain, c'est ce que fait imparfaitement le Marché. Le modèle où c'est l'État producteur qui le fait a failli ! En attendant que l'intelligence humaine nous propose un modèle plus efficace et plus généreux, corrigeons les imperfections du marché en généralisant le modèle de l'économie de marché sociale de type scandinave ou allemand.

Le professeur Omar AKTOUF dans ses interventions publiques dit préférer la pauvreté justement partagée à la richesse injustement partagée ! Il s'agit là d'un manque de lucidité intellectuelle ! Les pauvres ont besoin principalement de travail et de salaires qui leur permettent de vivre dignement… La redistribution ne peut être durable et efficace que dans les pays qui sont économiquement forts. Que peut donner un État d'un pays pauvre à ses citoyens même s'il est d'une générosité exemplaire ? Rien ou presque rien ! Cette vérité est une deuxième vérité économique élémentaire.

B- CRITIQUE DES THÉORIES ET MODÈLES D'INSPIRATION LIBÉRALE

Libéralisme et développement des pays pauvres : le rejet chronique du greffon

En matière médicale, le rejet est dit chronique quand le receveur pour des raisons diverses est responsable d'une altération progressive et irréversible de la fonction du greffon.
Cette situation convient parfaitement au greffon du libéralisme - Programmes d'ajustement structurel - préconisé par les institutions de

Bretton Woods pour les pays non développés qui l'ont mis à mal et vidé de son efficacité.

Nous reviendrons – dans le chapitre suivant – sur les facteurs internes aux économies sous-développées qui vident les systèmes porteurs d'efficacité de leur substance.

Quelques mots sur chacun des modèles et théories d'inspiration libérale.

Les Programmes d'ajustement structurel

Appliqués depuis 43 ans, pour permettre aux pays pauvres de sortir de la crise économique et sociale provoquée entre autres par la baisse des prix des matières premières et le fardeau de la dette, les Programmes d'ajustement structurel n'ont réussi à extirper aucun pays de la pauvreté. Personne ne peut nier cette réalité, mais il est intellectuellement malhonnête d'accabler ces programmes de tous les maux dont souffrent les pays sous-développés surendettés. Ces pays étaient déjà en état de décomposition avancée avant l'application des Programmes d'ajustement structurel. Heureusement que contrairement aux entreprises, les États en dépôt de bilan ne sont pas susceptibles d'être liquidés.

Ces programmes sont censés provoquer à court terme des conséquences négatives comparables aux effets secondaires d'un traitement médical, mais avec l'espoir de retrouver la voie de la croissance et du développement une fois cette période de turbulences passée. Malheureusement, les effets secondaires sont persistants.

Ces programmes ont débuté en 1979 et c'est à partir du milieu des années 80 que commencent à apparaître les signes d'aggravation de la situation économique et sociale des pays où ils sont appliqués.

Voici en résumé les conséquences à court et moyen terme des Programmes d'ajustement structurel (P.A.S.), même s'il est objectivement difficile d'imputer toutes ces dégradations à ces seuls programmes.

Nous reviendrons au cours du chapitre suivant sur les facteurs du sous-développement durable, voyons à présent les critiques adressées aux Programmes d'ajustement structurel.

Conséquences des P.A.S. sur le plan politique

- Aggravation de la déconsidération des États aux yeux de leurs populations.
- La privatisation des entreprises rentables a bénéficié soit aux multinationales, soit au capital national lié à des hommes politiques et militaires responsables de l'échec économique de leurs pays.
- L'État affaibli ne peut plus assurer correctement ses responsabilités régaliennes dans les domaines de l'éducation, de la santé, de la sécurité et de la justice. Il n'est plus en mesure de protéger les plus faibles en jouant son rôle de redistributeur de richesses ou d'initier des projets d'investissements rentables à long terme. Ce qui a débouché sur des problèmes politiques graves dans beaucoup de pays comme le Liberia, la Sierra Leone, la Somalie, la République du Congo, le Rwanda... Les difficultés économiques et sociales ont provoqué des grèves et des émeutes dans beaucoup de pays : Côte-d'Ivoire, Liberia, Maroc, Nigeria, Soudan, Tunisie, Venezuela, Zambie...
- L'insécurité et l'instabilité sociales ont renforcé le rôle de l'armée

Conséquences sur le plan économique

- Pour des raisons de rationalité, les privatisations des entreprises publiques ont provoqué des licenciements plus ou moins importants selon les pays.
- L'impératif de l'équilibre budgétaire a engendré une baisse du nombre de fonctionnaires et une baisse des salaires ; moins 70 % au Cameroun où un salaire fait vivre 10 à 20 personnes et parfois plus.

En Ouganda en 1991, le salaire de certains travailleurs de la santé ne représente plus que 2 % de leurs salaires des années 70.

Entre 1980 et 1985, le salaire minimum et le salaire moyen dans les secteurs non-agricoles ont, en moyenne, baissé de 25 % dans 2/3 des pays de l'Afrique subsaharienne. Cette baisse a engendré un accroissement du travail des enfants mineurs issus de familles pauvres.

- Devant un tel effondrement du pouvoir d'achat, la corruption qui devient un complément de revenu gangrène les sociétés des pays sous-développés.
- Les dévaluations monétaires ont provoqué une augmentation des prix des biens et services importés.
- La libéralisation du commerce extérieur a soumis les entreprises des pays sous-développés à une compétition mondiale qu'elles ne sont pas en mesure de supporter.
- La diminution voire la suppression des subventions publiques pour les produits de première nécessité et pour des secteurs aussi importants que ceux de l'éducation et de la santé a aggravé la situation.

Conséquences sur le plan éducatif

Selon une publication conduite par l'UNESCO avec la participation d'un consultant de l'Université de Harvard, les conséquences de l'application des Programmes d'ajustement structurel sur l'éducation sont les suivantes :
- L'accès à la première année d'études a baissé de 54 % dans les pays d'Afrique entre 1980 et 1988 ; et plus souvent dans les pays engagés dans des Programmes d'ajustement structurel que dans les autres.
- Pour la même période en Amérique du Sud, 64 % des pays présentaient une baisse des taux d'admission. Les pays engagés dans l'application de Programmes d'ajustement structurel sont 1,5 fois plus concernés que les autres.
- En 1988, en moyenne, dans les pays d'Afrique engagés dans des P.A.S, 3 enfants sur 10 sont restés en dehors du système éducatif, contre 1 sur 10 dans les pays sans P.A.S.
- Dans les pays subissant des Programmes d'ajustement, le pourcentage d'enfants admis à l'école qui terminent l'enseignement primaire a baissé, cette baisse a été plus importante chez les filles que chez les garçons.

Conséquences sur le plan sanitaire

La diminution des ressources allouées par les gouvernements au secteur de la santé pour réduire les déficits budgétaires a eu plusieurs conséquences :

- Une détérioration de l'état de santé des populations.
- Une moindre utilisation des services de santé.
- Une diminution des taux de couverture vaccinale.
- Une augmentation de la mortalité infantile.
- Une intensification des tensions entre prestataires et patients.
- Une baisse de la qualité de la formation de base ou professionnelle.
- Une diminution des fonctionnaires (- 25 % en Guinée, -20 % au Bénin…).
- Une diminution des salaires des médecins (moins 30 % au Pérou, moins 70 % au Cameroun, 12 mois de retard de paiement au Congo...)

La cerise sur le gâteau : Pour diminuer les effets négatifs des Programmes d'ajustement structurel, la Banque mondiale finance des programmes sociaux à l'aide de nouveaux prêts qui alourdissent encore davantage la dette des Pays sous-développés, que les P.A.S. sont censés réduire !!!

La question du succès du modèle d'industrialisation par la promotion des exportations

Le seul modèle[1] qui trouve grâce aux yeux des observateurs et des chercheurs est le modèle d'industrialisation par la promotion des exportations.

De notre point de vue, ce n'est pas le modèle de promotion des exportations en tant que tel qui explique le succès du développement des Nouveaux pays industrialisés et des pays émergents.

L'Algérie parle de la diversification et de la promotion de ses exportations hors hydrocarbures depuis une quarantaine d'années.

Le résultat quatre décennies après, est que nous soyons toujours au point de départ !

En réalité ce qui explique le succès ou l'échec des exportations, ce sont les fonctions développantes de l'entreprise, la fonction technique

[1] Le sous-développement, stratégies et résultats –André LOUAT - Ellipses-Editions – 1999 -

(production et recherche-développement), la fonction de direction et la fonction de markéting stratégique.
En d'autres termes, pour qu'il y ait exportation de biens manufacturés à une échelle relativement importante, il faut au préalable :
- Les fabriquer, et pour les fabriquer, il faut un savoir-faire technique dans les domaines de la production et de la recherche/développement.
- Il faut identifier les marchés potentiels, c'est-à-dire les marchés où les consommateurs seraient intéressés par ces produits. Pour ne pas se tromper de cible, il faut donc un savoir-faire commercial.
- Il faut enfin un management stratégique qui indique les grandes orientations à suivre ; en cas d'erreur dans la direction indiquée, la déroute est assurée !

Whitman Rostow

Rostow part d'une hypothèse implicite fragile : la non-contingence des paramètres économiques ; or, nous savons que l'entrée de la science et de la technologie dans la sphère de production, un fort taux d'investissement, le changement des mentalités… ne sont ni certains, ni évidents.
Le caractère linéaire de la pensée de W. Rostow fragilise sérieusement sa théorie.
En Afghanistan, le changement des mentalités auquel pense W. Rostow s'est opéré dans le sens inverse. La première préoccupation des Talibans n'est pas la famine qui oblige certaines familles à vendre l'un de leurs enfants pour pouvoir nourrir ceux qui restent, mais la tenue vestimentaire des femmes et la vérification que leurs cheveux ne dépassent pas d'un dixième de millimètre, la burqa qui couvre leurs têtes !

Ragnar Nurkse

Nurkse condamne les pays pauvres à la pauvreté éternelle : on est pauvre, parce qu'on est pauvre ; et parce qu'on est pauvre, on le restera éternellement !

Les Nouveaux pays industrialisés –N.P.I.– Corée du Sud, Taïwan, Singapour, Hongkong et les pays émergents, Chine, Inde, Brésil, Russie… apportent un démenti formel à cette affirmation !
Le cercle vicieux de la pauvreté de Nurkse est dénué de tout intérêt, parce que contredit par la réalité ! Ce que nous sommes en droit d'attendre d'un pionnier de l'économie du développement, qui a de surcroît travaillé pour la Société des Nations de 1934 à 1945, c'est qu'à partir de ce constat, il imagine un modèle qui permet de transformer le cercle vicieux de la pauvreté en cercle vertueux du développement.

Arthur Lewis

Lewis a bâti sa théorie sur le surplus de main-d'œuvre du secteur agricole. Il suppose que cette main-d'œuvre abondante à bas coût se déplace vers le secteur industriel à qui elle permet de réaliser des profits substantiels précisément parce qu'elle est abondante et qu'elle ne coûte pas cher. Ces profits sont réinvestis et quand le taux d'investissement atteint un certain niveau, le processus de développement se déclenche.
Trois observations :
- À court terme, les bas salaires de la main-d'œuvre d'origine agricole n'ont pas d'impact sur le niveau des profits par manque d'expérience. Même après que l'effet d'apprentissage aura joué son rôle, cet impact est hypothétique ; car, quand la productivité du travail augmente, il y a de fortes chances pour qu'elle entraîne avec elle une augmentation des salaires et donc une stabilisation des profits.
- À l'échelle macroéconomique, le taux d'investissement ne coïncide pas toujours avec le taux d'épargne même si ce dernier joue un rôle important voire déterminant, l'exemple de la France actuellement illustre parfaitement ce cas de figure. La décision d'investir dépend de plusieurs autres facteurs : la stabilité politique, la visibilité, la sécurité, les avantages fiscaux, le climat social, le climat des affaires, la confiance, la qualité de la main-d'œuvre, la qualité des infrastructures, la qualité des services bancaires, celle des services des douanes …

Faire dépendre le taux d'investissement d'un seul paramètre, aussi important soit-il, ne procède pas d'une grande lucidité intellectuelle. L'hypothèse du maintien du niveau de la production agricole même avec le départ d'un nombre important de travailleurs vers l'industrie, mérite une confirmation pratique.

Sur le papier, toutes les hypothèses sont possibles ! Voici un modèle de développement conçu en quelques secondes !

Le modèle de Monsieur DUPONT

Le territoire de l'Algérie est constitué à près de 90 % du Sahara qui est une ressource touristique originelle d'une beauté exceptionnelle ! En rénovant les hôtels localisés dans 6 pôles de développement touristiques[1] et en organisant des vols directs à partir des principaux pays émetteurs, le tourisme saharien fera rentrer des sommes en devises substantielles dans les caisses de l'État.

Ces sommes seront dans un premier temps consacrées au secteur agricole, en investissant dans les semences hybrides à haut rendement, les systèmes d'irrigation, les engrais, les produits phytosanitaires et la fabrication de machines agricoles.

Une fois l'agriculture modernisée, elle participera à son tour aux exportations et aux rentrées de devises encore plus importantes.

Celles-ci serviront dans un second temps au développement du secteur industriel qui entraînera le développement du secteur des services !

Les devises provenant de l'exportation des hydrocarbures seront consacrées exclusivement aux investissements sociaux : logement, accès en permanence à l'eau, santé, éducation, infrastructures et équipements de transport, équipements sportifs, équipements de loisirs, esthétisation de l'environnement, etc.

La boucle est bouclée ; grâce au modèle de monsieur Dupont, l'économie algérienne est développée !

---

[1] Voir notre ouvrage : Le Tourisme en Algérie, jeu et enjeux – Editions Houma 2003

C- CRITIQUE DES AUTRES MODÈLES

Le modèle de la décroissance

Il constitue une aventure angoissante par l'ampleur des changements qu'il implique. De ce fait, il n'a aucune chance d'être appliqué dans les deux prochains siècles ; après …, tout dépendra de l'état de la planète et de l'humanité.

Quant à nous, nous aurions, semble-t-il, la faculté d'observer tout cela à partir de l'au-delà, mais en étant privés de la capacité de dire et d'agir !

Les modèles des systèmes de valeurs : des modèles non opérationnels

Max Weber

Voyant que le déclenchement du développement a d'abord eu lieu dans le camp protestant en Hollande puis en Angleterre, il explique cette éclosion par le fait que le protestantisme, notamment par la voix de Jean Calvin, lève progressivement l'interdit du prêt avec intérêts. De plus, plusieurs versets de la Bible louent le travail et le considèrent comme un lien qui rapproche l'individu de son Créateur.

Le protestantisme comme facteur de déclenchement du développement est une idée qui ne peut résister à la critique parce qu'elle est difficile à prouver.

Pourquoi des sociétés où le protestantisme est important par le nombre de ses adeptes, sont-elles restées sous-développées ou simplement émergentes plusieurs siècles après le déclenchement et l'élargissement du développement dans le monde occidental ?

Pays d'Afrique : 160 millions de protestants. Pays d'Amérique latine : 70 millions. Pays d'Asie : 60 millions.

Les sociétés musulmanes sont restées sous-développées, alors que le prophète Mahomet aurait ordonné aux musulmans « de travailler pour la vie comme s'ils devaient vivre éternellement et de travailler pour l'au-delà comme s'ils allaient mourir le lendemain ».

En revanche, l'explication du développement par la rationalisation des sociétés occidentales est à nos yeux, l'une des explications pertinentes du phénomène du développement.
Pour notre part, nous parlerons de la nécessité de «rigueurisation»[1] de la réflexion et de l'action qui fait cruellement défaut dans les pays du tiers-monde ; son absence est un obstacle majeur pour le décollage économique

Alain Peyrefitte

Alain Peyrefitte, diplomate, homme politique, écrivain et membre de l'Académie française, s'est posé la question pertinente de savoir si le facteur capital, le facteur travail et les richesses naturelles sont déterminants ou accessoires dans le développement des nations.
Il considère ces facteurs comme secondaires ; ce qui est essentiel à ses yeux, ce sont les facteurs culturels ou si l'on préfère le système de valeurs. Sa démonstration est basée sur l'histoire économique de l'Occident des quatre derniers siècles qui ont vu la naissance du développement. Selon lui, l'histoire du développement repose sur « des histoires individuelles faites d'initiatives, de risque, de mobilité intellectuelle, géographique et sociale, dans un climat propice au changement ». Le ressort du développement réside à ses yeux, « dans la confiance accordée à l'initiative personnelle, à la liberté exploratrice et inventive… »
« Matières 1res, capital, main-d'œuvre, taux de croissance… placés au centre des explications du développement, cèdent leur place aux facteurs immatériels : attitudes, comportements, valeurs… qui étaient jusque-là relégués au second plan ».
Cette idée formulée par Alain Peyrefitte en 1995 dans un livre intitulé « la Société de confiance », nous l'avons nous-même formulée passionnément au début des années 80, dans un livre intitulé « L'Entreprise et l'Économie algériennes, quel avenir ? »
Voici ce que nous avons écrit à l'époque :

---

[1] rigueurisation : néologisme qui indique la nécessité d'introduire de la rigueur

« J'ai pris le problème du développement des pays pauvres par tous les bouts, de toutes mes incertitudes scientifiques une seule idée a prévalu : le développement des pays du tiers-monde débutera réellement quand ils cesseront de mettre trop facilement leurs difficultés sur le dos de ce diable d'impérialisme ou sur l'épouvantail de la crise économique mondiale et qu'ils comprendront que le développement est avant tout une affaire d'attitudes, de comportements et d'état d'esprit »

Alain Peyrefitte est un écrivain, membre de l'Académie française. Un écrivain est par définition un décorateur d'histoire qui sait dire excellemment peu de choses avec beaucoup de mots.

Deux critiques de fond peuvent lui être opposées :

- On ne peut écrire un ouvrage sur le développement sans évoquer les questions fondamentales de l'industrialisation, de l'agriculture, de l'organisation des filières et branches d'activité, de la maîtrise des technologies, de la question du financement du développement… Un modèle de développement qui présente un système de valeurs sans traiter ces questions est nécessairement fragile et béquillard !
- S'il suffisait aux chefs d' État des pays pauvres de donner rendez-vous à leurs peuples aux journaux de 20 h de leurs pays respectifs, pour leur demander à partir du lendemain matin, d'avoir des initiatives, d'aimer le risque, d'aimer la réussite matérielle et la modernité, d'innover, de créer, de se faire mutuellement confiance … pour que tout cela se fasse spontanément et facilement ; la question du développement ne serait pas une question préoccupante pour autant de monde ! En vérité, ces valeurs de confiance, d'initiative, de responsabilité, d'inventivité… sont le fruit d'autres valeurs plus fondamentales : État de droit, démocratie, économie de marché … Ce sont ces institutions fondamentales (valeurs stratégiques) qui engendrent les valeurs tactiques de confiance, d'initiative, de créativité, de responsabilité…

Le modèle de développement durable

Le développement durable ou soutenable est en cours d'expérimentation ; il trouve sa raison d'être dans :
- Le caractère épuisable de certaines ressources naturelles ;
- les atteintes graves à l'environnement qui risquent de nuire à la vie sur terre ;
- et les injustices sociales.

En d'autres termes, pour que le développement soit durable ou soutenable, il faut non seulement s'occuper de la sphère économique, mais aussi s'occuper tout autant de la sphère environnementale et de la sphère sociale. Ces trois piliers du développement durable sont bien représentés par le Diagramme de Venn ci-dessous.

(John Venn mathématicien et logicien britannique -1834-1923) :

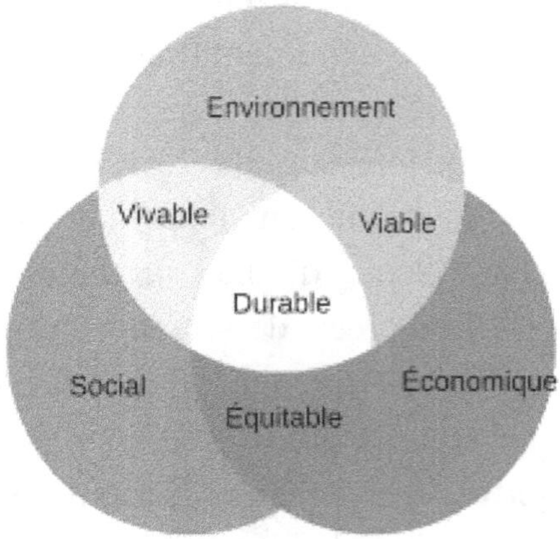

Le problème qui se cache derrière cette simplicité apparente est que, aussi bien dans les idées que dans la pratique, les avis et les attitudes divergent quant à l'importance relative à donner à chacune de ces trois sphères ou trois piliers. L'éventail va du déni inconscient de Donald TRUMP à la radicalité précoce de Greta Thunberg.

CHAPITRE II

LE SOUS-DÉVELOPPEMENT DURABLE : LES OBSTACLES AU DÉVELOPPEMENT

(RÉFÉRENCE AU CAS DE L'ALGÉRIE)

0- Algérie : Indicateurs et conjoncture

(Source : Direction générale du Trésor – France)

-Territoire : 2,4 millions de km² (le plus vaste pays d'Afrique)
- Population (1er janvier 2020) : 44 millions
- Démographie dynamique (+900 000 habitants/an)
- PIB courant en mds USD (2022) : 187
  4e PIB du continent africain
- PIB par habitant, USD PPA (2022) : 13 324
  PIB par habitant le plus élevé du Maghreb
- Croissance du PIB (2022) : 4,7 %
- Taux de chômage (mai 2019) : 11,4 %
- Chômage des jeunes : 26,9 %.
- Inflation (2022) : 9,7 %
- Déficit budgétaire (2022) : 12,3 % du PIB
- Dette publique (2022) : 63 % du PIB
- Dette extérieure (2022) : 1,65 % du PIB
- Taux de change USD/DZD (fin 2022) : 137
- Taux de change EUR/DZD (fin 2022) : 147
- Solde de la balance courante (2022) : + 6,2 % du PIB
- Réserves de change (fin 2021) : 57,4 mds USD

Ce chapitre sera scindé en 02 sections ; la 1re sera consacrée aux freins au développement, la seconde au ruissellement du développement qui constitue une chance pour les pays du tiers-monde.

SECTION I - LES OBSTACLES AU DÉVELOPPEMENT

I - AUX ORIGINES DU MAL : LA DÉNATURATION DES INSTITUTIONS FONDAMENTALES

Par institutions fondamentales, nous désignons l'État de droit (A), la démocratie (B) et l'économie de marché (C). Ces institutions fondamentales constituent le socle du système de valeurs développeur. Quand elles sont dénaturées, elles donnent naissance à un système de valeurs destructeur (II).

A- ÉTAT PROFOND – ÉTAT DE NON-DROIT : EMMÊLEMENT DES PROFESSIONS ET DES POUVOIRS

L'État profond est un concept politique qui désigne un pouvoir parallèle qui détient plus ou moins ouvertement le vrai pouvoir décisionnel, quand l'État officiel ne serait qu'un exécutant.

Emmêlement des professions

Par emmêlement des professions nous désignons trois professions qui, entremêlées, constituent indiscutablement la première cause de la quasi-totalité des problèmes que vit notre pays. Il s'agit de l'emmêlement des professions militaire, économique et politique.
Les acteurs de cet emmêlement des professions forment une trinité constituée des Tout-puissants, des Familles et des Soumis ; Dieu est unique en trois personnes !

Les Tout-Puissants

Dans la hiérarchie du pouvoir, les officiers supérieurs de l'armée sont les Tout-Puissants, il s'agit essentiellement :

- Du chef d'état-major des armées ;
- des chefs des régions militaires ;
- des chefs des armées de terre, de l'air et de la marine ;
- des chefs des services de sécurité intérieure et extérieure et de la sécurité de l'armée ;
- des cadres supérieurs du ministère de la Défense nationale ;
- du commandant de la Gendarmerie nationale ;
- et du directeur général de la Sûreté nationale.

Les Tout- Puissants comprennent également le chef de l'État et ses proches, même si le chef de l'État est imposé par les Tout-Puissants militaires. Cela fait partie des règles implicites des jeux de pouvoir.

Le péché originel des militaires en Algérie et dans beaucoup de pays du tiers-monde notamment africains, est d'avoir une perception primaire de la force : Dans leurs esprits, celui qui a les armes à la main, celui qui commande les forces armées à l'échelle régionale ou nationale, ne peut pas être sous les ordres de quelqu'un qui a un stylo à la main ! C'est culturel ! Pour eux c'est juste impensable et impossible ! Un ministre algérien de la Défense civil et démocrate ? Une utopie !

Parler de la « force tranquille », de la force du droit, de la force de l'État de droit, de la force des institutions ..., c'est être hors-sol ou proche de la France...

Les Familles

Il s'agit des Familles des Tout-Puissants : les épouses, les enfants, les gendres, les frères... qui sont spécialisés dans les « affaires ».

Les Soumis

Les Soumis sont des personnels politiques, des services de l'État, des collectivités locales, des banques, des domaines, des douanes ..., qui obéissent aux Tout-Puissants et à leurs Familles en se mettant très souvent dans l'illégalité la plus absolue.

Voici quelques actions illégales que les Tout-Puissants peuvent accomplir sans difficulté avec la complicité des Soumis.

- Passer devant la police des airs et des frontières avec des sacs pleins d'Euros.
- Obtenir un terrain agricole à des fins de construction.
- Dédouaner des équipements sans payer les droits de douane, ou payer une somme modique.
- Obtenir un crédit bancaire important sans présenter la moindre garantie de remboursement.
- Obtenir des marchés publics en bafouant les règles qui les régissent.
- Faire signer à un notaire des actes sans la présence des intéressés ...

L'obéissance des Soumis peut être volontaire ou contrainte. Elle s'explique par au moins trois raisons :

- En cas de problème, ils pensent pouvoir compter sur la protection des Tout-Puissants.
- La désobéissance risque de leur coûter très cher (dégradation, mutation, licenciement…).
- Enfin, ils sont souvent récompensés pour services rendus (local commercial, logement, terrain de construction, soins à l'étranger, sous-commission s'il y a participation à la corruption…)

Il existe bien entendu des officiers supérieurs de l'armée qui sortent de ce schéma général de fonctionnement et qui sont intègres ; mais force est de reconnaître qu'ils sont rares, voire rarissimes !

Emmêlement des pouvoirs

L'État de droit repose sur trois piliers :

- L'égalité des citoyens devant la loi.
- La séparation des pouvoirs législatif, exécutif et judiciaire, pour éviter que tous ces pouvoirs ne soient concentrés entre les mains d'une seule institution.
- Et le respect de la hiérarchie des normes qui implique que chaque texte est rédigé dans le respect de la norme supérieure : les arrêtés et les décrets sont rédigés dans le respect des lois, les lois dans le respect de la constitution …

En Algérie comme on vient de le voir, il existe une catégorie de citoyens qui est au-dessus des lois.

Quand on devient député ou ministre, c'est en règle générale pour mieux réussir dans les affaires, directement ou indirectement par le biais de l'épouse, des enfants, des frères, des beaux-frères …

Et les magistrats sont soumis au pouvoir des Tout-Puissants et au pouvoir de l'argent ! En Algérie, il n'est pas rare de voir des magistrats qui ont des trains de vie sans commune mesure avec leurs salaires de fonctionnaires !

Les trois pouvoirs, exécutif, législatif et judiciaire sont aux ordres de l'État profond.

L'État profond et le pouvoir exécutif

Loin d'être un concept manipulé par les complotistes de tous bords, en Algérie l'État profond est factuel. L'armée assure la réalité du pouvoir sans se mettre en avant.

Depuis l'indépendance du pays en 1962, aucun chef de l'État n'a pu accéder à la présidence de la République sans être adoubé par l'armée sous couvert d'élections entachées d'irrégularités voire falsifiées[1].

-Ahmed Benbella (1916-2012)

Le 22 octobre 1956 un avion décolle de Rabat à destination de Tunis avec à son bord cinq dirigeants du Front de libération nationale (FLN) : Ahmed Ben Bella, Hocine Aït Ahmed, Mostefa Lacheraf, Mohamed Khider et Mohamed Boudiaf.

Au courant de ce déplacement, l'armée française détourne l'avion sur Alger et procède à l'arrestation des cinq dirigeants.

À l'indépendance en 1962, le colonel Houari Boumédiène à la tête de l'armée des frontières, ne s'estimant pas prêt à prendre le pouvoir lui-même, scelle un accord avec le politique Ahmed Ben Bella et font échouer sous prétexte d'arguments fallacieux, le congrès de Tripoli et le Gouvernement provisoire de la République algérienne (GPRA).

Le 09 septembre 1962, l'armée des frontières forte de 35 000 hommes bien équipés et disciplinés entre sur Alger confirmant ainsi la victoire du « Clan d'Oujda » avec sa façade politique Ahmed Ben Bella.

Ce mode opératoire qui consiste pour les militaires à mettre en avant l'un des leurs ou un civil tout en restant détenteurs de la réalité du pouvoir est une pratique ancienne qui perdure jusqu'à ce jour !

Le 27 septembre 1962, l'Assemblée nationale constituante investit Ben Bella président du Conseil des ministres par 159 voix sur 179 votants. Puis, élu président de la République le 15 septembre 1963.

---

[1]Voir à ce sujet les témoignages des candidats malheureux à la présidence de la République, notamment celui d'Ahmed Taleb Ibrahimi

Boumédiène, à l'affût comme ministre de la Défense et vice-président de la République, le chasse du pouvoir par un coup d'État le 19 juin 1965.

-Le colonel Houari Boumédiène (1932-1978)

Tahar Zbiri écrit dans ses Mémoires que dès juin 1962, Boumédiène lui aurait confié qu'il fallait viser le pouvoir. C'est d'ailleurs à lui qu'il confia la délicate mission d'arrêter le président Ben Bella dans sa chambre en pyjama, le 19 juin 1965.

À la suite de ce putsch qualifié par ses auteurs de « redressement révolutionnaire », Houari Boumédiène devient président du Conseil de la Révolution jusqu'au 10 décembre 1976, date à laquelle il est élu président de la République et le demeure jusqu'à sa mort prématurée le 27 décembre 1978 à l'âge de 46 ans.

Connaissant mieux que quiconque les risques de confier le ministère de la Défense à une tierce personne, il décide de s'occuper lui-même de ce département ministériel.

Cela n'a pas empêché son chef d'état-major des armées Tahar Zbiri, d'entreprendre contre lui un putsch avorté en décembre 1967.

-Le colonel Chadli Bendjedid (1929-2012)

Alors que tous les observateurs attendaient Abdelaziz Bouteflika comme successeur de Houari Boumédiène, c'est le colonel Chadli Bendjedid qui fut imposé par l'armée. Il est élu président de la République pendant trois mandats successifs 1979, 1984 et 1988.

Durant sa présidence, certains hauts-gradés de l'armée, les Déserteurs de l'armée française (DAF) ont joué un rôle de premier plan dans la vie politique du pays.

Ne suivant pas l'exemple de Boumédiène, le président Chadli nomme un ministre de la Défense nationale en la personne de Khaled Nezzar.

C'est précisément Khaled Nezzar qui lui intime l'ordre de rentrer chez lui après avoir interrompu le processus électoral entamé le 26 décembre 1991, durant lequel le Front islamique du salut – FIS – s'est présenté avec arrogance aux portes du pouvoir.

S'ouvre alors la décennie noire 1992 – 2002, qui oppose l'armée régulière aux Groupes islamiques armés (GIA), faisant entre 150 et

200 000 morts et disparus, 01 million de déplacés et plus de 20 milliards de dollars de dégâts.

-Mohamed Boudiaf (1919-1992)

Fidèle au rôle qu'elle a toujours joué, c'est encore l'Armée qui est à la manœuvre en faisant appel à Mohamed Boudiaf, un des chefs historiques de la révolution algérienne ; après que Hocine Aït Ahmed ait décliné l'offre qui lui aurait été faite quelques mois auparavant. Mohamed Boudiaf, après un exil de 28 ans au Maroc, est désigné chef de l'État et assure la présidence d'une instance collégiale de cinq membres appelée Haut comité d'État – HCE[1] – du 16 janvier 1992 au 29 juin 1992, date de son assassinat à Annaba en direct à la télévision, par un membre des services de sécurité. Ce qui a caractérisé la brève période du président Boudiaf, c'est sa liberté de ton et son indépendance vis-à-vis de l'armée. Très vite, cette dernière s'est rendu compte qu'elle avait à faire à un homme de caractère difficile à manœuvrer. Cinq personnes détiennent la vérité sur son assassinat : le général Khaled Nezzar, le général Mohamed Médiène – dit Toufik-, le général Smain Lamari, le général Larbi Belkheir et l'auteur de l'assassinat lui-même. Dans le meilleur des cas, l'armée a laissé le président Boudiaf se diriger tout droit vers la mort. Le voyant comment il a effectué sa première visite dans l'ouest du pays dans une période de violence et de confusion extrêmes, il était prévisible que la sortie suivante allait être la dernière ! Cela a été le cas !

-Ali Kafi (1928-2013)

Ancien maquisard, il succède à Mohamed Boudiaf sur insistance du général Khaled Nezzar. Comme président du Haut comité d'État, il assure les affaires courantes de l'Algérie du 2 juillet 1992 au 30 janvier 1994.

-Le général Liamine Zéroual

Il dirige l'Algérie en tant que président du Haut comité d'État, puis comme président de la République, du 30 janvier 1994 au 27 avril 1999.

---

[1] Le HCE est composé de Mohamed Boudiaf, Ali Kafi, Khaled Nezzar, Tedjani Haddam, Ali Haroun

Évitant l'erreur du président Chadli, il garde pour lui-même le portefeuille de la Défense nationale. Dans un monde de brutes on ne lâche pas le bâton !
L'histoire gardera de lui ce geste élégant de remettre le pouvoir en démissionnant suite à une guerre des clans au sein de l'armée.
Le président du PRA – Parti du renouveau algérien - Noureddine BOUKROUH, sur commande d'un clan de militaires, s'attaque violemment dans la presse au général Mohamed Betchine, alors ministre conseiller très proche du président Zeroual.
Ce dernier finira par démissionner et Noureddine Boukrouh est récompensé « pour son courage » avec un poste ministériel !!!

-Abdelaziz Bouteflika (1937-2021)

Il a été président de la République pendant près de 20 ans, du 27 avril 1999 au 2 avril 2019. Après la mort du président Boumédiène, le président Chadli l'écarte peu à peu du pouvoir.
Il est accusé d'avoir détourné sur les trésoreries des différentes chancelleries, alors qu'il était ministre des Affaires étrangères, l'équivalent de 60 millions de Francs placés à la Société de banque suisse.
Traduit devant le conseil de discipline du FLN, il est exclu du comité central et est poursuivi par la Cour des comptes.
Il choisit alors l'exil entre la Suisse et les Émirats arabes unis.
De retour en Algérie en janvier 1987, il refait timidement surface sur la scène politique en réintégrant le comité central du FLN.
En 1994, il aurait décliné la proposition de l'armée pour prendre la succession d'Ali Kafi à la tête du Haut comité d'État. C'est finalement sur Zeroual que se reporte le choix de l'armée.
Après la démission de ce dernier en 1999, l'armée fait une nouvelle fois la proposition à A. Bouteflika qui l'accepta.
Les faits marquants de la présidence de Bouteflika sont au nombre de trois :
- La signature de la concorde civile avec les Groupes islamiques armés.

- Un pouvoir de fait assuré par son frère Saïd, après l'accident vasculaire cérébral dont il a été victime en 2013.
- Et l'institutionnalisation de la corruption comme mode de fonctionnement de l'économie et de la société de manière plus générale. Pendant 06 ans, alors que le Président était très gravement malade, un système de corruption généralisée s'est mis en place.
L'avènement du Hirak[1] finit par pousser le chef d'état-major de l'armée Ahmed Gaïd Salah à faire démissionner Abdelaziz Bouteflika et à jeter en prison tous ses adversaires antérieurs réels ou supposés.

-Abdelmadjid Tebboune

Son arrivée au pouvoir est caractérisée par l'absence de consensus au sein de l'armée ; chaque clan ayant son candidat, c'est finalement le plus puissant des Tout-Puissants, le chef d'état-major de l'armée qui impose le sien !

Président de la République depuis le 19 décembre 2019, Abdelmadjid Tebboune réhabilite deux généraux à la retraite, hommes-clés de l'ancien pouvoir ; le général Khaled Nezzar condamné à 20 ans de prison, en fuite en Espagne ; et le général Mohamed Médiène dit Toufik, ancien chef des services de renseignements, condamné à 15 ans de prison.

En revanche, il n'a pas gracié les anciens premiers ministres et les anciens ministres qui croupissent toujours en prison parfois à plus de mille km de leurs familles.

Depuis le déballage des affaires de corruption consécutif au Hirak, un climat encore plus délétère s'est installé dans les milieux politique et sécuritaire. Chacun tente de garder son poste pour rester dans le jeu le plus longtemps possible de peur de se retrouver en prison !

La force de chaque homme se mesure au nombre de dossiers compromettants qu'il détient sur les autres !

Par ailleurs, la présidence d'Abdelmadjid Tebboune est marquée par le rejet de la candidature de l'Algérie au BRICS.

[1] Hirak : série de mouvements contestataires hebdomadaires qui ont lieu en Algérie entre 2019 et 2021.

Quant aux membres du gouvernement, c'est quasiment une tradition en Algérie, que les membres influents de l'État profond proposent, en fonction de leurs intérêts respectifs, des noms pour des portefeuilles ministériels.

Les départements ministériels peuvent par ailleurs constituer des récompenses pour services rendus.

Les critères d'efficacité, de performance… sont à leurs yeux superflus, tant que Sonatrach assure l'essentiel : nourrir et soigner le peuple tant bien que mal, scolariser les enfants et satisfaire les besoins des addicts à la corruption !

Le comble de cette négligence coupable a été atteint quand M. Messaoud Benagoun a été nommé ministre du Tourisme et de l'Artisanat dans le gouvernement éphémère d'Abdelmadjid Tebboune en mai 2017 ; alors qu'il n'avait jamais travaillé dans sa vie antérieure, qu'il a passée à la cité universitaire probablement comme indicateur des services de sécurité.

L'un de ses prédécesseurs à ce poste, M. Lakhdar Dorbani, est du même acabit et fait partie du même « cheptel politique ».

Nassim Diafat, ministre délégué auprès du Premier ministre chargé des microentreprises, poursuivi pour trafic d'influence, abus de pouvoir et dilapidation de fonds publics, a répondu au juge qui l'interrogeait en janvier 2024 en disant ceci :

« De jeune chômeur à micro-entrepreneur qui a fait faillite, au poste de ministre ; voilà ma trajectoire. Allez demander des explications à ceux qui m'ont placé à ce poste alors que je n'ai aucune qualification pour l'occuper ».

Même si cette réponse semble être hors sujet par rapport aux faits reprochés, elle a au moins le mérite de dévoiler l'intérêt insignifiant qu'accordent nos dirigeants au poste de ministre.

C'est dramatique ! C'est d'autant plus dramatique que personne ne semble être conscient de la gravité de la situation ; en tout cas, personne n'a le courage d'arrêter la décadence.

Vous pouvez observer tout ce beau monde le temps que vous voulez, vous allez avoir des difficultés certaines à trouver quelque chose qu'ils savent faire, à l'exception des nœuds de cravate !
90 % des personnes appelées à assurer des responsabilités ministérielles ont été les premières à être surprises du fait qu'elles ne s'attendaient pas à atteindre ce niveau de responsabilité !
Nous reviendrons un peu plus bas sur la malédiction des richesses naturelles qui permet au Système de perdurer et à la médiocratie de prospérer !

L'État profond et le pouvoir législatif : Clonage et "clownage" politique

Un proverbe arabe dit : « Celui qui te dépasse d'une nuit, te dépasse d'une ruse » Vous avez bien entendu : « Te dépasse d'une ruse ! ». Pas d'un degré de sagesse, de lucidité ou d'intelligence ; non ! D'une ruse !
Au début des années 1990, les services de sécurité demandent à Mahfoud Nahnah de créer le Mouvement de la société pour la paix –MSP– pour contrer le Front islamique du salut –FIS– qui commençait à prendre des proportions inquiétantes.
En 1997, les architectes politiques de l'État profond, à leur tête le général Mohamed Betchine ont cloné le Front de libération national –FLN– rejeté par le peuple en créant son sosie, le Rassemblement national démocratique - RND -
Pour diviser davantage la Kabylie, ils demandent à Amara Benyounes de créer le Mouvement populaire algérien – MPA –
Les parrains d'Abdelkader Bengrina l'incitent à créer un parti politique pour diviser le MSP et ne pas permettre à ce dernier de prendre une dimension importante et échapper à ses créateurs ; le FIS – Front islamique du salut – étant interdit, le danger islamiste ne peut venir que du MSP.
Un autre clan de l'État profond demande à Madame Naïma Salhi de créer le Parti de l'équité et de la proclamation…

Tous ces partis politiques et d'autres ont été créés à l'initiative des services de sécurité qui les dotent de quotas au parlement et qui les actionnent au gré des circonstances en leur faisant jouer les pièces de théâtre qu'ils ont envie de leur faire jouer : rôle d'opposants, rôle de coalition, rôle de chiens de garde …
Si Abdelmadjid Tebboune décidait de se présenter pour un deuxième mandat et qu'on veut donner une apparence démocratique à la prochaine élection présidentielle, on demandera à quelques ''comédiens'' de jouer le rôle d'opposants au président actuel et on se chargera de leur procurer les parrainages requis et les moyens nécessaires pour bien jouer leur rôle. Comme en matière de comédie tout est permis, les candidats battus vont user de tous les recours permis par la loi… Ceux qui donnent pleinement satisfaction ont des chances d'être récompensés : accès à la fonction de député, de sénateur ou de ministre …, facilitations pour la réalisation d'un projet d'investissement, obtention de logement …
Si les partis démocratiques tentent de se rapprocher, l'État profond va créer des partis « démocratiques » qui vont jouer les troubles faits et empêcher tout rapprochement entre eux.
Tout ceci manque de sagesse et de sincérité et ne présage rien de bon !

L'État profond et le pouvoir judiciaire

Le pouvoir judiciaire est le premier à savoir que l'État profond est au-dessus des lois.
Quand un clan de l'État profond en position de force lui donne des instructions, il les exécute sans commentaires !
Au moment où le général Ahmed Gaïd Salah, alors chef d'état-major des armées, mettait en prison des hommes politiques et des hommes d'affaires sous les chefs d'inculpation de corruption et de détournement de fonds publics, ses propres enfants se rendaient coupables de ces mêmes infractions au vu et au su de tous et aucun magistrat ne pouvait engager des poursuites contre eux.
Les observateurs et l'opinion publique pensent, à tort ou à raison, que l'ex-chef d'état-major de l'armée a placé M.Tebboune à la présidence de la République en contrepartie de la protection de ses enfants en cas

de besoin. Comme les morts perdent tout pouvoir et ne risquent pas de se lever, après le décès de leur père, deux des enfants d'Ahmed Gaïd Salah ont été interpellés …

Le fils d'Abdelmadjid Tebboune a été libéré de prison et blanchi dès que son père est devenu chef de l'État. Si le père n'avait pas accédé à la présidence de la République, le fils serait encore en prison.

On a laissé fuir à l'étranger l'ex-commandant de la Gendarmerie nationale M. Ghali Belkecir, parce qu'il détient des dossiers compromettants sur la plupart des hommes influents du régime.

Il est poursuivi en justice à posteriori, une fois à l'abri au Vanuatu – micro-État du Pacifique d'environ 320 000 habitants – qui n'extrade pas ses ressortissants.

En août 2013, la justice italienne révèle que le ministre de l'Énergie Chakib Khelil a reçu de Saipem, filiale de la compagnie pétrolière italienne ENI, un pot-de-vin de 197 millions d'euros en contrepartie de l'octroi d'un contrat d'exploitation d'hydrocarbures de 08 milliards d'euros. À la suite de ces révélations, la justice algérienne engage des poursuites à son encontre et lance contre lui un mandat d'arrêt international. Quand on est ami des Tout-puissants, les décisions de justice n'ont aucune valeur. Le 17 mars 2016, Chakib Khelil atterrit à l'aéroport d'Oran où il est accueilli par les officiels de la ville dont M. le Wali (président de région).

Fin 2017, il apparaît aux côtés du frère du président Bouteflika qui assure en toute illégalité l'intérim de la fonction présidentielle.

Pour garantir l'impunité du clan présidentiel trompé jusqu'au cou dans les affaires de corruption, on commence alors à penser à Chakib Khelil comme successeur potentiel d'Abdelaziz Bouteflika. Qui d'autre pourra assurer cette impunité mieux que celui qu'on vient de soustraire à la justice par abus de pouvoir ?

Mais avec le déclenchement du Hirak en 2019, les protecteurs de Chakib Khelil tombent en disgrâce.

Le 25 avril de la même année, la justice revient à la charge et lance à son encontre, une enquête pour « infraction à la législation et à la réglementation des changes et des mouvements de capitaux, de et vers

l'étranger » et « la conclusion de deux contrats par la compagnie Sonatrach avec deux entreprises étrangères en infraction à la loi »
Le 22 août 2019, la Cour suprême émet à son encontre un mandat d'arrêt international dans le cadre du réexamen des affaires Sonatrach I et II.
Le 14 février 2022, le tribunal de Sidi M'Hamed le condamne par contumace, à 20 ans de prison ferme et à une amende de 2 millions de dinars algériens.
Le tribunal a aussi confirmé la demande d'un mandat d'arrêt international à son encontre.
En attendant, M. Chakib Khelil coule des jours heureux aux États-Unis avec femme et enfants !

Les corrompus ont les moyens de préparer leurs arrières afin d'échapper à la justice :
- Achat de nationalité d'un pays qui n'extrade pas ses ressortissants (cas de Ghali Belkecir au Vanuatu).
- Acquisition de nationalités dans des pays occidentaux (cas de : Chakib Khelil, Abdeslam Bouchouareb …).
- Placement de leurs fortunes issues de la corruption dans l'achat de biens immobiliers dans les meilleurs quartiers des meilleures villes d'Europe ou dans les monarchies du Golf !
- Placement de leurs avoirs dans les paradis fiscaux, les capitales occidentales, les Émirats arabes unis…

B- DÉMOCRATIE ET DÉMOCRATIE DE FAÇADE EN ALGÉRIE

Les attributs fondamentaux de la démocratie

La démocratie est un système politique qui a les caractéristiques suivantes :

L'égalité des citoyens devant la loi

Dans une démocratie, les citoyens sont soumis aux mêmes lois, ils bénéficient des mêmes protections et des mêmes droits.
La démocratie est un système qui protège le citoyen contre l'arbitraire et l'abus de pouvoir.
Quelles que soient leurs conditions sociales, les citoyens bénéficient des mêmes chances pour l'accès aux responsabilités.

Lors des élections, que l'on soit pauvre ou riche, faible ou puissant, un vote = une voix.

La pluralité des partis politiques et l'alternance au pouvoir

La pluralité des partis implique une compétition politique qui incite à l'efficacité, à l'innovation et à la recherche permanente de la satisfaction des besoins des citoyens. Ceci s'explique par le fait que ces derniers sont détenteurs du pouvoir d'élire et de démettre de leurs fonctions leurs représentants politiques à l'occasion d'élections libres et transparentes.

La démocratie est un système politique dans lequel l'alternance au pouvoir s'effectue sans violence.

L'indépendance de la justice

En démocratie, la justice fait respecter la loi et rien que la loi ; loin de toute pression d'où qu'elle vienne.

En cas d'écart, le quatrième pouvoir celui des médias s'empare de l'affaire obligeant les responsables politiques à prendre des sanctions jusqu'au plus haut niveau de l'État s'il le faut.

Le citoyen français qui a donné une gifle au président Macron a été maîtrisé au moment des faits, jugé dans le calme et la sérénité et condamné à 04 mois de prison ferme.

En Algérie, on aurait massacré l'auteur de tels faits sur le champ, puis conduit au centre Antar pour être torturé … avant de comparaître devant une « juridiction d'exception ».

La démocratie suppose l'instauration d'un État de droit ; l'État de droit est un État dans lequel toutes les personnes physiques ou morales sans exception aucune, sont soumises à la loi. Qu'il s'agisse du président de la République, du chef d'état-major des armées, du ministre de la Défense nationale quand il existe, du président du Conseil de la nation (sénat), du président de l'Assemblée nationale… et ce, dans le respect des lois et procédures en vigueur.

Le 15 décembre 2011, l'ancien président de la République française Jacques Chirac est condamné à deux ans de prison avec sursis pour

détournement de fonds publics et abus de confiance dans l'affaire des emplois fictifs de la mairie de Paris.
Son successeur Nicolas Sarkozy est condamné le 17 mai 2023 à trois ans de prison dont un ferme, à purger sous bracelet électronique, pour corruption et trafic d'influence dans l'affaire des écoutes téléphoniques. L'ancien président français s'est pourvu en cassation.

La justice est le chien de garde du respect du droit et de l'égalité des citoyens devant la loi. Pour remplir cette mission, la démocratie lui assure une indépendance vis-à-vis des autres pouvoirs.

La liberté de la presse

La pluralité et la liberté de la presse sont un autre attribut fondamental de la démocratie. La presse d'investigation, la protection des journalistes, la protection des sources d'information … sont autant de garanties nécessaires à la démocratie et à l'État de droit.

Le respect des libertés individuelles et collectives

Les libertés individuelles sont les libertés que l'individu exerce seul telles que la liberté d'expression, la liberté de conscience et de religion, la liberté de se déplacer, la liberté de pensée… le droit au respect de la vie privée, le droit à la vie, le droit à la sécurité…
Les libertés collectives sont celles que l'individu exerce en groupe telles que la liberté de réunion, la liberté d'association, la liberté syndicale, le droit de grève…
L'exercice des libertés individuelles et collectives reste soumis à des aménagements résultants des exigences de l'intérêt général.

Le respect des droits humains

Les droits humains sont les droits inaliénables de tous les êtres humains sans distinction de race, de sexe, de nationalité, d'ethnie, de religion, de langue ou de toute autre considération.
Selon le Haut-commissariat aux droits de l'homme de l'Organisation des Nations unies, le Pacte international relatif aux droits civils et politiques comprend :
- Le droit à la non-discrimination.

- Le droit à l'égalité entre les hommes et les femmes.
- Le droit à la vie.
- Le droit de ne pas être soumis à la torture.
- Le droit de ne pas être tenu en esclavage.
- Le droit à la liberté et à la sécurité de sa personne.
- Le droit d'être traité avec humanité en détention.
- Le droit de circuler librement.
- Le droit pour les non-ressortissants de ne pas subir d'expulsion arbitraire.
- Le droit à un procès équitable.
- Le droit à la reconnaissance de sa personnalité juridique.
- Le droit à la vie privée.
- Le droit à la liberté de religion et de conviction.
- Le droit à la liberté d'expression.
- Le droit de réunion pacifique.
- Le droit à la liberté d'association.
- Le droit de se marier et de fonder une famille.
- Le droit des enfants d'être enregistrés après leur naissance et d'acquérir une nationalité.
- Le droit de prendre part aux affaires publiques.
- Le droit à l'égalité devant la loi.

Les Droits des minorités et le Pacte international des droits économiques, sociaux et culturels comprennent :

- Le droit à la non-discrimination.
- Le droit à l'égalité entre les hommes et les femmes.
- Le droit au travail.
- Le droit de choisir et d'accepter un travail.
- Le droit à des conditions de travail justes et favorables.
- Le droit de former des syndicats.
- Le droit de faire grève.
- Le droit à la sécurité sociale.
- Le droit des mères à une protection particulière avant et après la naissance.
- Le droit des enfants d'être protégés contre l'exploitation économique et sociale.

- Le droit à un niveau de vie suffisant.
- Le droit d'être à l'abri de la faim.
- Le droit à la santé.
- Le droit à l'éducation.
- Le droit des parents de choisir la scolarité de leurs enfants.
- Le droit de participer à la vie culturelle.
- Le droit de bénéficier du progrès scientifique.
- Le droit des auteurs de bénéficier de la protection des intérêts moraux et matériels de leurs œuvres.
- Le droit de mener des recherches scientifiques et des activités créatrices…

La démocratie de façade en Algérie

L'égalité des citoyens devant la loi

En Algérie, les Tout-Puissants et leurs entourages sont au-dessus des lois. Les citoyens ne bénéficient pas des mêmes protections.
La meilleure protection n'est pas celle accordée par la loi mais celle assurée par les Parrains.
Nous avons compris très tardivement à l'automne de notre vie, l'absence d'intervention de la hiérarchie en cas d'arbitraire commis par un directeur quelconque, même si l'injustice est manifeste, indiscutable et évidente.
Ignorant l'identité du parrain de ce directeur et donc sa puissance, la hiérarchie préfère s'abstenir de toute action pour ne pas courir de risque. Dans le doute, il vaut mieux s'abstenir ; c'est l'application du principe de précaution !
La victime de l'arbitraire peut saisir le ministre de tutelle, les services du Premier ministre, la présidence de la République… et ne recevoir aucune réponse, aucune aide ! Nous disons bien, aucune réponse et aucune aide ! Il ne nous semble pas utile de rentrer dans le détail des histoires vécues dans le cadre d'un ouvrage qui se veut « scientifique », sous risque de faire perdre sa « noblesse » à la science !
Par ailleurs, le principe d'un vote = une voix, quelle que soit l'origine sociale du votant, sa couleur de peau, son ethnie, sa religion ... perd

tout son sens dans les systèmes où les fraudes électorales sont monnaie courante.

La pluralité des partis politiques et l'alternance au pouvoir

Suite aux émeutes d'octobre 1988 et l'instauration du multipartisme par la constitution de 1989, les fondateurs des partis d'alors avaient une certaine consistance politique : l'ancien président Ahmed Ben Bella, Hocine Aït Ahmed, Réda Malek, Louisa Hanoun, Saïd Sadi, ... Par la suite, les services de sécurité, grâce à des techniques d'infiltration, de noyautage, ''d'achat des leaders'' avec des postes ministériels et autres, ont réussi à vider les partis de leurs substances.

Les bienfaits de la compétition politique sont comparables aux bienfaits de la compétition ou de la concurrence économique.

En Algérie, cette vérité élémentaire semble échapper aux Tout-Puissants. Les services de sécurité tels des marionnettistes actionnent au gré des circonstances, les partis politiques « d'opposition » inconsistants qu'ils ont eux-mêmes créés ; plutôt que d'aider à la structuration du paysage politique de manière à assurer l'alternance au pouvoir ; car le pouvoir n'est entre de bonnes mains que si celles-ci lui permettent de changer régulièrement de mains ! Une démocratie sans alternance au pouvoir n'est pas une démocratie !

Nous avons montré précédemment comment on devient chef de l'État ou ministre en Algérie.

Khalida Toumi - Messaoudi, après avoir été une « femme debout[1] » est devenue « un bout de femme ».

La décennie noire et probablement d'autres considérations ont rapproché Saïd Sadi de l'ex-patron des services de renseignement.

Le poste de ministre a fait oublier à M. Ould Ali El Hadi son combat originel ; à moins qu'il soit récompensé par les Services pour service rendu.

Amara Benyounès a vendu son âme aux services de sécurité.

[1] Khalida Messaoudi – Une Algérienne debout – Entretiens réalisés par Elisabeth Schemla – paru aux Éditions Flammarion 1999

Le prix d'achat de M. Noureddine Boukrouh est un département ministériel.
L'opposant Ferhat Mehenni, président fondateur du Mouvement pour l'autodétermination de la Kabylie (MAK) et président du Gouvernement provisoire kabyle en exil (ANAVAD), souffre depuis plusieurs années d'idées délirantes et d'hallucinations visuelles et auditives sévères…

Les citoyens dotés d'une lucidité moyenne ont fini par comprendre que les combats politiques ne sont en réalité que des marchepieds qui permettent à leurs leaders de rejoindre les sphères du pouvoir.
Malheureusement, ce qui semble être le meilleur succès des services de sécurité est en réalité un cuisant échec pour l'Algérie !

L'indépendance de la justice

La justice en Algérie est impartiale lorsqu'il s'agit de juger les Algériens d'en bas. Dès l'instant où les puissants sont concernés ou que la corruption s'invite dans les prétoires, la justice devient injuste et fait effroyablement peur !
Nous avons montré précédemment comment les décisions de justice sont ignorées par les Tout-Puissants quand ils sont en position de force. Et si le vent change de direction et que les puissants d'hier deviennent impuissants aujourd'hui, le clan qui prend le pouvoir peut inverser les décisions de justice sans que cela ne pose un quelconque problème à la justice qui se contredit !

La liberté de la presse

La constitution de 1989 a consacré la liberté de la presse en Algérie. Résumées en quelques mots, voici les caractéristiques principales de la presse écrite :
- Un nombre relativement important de titres, aussi bien en français qu'en arabe.
- Bien qu'il existe des journalistes de qualité indéniable, leur nombre est relativement réduit. La qualité de la majorité des articles est globalement médiocre.

- En règle générale, la presse dite d'opposition est en réalité plus ou moins manipulée par un autre clan qui veut détrôner le clan au pouvoir.
- Les difficultés financières de la presse notamment francophone sont une aubaine pour le pouvoir qui détient le monopole de la publicité publique par le biais de l'Agence nationale d'édition et de publicité – ANEP –. Cette agence est à la fois un outil de mise au pas de la presse dite indépendante et un moyen de détournement de l'argent public. En d'autres termes, l'ANEP exerce un chantage sur la presse qui se montre insolente en la menaçant de privation de la publicité du secteur public économique et administratif. D'un autre côté, sur l'ordre d'un puissant, elle peut octroyer des milliards de publicité à un titre créé pour les besoins de la cause et qui n'est lu par personne ; ce qui constitue un détournement caractérisé de fonds publics.

C'est de la critique et du débat que jaillissent les meilleures idées ; malheureusement, le pouvoir en Algérie est atteint d'une allergie chronique incurable à la critique et au débat contradictoire.

Celui qui exprime la moindre critique à l'égard du pouvoir passe pour un ennemi de la nation et risque la prison !

Voici quelques noms de journalistes emprisonnés pour avoir exprimé leurs opinions et/ou fait part de leurs analyses de la situation de notre pays : Khaled Drareni - Ihsane El Kadi - Mohamed Benchicou - Mohamed Tamalt - Farid Herbi - Mustapha Bendjama – Saïd Boudour – Noureddine Tounsi – Hassan Bouras - Abdelkrim Setouane – Belkacem Haouam – M. Mouloudj – Merzoug Touati – Abdelkrim Zeghilech, etc.

Dans l'édition 2023 du classement mondial de la liberté de la presse établi par Reporters sans frontières (RSF), l'Algérie reste dans la catégorie des pays où la situation de la presse est considérée comme “difficile” et occupe la 136e place sur 180 pays et territoires qui font l'objet d'évaluation des conditions d'exercice du journalisme.

Actuellement, à cause des harcèlements judiciaires, des intimidations, des suspensions et des fermetures de médias ; à cause du chantage exercé par l'Agence nationale de publicité, la presse en Algérie est

mise au pas et contrôlée par les services de sécurité ; il n'y a aucun doute à cela.
Nous avons récemment adressé aux journaux El Moudjahid et El Watan un article sur le Plan comptable national qui relate une dégradation inquiétante du niveau de notre administration et de notre élite intellectuelle ; l'article a été censuré.
Même un article sur la comptabilité peut présenter un danger pour la sécurité nationale ! Il n'y a que les censeurs déraisonnablement intelligents qui peuvent comprendre et expliquer de tels agissements !

Le respect des libertés individuelles et collectives et le respect des droits humains

En Algérie, la liberté de pensée est permise à condition que la pensée ne sorte pas de la tête, ou qu'elle soit verbale et exprimée dans des cercles restreints ; car ce qui est censuré dans la presse ou dans les livres n'est rien par rapport à ce qui se dit dans la rue, dans les cafés, dans les salons de coiffure, dans les quartiers, au sein des familles …
Pour illustrer la censure dans notre pays, prenons l'exemple des Éditions Koukou exclues du dernier Salon international du livre d'Alger (SILA).
Son fondateur a annoncé dans un communiqué, que le commissariat du SILA lui a notifié par courrier électronique, l'exclusion de sa maison d'édition du Salon en raison de « dépassements constatés dans les publications exposées dans son stand.»
Il précise par ailleurs que l'interdiction émane de la Commission de lecture chargée de contrôler les ouvrages proposés au public ; une commission dont la composition relève ''du secret d'État''.
Il dénonce à cette occasion une violation de l'article 54 de la Constitution qui stipule qu'une publication ne peut être interdite qu'en vertu d'une décision de justice.
Par la même occasion, il rappelle les incidents qui ont touché les Éditions Koukou les années précédentes :
- Saccage de son stand pendant la nuit précédant l'inauguration en 2016.

- Tentative de saisie de deux ouvrages en 2018 par des individus se présentant comme membres de la Commission de lecture.
- ET tentative d'interdiction de 12 ouvrages en 2022, décision notifiée par un officier des douanes.

La liberté de conscience et de religion est excessivement limitée dans notre pays. « L'islam est la religion d'État » proclame la constitution ; qui par ailleurs, garantit « la liberté du culte dans le respect de la loi ». Mais il y a souvent un décalage entre les dispositions constitutionnelles et la pratique. Tout le monde sait qu'il n'est pas facile d'être athée ou juif en Algérie …

La liberté de se déplacer peut être remise en cause sans décision de justice. La décision d'interdiction de quitter le territoire national peut être transmise par les services de sécurité ou les services de la présidence de la République dans la précipitation, à la police des airs et des frontières. La personne concernée peut découvrir cela, une fois à l'aéroport. C'est ce qui est arrivé le 28 novembre 2023 à l'ancien président du Parti MSP, Abderrazak Makri.

Les libertés collectives de réunion, d'association, la liberté syndicale, le droit de grève… sont globalement respectés ; mais ces libertés sont soumises à des entraves, à des blocages, voire à des interdictions, à chaque fois que des attitudes ou des comportements contrarient le pouvoir en place… C'est une règle de conduite immuable des Tout-Puissants.

Les droits humains ne sont pas respectés en Algérie, notamment pendant les périodes de tension. De nombreux témoignages concordants attestent de la pratique de la torture à chaque fois que des événements d'ampleur secouent notre pays ; tels que les événements d'octobre 1988, la décennie de guerre civile, les événements de Kabylie, le Hirak …
Me Mahmoud Khelili, avocat des droits de l'homme, a dressé des listes circonstanciées de personnes torturées en donnant des précisions

et des détails sur les lieux, les modes opératoires et les modalités de torture.
Connaissant le caractère de l'Algérien, son rapport à l'État de droit, sa perception de la force et du pouvoir, la pratique de la torture dans des circonstances exceptionnelles est certaine.
La guerre contre la France, l'une des premières puissances du monde, a duré sept ans ; celle contre le terrorisme a duré dix ans !
On reproche à la France à juste titre, la pratique de la torture pendant la guerre d'Algérie ; mais que penser et que dire de la torture pratiquée par des Algériens sur d'autres Algériens dans l'Algérie indépendante ?
Après avoir montré la dénaturation de l'État de droit et de la démocratie, passons maintenant à l'examen de la dénaturation de la troisième institution fondamentale qu'est l'économie de marché.

C- ÉCONOMIE DE MARCHÉ OU ÉCONOMIE RENTIÈRE

L'économie de marché

L'efficacité politique s'obtient par la compétition politique et l'alternance au pouvoir.
L'efficacité économique s'obtient par la concurrence entre les acteurs économiques privés qui visent principalement la maximisation du profit et de manière complémentaire et nécessaire, des objectifs sociaux, sociétaux et environnementaux.
L'économie de marché est la forme d'organisation économique la plus efficace qui soit. Les formes d'organisation alternatives de la propriété collective des moyens de production et de la régulation économique par la puissance publique se sont écroulées sous le poids de l'inefficacité et de la bureaucratie.
De nos jours, les économies socialistes et communistes sont dans un état résiduel à l'échelle planétaire : Corée du Nord, Cuba, Vietnam, Laos. La Chine quant à elle, bien qu'elle soit politiquement communiste, a opté pour l'économie de marché.
De notre point de vue, le mariage forcé entre le communisme et le marché reste fragile. La règle de ' Travaille, Mange et Tais-Toi' - TM2T- finira par voler en éclats à plus ou moins long terme.

Quand et à quel prix ? Personne ne peut répondre à cette question de manière sérieuse !
Bien entendu, le rôle de l'État dans la vie économique varie selon les cultures et les pays.
Dans les pays anglo-saxons de tradition plutôt libérale, l'intervention de l'État dans l'économie est très limitée.
En Europe occidentale, dans un pays comme la France, l'intervention de l'État est plus importante :
- Réglementation abondante.
- Prises de participations, parfois majoritaires, dans les entreprises considérées comme stratégiques.
- Développement de l'économie sociale et solidaire, etc.

Pour justifier l'efficacité des entreprises publiques, les adversaires de l'économie de marché citent souvent l'exemple des entreprises publiques françaises qui sont relativement performantes.
Ils citent par ailleurs, l'exemple de la Corée du Sud ou de Singapour pour justifier le fait que les interventions de l'État dans la sphère économique peuvent conduire à des performances exceptionnelles.
En vérité, l'efficacité des entreprises publiques des pays capitalistes n'est rendue possible que grâce à la rationalité imposée par l'économie de marché dominée par le capital privé. Et les performances des économies étroitement dirigées par l'État comme la Chine, la Corée du Sud ou Singapour sont principalement dues à leur ouverture sur l'économie mondiale qui valide les réussites et sanctionne les échecs. Les réussites sont dues aux entreprises, l'État n'a joué que le rôle de facilitateur.
Le problème des économies publiques c'est l'irresponsabilité qu'elles véhiculent. Autrement dit, l'économie à dominante publique est une économie irresponsable, dans la mesure où elle ne fait aucune différence entre la réussite et l'échec, entre l'intelligence et la bêtise !
En règle générale, les PDG des entreprises publiques en Algérie ne sont pas choisis pour leurs performances mais par des Parrains, en fonction des intérêts de ces derniers et de leur appréciation de la situation à un moment donné.

D'après des informations colportées par-ci et par-là en ce début de l'année 2024, il semblerait que l'on s'achemine vers une « militarisation » des postes de PDG d'entreprises et des postes d'ambassadeurs. Les auteurs de ces idées hasardeuses et périlleuses ne sont même pas conscients des dangers qu'elles représentent.

L'économie rentière en Algérie ou la malédiction des richesses naturelles

L'Algérie n'est pas un pays riche. L'Algérie est un pays pauvre à sous-sol riche.

Un pays riche est un pays qui produit des idées et des biens et services de qualité.

La richesse basée sur les matières premières est nécessairement éphémère si elle n'est pas transformée en vraie richesse, en richesse issue du savoir et de l'intelligence.

L'économie de la rente est une économie caractérisée par l'hypertrophie d'une branche de ressources extractives (hydrocarbures par exemple) et l'atrophie des autres branches et secteurs d'activité économiques ; car la rente ou les revenus issus de la branche hypertrophiée permettent de satisfaire tant bien que mal les besoins de la population et les besoins des addicts à la corruption.

En Algérie, il n'y a que Sonatrach et l'armée elle-même, qui bénéficient de l'attention particulière des Tout-Puissants ; tout le reste est accessoire et reste à la place de l'accessoire ! On ne s'intéresse réellement à telle ou telle autre branche d'activité que si les cours mondiaux font baisser la rente issue des hydrocarbures à un niveau qui ne permet plus d'assurer l'équilibre précédent : satisfaire les besoins de l'Algérie d'en haut, et tant bien que mal ceux de l'Algérie d'en bas.

L'économie de marché se caractérise par l'existence d'entrepreneurs privés créateurs d'idées et de richesses.

L'économie rentière se caractérise quant à elle essentiellement par l'existence d'affairistes, « consommateurs » de la richesse issue de la rente.

L'origine de la rente : les ressources naturelles en Algérie

L'Algérie possède des richesses naturelles importantes et diversifiées. Celles auxquelles on pense en premier lieu sont naturellement les hydrocarbures.

Ce qui frappe, quand on est en dehors de l'écosystème du Système, c'est le caractère démesuré et mal placé du patriotisme des Algériens y compris des ''intellectuels''.

La meilleure manière d'aimer son pays est de faire son travail correctement. Ce n'est certainement pas en répétant à longueur de journée dans les médias et dans les rues que notre pays est le plus beau et le plus riche du monde !

L'un des domaines dans lequel s'exprime ce patriotisme aveugle et crédule, sincère ou hypocrite, est précisément celui des richesses naturelles.

Dans le domaine des estimations, tous les excès sont permis !

À croire certains « experts », tous les Algériens sont en train de marcher sur de l'or, mais ils l'ignorent ! Et « si l'Algérie libéralisait le secteur minier, en 2030 elle exporterait pour 150 milliards de dollars rien qu'en produits miniers »[1]. C'est-à-dire presque son PIB qui est rappelons le de 187 mds de dollars en 2022 !!!

La grandeur d'une nation débute quand elle commence à se voir telle qu'elle est.

Dans ce domaine comme dans d'autres, l'attitude la plus raisonnable et la plus efficace est de confier les prospections et les estimations aux meilleurs acteurs sur le marché mondial.

Nous avons particulièrement apprécié un entretien accordé par Mouloud Issaad au journal Le Point en septembre 2022 sur les terres et métaux rares en Algérie ; un entretien marqué de lucidité et de rigueur intellectuelles ; des denrées rares dans notre pays !

---

[1] Affirmation d'Ali KEFAIFI sur Radio. M – face au journaliste Ihsane El Kadi, emprisonné pour l'exercice de son métier de journaliste. .

Notre objectif étant de montrer que les ressources naturelles peuvent être une malédiction, nous nous contentons d'une brève présentation sur les hydrocarbures et les autres richesses naturelles.

- Les hydrocarbures

En 2022, l'Algérie est classée 16e producteur de pétrole au monde ; 10e producteur et 7e exportateur de gaz naturel.

Les réserves de pétrole de l'Algérie se classent au 15e rang mondial et celles de gaz naturel au 13e rang.

Les hydrocarbures occupent une place prépondérante dans l'économie algérienne ; ils représentent à eux seuls environ 60 % des recettes du budget de l'État et 98 % des recettes d'exportation.

- Les autres ressources naturelles

En plus des hydrocarbures, le sous-sol de l'Algérie renferme d'autres ressources qui n'ont pas bénéficié du même intérêt que celui dont ont bénéficié le gaz et le pétrole.

Voici un exemple[1] de ce qu'on peut lire sur les autres richesses naturelles de notre pays : « L'Algérie produit du fer, de l'acier, de l'or, de l'argent, des minéraux industriels incluant la baryte, la bentonite, le ciment, la pierre concassée, le gravier, le gypse, l'hélium, le calcaire, le marbre ; les engrais d'azote, le phosphate, la pouzzolane, le quartz, le sel et le sable dans tous leurs états. Elle dispose en outre d'importants gisements de minéraux inexploités tels que le diamant, le manganèse, le quartz cristallin, des minéraux de terres rares, le tungstène et l'uranium… et la découverte en 2015 d'un gisement de six millions de tonnes de silicium dans l'ouest du pays.»

La malédiction des richesses naturelles

Initialement, ce qui est appelé le « syndrome hollandais » reflétait la situation de la Hollande des années soixante où les exportations de

---

[1] Article de TAHCHI Belgacem – Les Ressources de l'Algérie – Outre-Terre N° 47 - 2016

gaz avaient conduit à une appréciation du florin et au déclin du secteur manufacturier local et à la désindustrialisation du pays.
L'expression « maladie hollandaise » ou « syndrome hollandais » est utilisée par extension, pour désigner les conséquences négatives engendrées par l'exportation de richesses naturelles abondantes par les pays du tiers-monde.
C'est l'économiste britannique Richard Auty qui a le premier utilisé cette expression dans un ouvrage publié en 1993. Puis quelques années plus tard, c'est au tour de la politologue américaine Terry Lynn Karl d'évoquer ce phénomène en parlant du "paradoxe de l'abondance".

Les richesses naturelles devraient en toute logique être un facteur de développement économique des pays qui en sont bien dotés ; elles seraient dans ce cas une bénédiction du Ciel ! Malheureusement, force est de constater que dans beaucoup de cas, les pays riches en matières extractives peinent à décoller sur le plan économique.
La notion de malédiction des ressources naturelles reflète précisément ces difficultés que rencontrent les pays riches en matières premières à s'extraire du sous-développement et à décoller économiquement.
Sachs et Warner, dans un livre intitulé « Abondance des ressources naturelles et croissance économique » paru en 1995, ont vérifié des régressions (corrélations) du taux de croissance de 95 pays par rapport à la proportion des exportations de ressources naturelles dans le Produit intérieur brut. Dans toutes ces régressions, la proportion des exportations de ressources naturelles dans le PIB a un effet négatif (environ deux points) sur les taux de croissance des pays. La croissance des pays possédant des matières premières en abondance en particulier le pétrole aurait été inférieure à celle des autres pays moins riches en hydrocarbures. C'est le cas de l'Algérie, du Nigeria, du Congo de l'Angola… De notre point de vue, ces conclusions sont à prendre avec prudence. La relation de cause à effet entre les richesses naturelles et le taux de croissance n'est pas si directe et si évidente !

Nous partageons l'avis de Sala-i-Martin et Subramanian[1] qui considèrent que la malédiction des ressources naturelles est due à leurs effets sur les institutions politiques du pays. L'abondance de ressources naturelles crée des conditions propices à la corruption et aux gaspillages, ce sont ces travers qui ont un effet négatif sur la croissance et non pas les ressources naturelles elles-mêmes.

Quand on s'intéresse à la question énigmatique du sous-développement, on pense à beaucoup d'expériences impossibles telles que :

- Remplacer les peuples des pays les plus pauvres et ceux des pays sous-développés dotés de richesses naturelles abondantes, par des peuples de pays développés en respectant rigoureusement les mêmes structures démographiques, pour voir ce que cela peut donner !
- Enlever les hydrocarbures aux détenteurs du pouvoir en Algérie et observer, même si c'est avec une angoisse terrifiante, l'évolution de la situation dans le pays …

Nous allons décrire dans le paragraphe suivant le processus par lequel les pouvoirs corrompus instaurent des systèmes de valeurs destructeurs qui ont un effet négatif sur la croissance et comment la rente issue des richesses naturelles, en cachant les torts, les tares et les travers des Tout-puissants, leur permet de perdurer et de tenir dans la durée ; même si de temps à autre, les révoltes populaires viennent leur rappeler que la voie empruntée n'est pas la bonne.

II- UN SYSTÈME DE VALEURS DESTRUCTEUR

La notion de valeurs désigne les principes fondamentaux qui guident l'action d'une organisation humaine, une association, une entreprise, un groupe ethnique, une nation ou une communauté de nations. Les valeurs sont précisément l'ensemble des idéaux auxquels les membres de l'organisation adhèrent.

[1] Sala-i-Martin et Subramanian Adressing the natural ressources curse and illustration from Nigeria -2003-

Le chercheur en psychologie sociale Shalom H. Schwartz et ses collègues ont identifié 10 valeurs fondamentales présentes dans toutes les cultures.

A- LES DIX -10- VALEURS UNIVERSELLES DE SHALOM H. SCHWART

Elles sont schématisées puis expliquées comme suit :

Schématisation

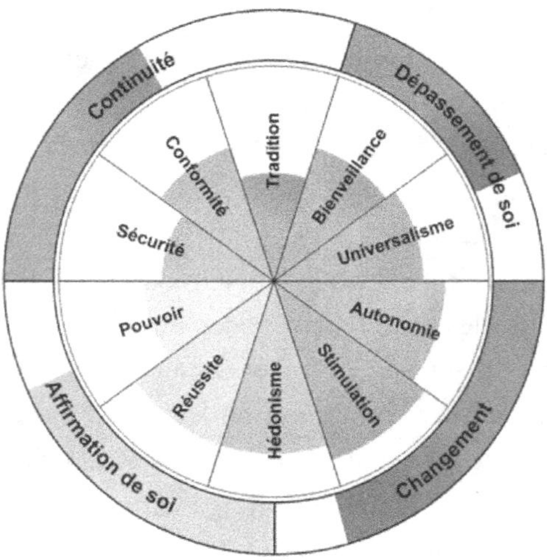

Source: Psychomédia
www.psychomedia.qc.ca

Explication

Valeurs	Motivations et objectifs
Autonomie	Indépendance de la pensée et de l'action, création, exploration, créativité, liberté, curiosité, choix de ses propres buts …
Stimulation	Enthousiasme, nouveauté et défis à relever dans la vie ; vie audacieuse, variée et passionnante…
Hédonisme	Plaisirs ou gratifications sensuelles personnelles.
Réussite	Succès personnel obtenu grâce à la manifestation de compétences socialement reconnues ; ambition, orientation vers le succès, influence…
Pouvoir	Statut social prestigieux, contrôle des ressources ; autorité, leadership, dominance…
Sécurité	Sûreté, harmonie et stabilité de la société, relations entre groupes et entre individus ; sécurité de la famille, sécurité nationale, stabilité de l'ordre social, réciprocité des faveurs, santé, sentiment d'appartenance…
Conformité	Autodiscipline, obéissance, modération des actions, des goûts, des préférences et des impulsions susceptibles de déstabiliser ou de blesser les autres, ou encore de transgresser les attentes ou les normes sociales…
Tradition	Respect, acceptation des coutumes et des idées soutenues par la culture ou la religion à laquelle on se rattache ; humilité, dévotion, respect de la tradition, modération…
Bienveillance	Préservation et amélioration du bien-être des personnes avec lesquelles on se trouve fréquemment en contact ; serviabilité, honnêteté, pardon, loyauté, responsabilité, amitié…
Universalisme	Compréhension, estime, tolérance et protection du bien-être de tous et de la nature ; ouverture d'esprit, sagesse, justice sociale, égalité, paix dans le monde, monde de beauté, unité avec la nature, protection de l'environnement, harmonie intérieure…

Les valeurs de tradition, de conformité et de sécurité représentent la continuité.
Les valeurs d'autonomie, de stimulation et partiellement de l'hédonisme représentent le changement.
Les valeurs de pouvoir, de réussite et partiellement de l'hédonisme représentent l'affirmation de soi.
Les valeurs de bienveillance et d'universalisme représentent le dépassement de soi.

La critique capitale qu'on peut adresser à cette analyse est le caractère universel des valeurs humaines. Si les valeurs humaines étaient réellement universelles, la notion même de valeurs n'existerait pas ! Un état social n'existe que par rapport à un autre ou à d'autres états sociaux. Si l'état de la société humaine était unique, il serait tellement évident et naturel, qu'il n'aurait pas besoin d'être qualifié et distingué.
Les Sud-Coréens n'ont pas les mêmes valeurs que les Algériens ; les Allemands n'ont pas les mêmes valeurs que les Egyptiens… Le point suivant permet d'étayer cette affirmation.

B- LES DIX -10- VALEURS DESTRUCTRICES EN ALGÉRIE

Les institutions fondamentales dénaturées, État de non-droit à la place de l'État de droit ; démocratie de façade à la place de la démocratie ; économie de la rente à la place de l'économie de marché constituent les valeurs destructrices de base qui sont le soubassement des valeurs destructrices opérationnelles qui sont présentées ci-après.

La promotion sociale par le parrainage des Puissants

Cette valeur destructrice est incontestablement celle qui a sapé les fondements mêmes de la société algérienne.
La promotion sociale dans les pays qui réussissent se fait sur la base des qualités personnelles et professionnelles : le sérieux, le dévouement, la motivation, le savoir, le savoir-faire, les performances, l'efficacité, la capacité d'innover, etc.

En Algérie, la veille stratégique des Décideurs se concentre sur l'origine de la rente (Sonatrach) et sur eux-mêmes (l'armée).
Les secteurs atrophiés ne sont perçus que comme un moyen d'employer et d'occuper le peuple ou de capter la rente.
Cette perception nuisible et pernicieuse autorise les Tout-Puissants à nommer à la tête des ministères, des grandes administrations, des grandes entreprises, des universités, des ambassades, des antennes commerciales à l'étranger… des personnes qui n'ont pas les qualifications nécessaires pour occuper ces postes.
Le premier poste occupé par M. Messaoud Benagoun qui est, selon les informations données par la presse, un cancre de la faculté de droit qui n'a pas réussi à avoir sa licence en 10 ans, est un poste de ministre.
L'ancien ministre de l'Enseignement supérieur et de la Recherche scientifique M. Tahar Hadjar a déclaré en août 2018 qu'il ne trouve aucun intérêt pour les chercheurs algériens d'obtenir des prix Nobel !
Après avoir fait faillite en tant que dirigeant d'une petite entreprise créée dans le cadre du dispositif ANSEJ, M. Nassim Diafat est nommé ministre délégué auprès du Premier ministre, chargé de ces mêmes entreprises !

Malheureusement, il n'y a pas que ces quelques nominations, la réalité est beaucoup plus sombre. Notre propre expérience nous a donné l'occasion de voir des responsables qui suscitent à la fois pitié et colère. Cela va d'un directeur d'un établissement de formation supérieure à un directeur de cabinet d'un ministère.
Quand ils parlent, ils ne savent même pas de quoi ils parlent, mais ils ont toujours raison puisque ce sont eux les chefs ! Leurs nominations ressemblent à des crimes !

La prospérité de la médiocratie

Les Tout-Puissants ont des listes dans lesquelles ils puisent pour les nominations importantes à leurs yeux. Ces listes de clientèles sont constituées de profils bien particuliers. Pour y figurer il faut répondre aux critères suivants :

- Prêter allégeance aux services de sécurité.
- Être docile, malléable et manipulable.
- Ne jamais se plaindre même en cas de bizutage professionnel.
- Être éhonté, impudent.
- Être médiocre sur le plan intellectuel, voire une calamité. Le contrat implicite est : « Je t'offre un poste que tu ne mérites pas, la contrepartie, c'est la soumission ».
- Répéter les éléments de langage sans réfléchir.
- Être capable de commettre des infractions, y compris les plus graves d'entre elles, c'est-à-dire les crimes au sens juridique du terme.

Les hommes libres, les hommes honnêtes, les vrais intellectuels … sont souvent marginalisés ou éjectés par le Système.

Quand, dans des circonstances particulières, des personnes compétentes et intègres sont nommées à des postes importants, les Tout-Puissants et leurs serviteurs savent parfaitement gérer les situations :

- Soit en envoyant des Soumis à la structure dirigée par « l'intrus », dans le but d'informer les Parrains et de bloquer les initiatives… en attendant le départ de « l'indésirable ».
- Soit en nommant des Soumis aux postes subalternes, ce qui leur permet d'effectuer en toute sérénité les opérations qu'ils ont envie d'effectuer.

Exemple : Quand un Tout-Puissant ne connaît pas le directeur général des douanes, il lui suffit de placer un Soumis au port ou à l'aéroport de son choix à un poste adéquat, pour régler ses problèmes.

Le clientélisme

Le clientélisme est la pratique qui permet aux Tout-Puissants d'obtenir la soumission et l'allégeance d'un ensemble de personnes formant la Clientèle, moyennant des avantages divers.

Les Tout-Puissants ne déboursent naturellement rien de leurs poches, mais permettent à leurs clientèles :

- D'accéder à des postes importants dont ils n'ont jamais rêvés.
- D'accéder à l'achat de logements, de terrains, de locaux commerciaux…

- D'avoir des facilités pour réaliser des projets d'investissement et pour l'obtention de crédits bancaires.
- D'accéder à des soins à l'étranger.
- D'obtenir des sous-commissions en cas de corruption… Tu me tiens, je te tiens par la barbichette… !

La dévalorisation du travail et du mérite dans l'économie rentière

Ici, nous ne faisons pas allusion à la théorie de la valeur travail qui explique la valeur des biens par le nombre d'heures de travail nécessaires à leur fabrication ; mais plutôt au travail en tant que valeur sociale.

Un fait est indiscutable : une société ne peut se développer que si elle érige le travail et le travail bien fait en valeurs sociales, en valeurs qui caractérisent la société.

Les peuples des pays développés n'ont atteint ce stade de progrès que grâce à leur travail, leur mérite et leurs efforts.

Actuellement sous nos yeux, la Chine ne se développe que grâce à son peuple de « fourmis ». Un peuple capable entre autres, de construire un hôpital en sept jours !

Le rythme de travail des Sud-Coréens paraît insoutenable pour les Algériens. … Nous connaissons des exemples concrets qui étayent cette affirmation.

La rente et la manière dont elle est gérée par les Tout-Puissants ont fini par convaincre tous les Algériens, du Nord, du Sud, de l'Est et de l'Ouest, que ce n'est pas grâce au travail qu'on réussit, mais grâce aux relations qu'on peut tisser avec les Puissants !

Ceci a au moins quatre conséquences préjudiciables :

- La démotivation des salariés avec l'impact négatif que celle-ci peut avoir sur la production et la croissance de la richesse nationale.

Cette démotivation atteint un point tel, que beaucoup d'Algériens revendiquent le droit à la paresse.

- Beaucoup de personnes sans scrupules se précipitent pour prêter allégeance aux Puissants et accéder aux postes et aux avantages dus à leurs clientèles, parmi lesquels la protection.

- Les relations entre individus sont des relations d'intérêts ; quand une personne est nommée à un poste important elle découvre subitement qu'elle a beaucoup « d'amis » ; certains osent même se considérer comme « membres de la famille ». Quand la personne perd son poste, elle se retrouve seule, abandonnée par tous les courtisans…
- Absence de passion professionnelle : Nous savons que la passion est à l'origine du travail bien fait et de la quasi-totalité des inventions et innovations du monde développé.
Cette passion est soit liée à la personnalité de l'individu, soit imposée par le marché (passion forcée).
En l'absence de passions professionnelles, le travail effectué en Algérie et dans les pays du tiers-monde de manière plus globale est souvent de médiocre qualité. Quant aux innovations et inventions, elles risquent de rester pour encore bien longtemps le monopole de l'Occident rejoint par la Chine.
L'absence de passions professionnelles dans notre pays est due en grande partie au système de gouvernance et aux conditions de vie.
Le fait que la promotion sociale se fasse par le parrainage des Puissants et non par le travail et la compétence a fini par démotiver même les salariés les plus dévoués.
Les anciens disent à toute nouvelle recrue qui arrive pleine d'ardeur et d'enthousiasme « Nous sommes tous passés par là…, tu verras ! Dans peu de temps, tu deviendras comme nous … »

De l'affairisme à la délinquance économique

Un entrepreneur est un entreprenant ; une personne audacieuse et dynamique qui transforme ses idées en biens et services de qualité.
Contrairement à l'entrepreneur, l'affairiste a cette connotation péjorative de quelqu'un qui cherche à gagner de « l'argent-facile » ; dans le cas de l'Algérie, souvent de l'argent issu de la rente pétrolière et gazière.
Dans les pays développés, les motivations qui poussent à la création d'entreprises présentent cette caractéristique étonnante que le profit qui constitue la raison d'être de toute entreprise est rarement cité comme première motivation de la création d'entreprises.

Voici dans le désordre, les motivations les plus fréquemment citées :
- Être libre.
- Relever des défis.
- Développer sa créativité.
- Créer son propre emploi.
- Prendre du plaisir.
- Donner un sens à sa vie.
- Devenir riche.
- Être reconnu.
- Stimuler ses collaborateurs…

Les voici dans l'ordre, établi par l'INSEE en France en interrogeant plusieurs milliers de dirigeants d'entreprises, toutes formes juridiques confondues :
- La volonté d'être indépendant (61 %).
- Le goût d'entreprendre, l'envie de relever de nouveaux défis (44 %).
- Le souhait de gagner plus (27 %).
- La nécessité de créer son propre emploi (24 %).
- Une opportunité (22 %).
- Une idée personnelle (14 %).
- Un entourage composé d'entrepreneurs, un univers familial propice à ce style de vie (9 %).

NB. Le fait que le total des pourcentages soit > 100 % s'explique par la pluralité des motivations chez le même entrepreneur.

Dans le monde des affaires en Algérie, les raisons qui poussent à la création d'entreprises sont : l'argent, l'argent, l'argent… et l'argent.
Rares sont les entreprises qui en gagnent en offrant des biens et services de qualité.
L'écrasante majorité des Algériens veut faire des ‘‘affaires’’ ; très peu de gens se contentent de leurs métiers et très peu encore les exercent avec passion.
Les Puissants trouvent des méthodes insolites d'association dans les affaires :

- Ils aident les investisseurs à régler certains ‘‘problèmes’’ comme dédouaner des équipements sans payer les droits de douane, obtenir un crédit bancaire sans présenter des garanties suffisantes de remboursement, faciliter l'achat d'un terrain de construction… et à ce titre, ils entrent comme associés dans les affaires sans rien apporter de plus !

- D'autres encore plus machiavéliques, bloquent injustement des projets d'investissement, pour ensuite les débloquer sous condition de devenir associé.

- D'autres ont inventé un apport en société d'un genre particulier : « La caution morale »[1], c'est-à-dire leurs noms, leur puissance et leur capacité à faciliter la vie de la société. La facilitation de la vie de la société se fait par des passe-droits, des abus de pouvoir, des conflits d'intérêts, etc.

Peut-on construire une économie de marché avec de telles pratiques ? Bien sûr que non !

La démocratie, l'État de droit et l'économie de marché ne se construiront en Algérie qu'avec, entre autres, la séparation des pouvoirs, exécutif, législatif et judiciaire et la séparation des fonctions, militaire, politique et économique.

Absence de contrôle et contrôles de complaisance

Le contrôle s'effectue par rapport à des normes, par rapport à des cahiers des charges ou par rapport à des objectifs.

En Algérie, les contrôles sont soit inexistants, soit inefficaces.

Prenons l'exemple des contrôles des comptes et des contrôles fiscaux.

Un commissaire aux comptes n'oserait jamais exprimer des réserves ou prévenir le procureur de la République en cas de constatation de fraudes dans une entreprise parrainée par un militaire ou appartenant aux enfants de militaires.

L'administration des impôts n'aura jamais l'idée de procéder à un contrôle fiscal d'une entreprise appartenant aux familles des Puissants.

Le contrôle douanier s'effectue selon les mêmes règles ; les puissants sont soit exonérés illégalement des droits de douane,

---

[1] Témoignage d'un ancien officier des services de sécurité dont le livre est interdit en Algérie – La mafia des généraux - JC Lattès 2002

soit paient des droits qui n'ont aucune commune mesure avec les sommes dues à l'administration.
La corruption des douaniers est un phénomène très répandu. La pratique dite du « cabas » qui consiste à faire passer à la douane des marchandises de toutes sortes dans des fourgons sans payer les droits y afférents mais en s'acquittant de pots-de-vin est un secret de polichinelle ! La raison pour laquelle on n'arrête pas ce genre de pratiques réside dans le fait que le premier bénéficiaire de cette corruption ne peut être qu'un Tout-Puissant.

Le contrôle des changes ne permettant pas aux particuliers d'accéder aux monnaies internationales notamment l'euro et le dollar, un marché de change parallèle à ciel ouvert se tient quotidiennement au square Port-Saïd d'Alger, à un pas de l'Assemblée nationale et du commissariat, au vu et au su de tous.
Comme cette situation arrange en premier lieu les Puissants eux-mêmes, on fait semblant de ne rien voir !
Des commerces effectuant le change en plus de leurs activités commerciales principales, existent dans l'écrasante majorité des régions, départements et communes d'Algérie, sans que cela gêne les autorités.

Les contrôles de conformité aux cahiers des charges dans les domaines de la construction et des travaux publics sont très souvent des contrôles de complaisance. La qualité des travaux ne répond souvent pas aux exigences minimales de qualité et de sécurité. Pour s'en convaincre, il suffit d'observer les dégradations précoces des chaussées, des routes et des autoroutes peu de temps après leurs réalisations et réceptions. Il suffit d'écouter les particuliers qui ont acquis des logements AADL présentant des fuites de gaz et des risques d'électrocution.
L'explication réside souvent dans la corruption, parfois dans la négligence coupable.

L'importance de l'économie informelle dans l'économie nationale accentue et intensifie ces phénomènes.

Il y a une sorte d'entente criminelle implicite entre les Puissants : Je vole, tu voles, il vole, nous volons … celui qui me dénonce, je le dénonce ; donc nous avons tous intérêt à défendre le Système !

Le contrôle de gestion quant à lui consiste à fixer des objectifs, à mobiliser les moyens pour les atteindre et à faire périodiquement des contrôles en comparant les réalisations aux objectifs, en dégageant les écarts, en les expliquant et en entreprenant des actions correctives.

Ce type de contrôle est quasiment inexistant dans un pays comme le nôtre où les échelons inférieurs attendent dans la passivité que les ordres viennent d'en haut ; et quand les ordres arrivent, le travail est bâclé parce que fait dans la précipitation.

La corruption

Un indice de perception de la corruption est établi annuellement par l'organisation non gouvernementale Transparency International.

Un score proche de 0 correspond à plus de corruption, un score proche de 100 à moins de corruption.

Sur 180 pays et territoires étudiés, le classement 2023 place l'Algérie à la 109e place avec un score de 36.

L'essentiel de la corruption en Algérie est lié à deux phénomènes majeurs :

- Le mode de gouvernance du pays.
- Et la cupidité, la boulimie et l'insatiabilité des affairistes.

La petite corruption est le fait des anonymes de l'Algérie d'en bas.

Si c'était un journaliste ou un intellectuel qui avait accusé d'anciens premiers ministres ou d'anciens ministres de corruption, on l'aurait jeté en prison pour longtemps… pour très longtemps !

Comme c'est un clan du pouvoir en position de force qui l'a fait contre un autre clan, alors que lui-même était dans la même situation, vous l'aurez compris, ''la justice a fait son travail'' et le clan en position de force ''a lutté contre la corruption pour le bien du pays et celui du peuple algérien'' !

Les déballages sur la corruption consécutifs au Hirak sont largement suffisants pour prendre la mesure de l'état de putréfaction avancée d'une partie de la société algérienne.

Baha Eddine Tliba a avoué avoir payé son poste de député du FLN à coups de milliards qu'il a remis aux enfants du secrétaire général du Parti, Djamel Ould Abbes.
Le même Djamel Ould Abbes donnait des milliards de subventions en tant que ministre de la Solidarité nationale, qu'il percevait lui-même en tant que président d'associations ! Le ministre de la Solidarité nationale se transformant ainsi en ministre de la solidarité personnelle et familiale !
L'ex-Premier ministre Ahmed Ouyahia a avoué avoir vendu des lingots d'or sur le marché noir ; comme le ferait un délinquant notoire ou un parrain du Milieu !
M. Abdelghani Hamel a le temps et la concentration nécessaires pour assurer la direction générale de la Sûreté nationale – DGSN – tout en gérant simultanément plus d'une dizaine d'entreprises familiales.
Les sommes d'argent découvertes dans les comptes et les domiciles de certains prévenus donnent le tournis !
En raison des difficultés de collecte d'informations sur ce sujet, voici imparfaitement résumées, les principales affaires qui ont défrayé les chroniques judiciaires, selon les comptes-rendus de la presse parfois approximatifs. Les imprécisions n'altèrent cependant en rien le fond et l'ampleur des affaires de corruption en Algérie.

La condamnation d'hommes politiques

-Ahmed Ouyahia, ancien Premier ministre
Procès et condamnations
Corruption :
Usines de montage automobile : 15 ans de prison ferme.
Affaire SOVAC : 12 ans de prison ferme.
Affaire Haddad : 08 ans de prison ferme
Affaire Tahkout : 07 ans de prison ferme.
Affaire secteur touristique Skikkda : 07 de prison ferme.
Octroi de privilèges indus :
Affaire Groupe Condor : 05 ans de prison ferme
Affaire Groupe Benamor : 04 ans de prison ferme.

Irrégularités - marchés publics : 12 ans de prison ferme.
Saisie de ses biens en 2022.

-Abdelmalek Sellal, ancien Premier ministre
Procès et condamnations
Corruption :
Usines de montage automobile : 12 ans de prison ferme
Affaire Haddad : 08 ans de prison ferme.
Affaire Tahkout : 07 ans de prison ferme.
Affaire secteur touristique Skikda : 07 de prison ferme.
Octroi de privilèges indus :
Affaire Groupe Condor : 05 ans de prison ferme.
Affaire Groupe Amenhyd : 04 ans de prison ferme.
Affaire Groupe Métidji : 0 3 ans de prison ferme.
Irrégularités - marchés publics : 10 ans de prison ferme.
Saisie de ses biens en 2022.

-Noureddine Bedoui, ancien Premier ministre
Procès et condamnations
Irrégularités - marchés publics : 10 ans de prison ferme.
Affaire aérogare de Constantine : 04 ans de prison ferme.

-Abdeslam Bouchouareb, ancien ministre de l'Industrie en fuite à l'étranger
Affaire Khalifa : crédit de 12 millions de DA, non remboursé
Affaire Panama Papers : Propriétaire de la société offshore Royal Arrival Corp, domiciliée au Panama
Procès et condamnations
Corruption
Usines- montage automobile : 20 ans de prison ferme par contumace.
Affaire Groupe Sovac : 20 ans de prison ferme par contumace.
Affaire Haddad : 20 ans de prison ferme par contumace.
Irrégularités- marchés publics : 20 ans de prison ferme par contumace.
Un mandat d'arrêt international est lancé à son encontre.
Abdeslam Bouchouareb bat tous les records en totalisant à lui seul, 100 ans de prison.

-Djamel Ould Abbes, ancien ministre de la Solidarité nationale
Accusé d'avoir détourné 700 milliards ct.
Procès et condamnations
Détournement de fonds publics : 08 ans de prison ferme.
Amende : 04 millions DA.
Saisie de ses biens.
Son fils El Wafi Fouad, condamné par contumace à 10 ans de prison Ferme ; arrêté le 09 juin 2021 par Interpol au Venezuela et remis aux autorités algériennes.

-Amar Ghoul, ancien ministre des Travaux publics
Procès et condamnations
Corruption :
Affaire Haddad : 10 ans de prison ferme.
Affaire Tahkout : 03 ans de prison ramenés à 18 mois avec Sursis en Appel.
Affaire secteur touristique – Skikda : 03 ans de prison ferme.
Affaire autoroute est-ouest : 04 ans de prison ferme.
Irrégularités - marchés publics : 04 ans de prison ferme.
Confiscation de ses biens en 2022.

-Amara Benyounes, ancien ministre du Commerce
Procès et condamnations
Corruption
Affaire Ali Haddad : 03 ans de prison, réduite à 01 an en appel.

- Khalida Toumi – Messaoudi, ancienne ministre de la Culture
Procès et condamnations
Corruption : dilapidation de l'argent public, abus de fonction et octroi d'avantages indus à autrui : 06 ans de prison ferme ramenés à 04 ans de prison ferme en appel ;
et 200.000 DA d'amende.
Après cassation, la peine est ramenée à quatre ans de prison, dont deux ans et demi, ferme.
Liberté conditionnelle accordée en juillet 2022

-Tayeb Louh, ancien ministre de la Justice
Procès et condamnations
Abus de fonction, entrave au bon fonctionnement de la justice, incitation à la falsification de procès-verbaux officiels, incitation à la partialité : 06 ans de prison ferme, ramenés à 03 en appel.
Amende : 200 000 DA

-Abdelghani Zaâlane, ancien ministre des Travaux publics et des Transports
- Corruption - Procès et condamnations :
Affaire Haddad : 03 ans de prison ferme
Affaire Abdelghani Hamel : 03 ans de prison ferme + amende.
Affaire secteur touristique -Skikda : 03 ans de prison ferme.
Affaires Maya : 08 ans de prison ferme.

-Mohamed El Ghazi, ancien ministre du Travail, de l'Emploi et de la Sécurité sociale
Procès et condamnations
Dilapidation de l'argent public, utilisation illicite en sa faveur ou en faveur d'une tierce partie de biens publics ; abus de pouvoir et trafic d'influence ; affaire Maya : 10 ans de prison ferme.

-Youcef Yousfi, ancien ministre de l'Industrie et des Mines
Corruption - Procès et condamnations
Affaires des usines de montage automobile : 10 ans de prison ferme ramenés à 05 ans en appel.
Affaire Haddad : 02 ans de prison ferme.
Affaire Tahkout : 02 ans de prison ferme, ramenés à 18 mois avec sursis en appel.
Autre procès : 03 ans de prison ferme.
1 million de dinars d'amende.

-Saïd Barkat, ancien ministre de l'Agriculture et ancien ministre de la Santé et de la Solidarité.
Arrêté pour corruption et dilapidation présumées au ministère de la

Solidarité nationale, où plusieurs scandales de détournement de fonds ont éclaté ; il est poursuivi pour dilapidation de deniers publics, conclusion d'un marché en violation des dispositions législatives et réglementaires en vigueur, octroi d'indus avantages et abus de fonction.
Condamnation : 04 ans de prison ferme.

-Mahdjoub Bedda, ancien ministre des Relations avec le Parlement
Corruption : 10 ans de prison ferme, ramenés à 05 ans en appel ;
Affaire Haddad : 02 ans de prison ferme.

-Autres condamnations politiques
Saïd Bouteflika, frère et conseiller du président Abdelaziz Bouteflika ;
Mohamed Mediène, ex-Chef du renseignement ;
Athmane Tartag, ex-Coordinateur des services de sécurité à la présidence de la République ;
Louisa Hanoune, Présidente du Parti des Travailleurs ;
sont tous les quatre condamnés à 15 ans de prison ferme pour complot contre l'État et l'armée.

La condamnation de chefs de la Police et de la Gendarmerie nationales

-Abdelghani Hamel, ex-directeur général de la Sûreté nationale
Accusations : Activités illégales, trafic d'influence, détournement de foncier, mauvaise utilisation de la fonction, blanchiment d'argent et enrichissement illicite.
Condamnation : 15 ans de prison ferme + forte amende.
Condamnation de l'épouse : 02 ans de prison ferme.
Condamnation de ses 04 enfants : Amiar (08 ans de prison) ; Chafik (06 ans de prison) ; Mourad (05 ans de prison) ; Chahinaz (01 An de prison).
Affaire Maya : 10 ans de prison ferme.
En 2021, ses biens sont confisqués.

- Menad Nouba : ex-commandant de la Gendarmerie nationale condamné à 15 ans de prison ferme pour enrichissement illicite et abus de fonction.

- Ghali Belkecir ex-commandant de la Gendarmerie nationale (en fuite à l'étranger)

Accusé de détention d'informations et de documents confidentiels dans le but de les mettre à la disposition d'un agent d'un pays étranger et poursuivi dans des affaires de corruption, il est condamné à perpétuité par contumace.

La condamnation de généraux

Il y aurait selon les informations les plus mesurées, quelques dizaines de généraux et généraux-majors qui croupissent dans les prisons, principalement pour des faits de corruption et d'enrichissement illicite.

La condamnation d'hommes d'affaires

À partir de l'année 2000, avec l'arrivée d'Abdelaziz Bouteflika à la présidence de la République, l'État profond en Algérie est devenu bicéphale ayant une tête militaire et une tête oligarque.

Ces oligarques étaient dans les années 80 et 90 à la tête de petites entreprises familiales. À partir de l'année 2000, rejoints par d'autres, ils ont bénéficié de largesses, de passe-droits et de marchés publics très importants qui leur ont permis de changer de dimension et de statut. Les PME familiales devenant rapidement de grands groupes avec des fortunes colossales en Algérie et pour certains d'entre eux, des fortunes à l'étranger.

Les fortunes à l'étranger n'ont pu être constituées qu'en transférant par des procédés illégaux, des devises principalement vers l'Europe occidentale et les monarchies du Golfe.

Les oligarques financent illégalement à coups de milliards la campagne présidentielle d'Abdelaziz Bouteflika pour un 5e mandat, alors qu'il était dans l'incapacité totale d'assurer ses fonctions depuis un accident vasculaire cérébral en 2013.

Un 5e mandat pour un président très lourdement handicapé, assis sur un fauteuil roulant, voix éteinte, bras tendus, regard figé …! C'était la goutte qui a fait déborder le vase et mis le Hirak en branle et fait descendre dans les rues des centaines de milliers d'Algériens.
La suite, tout le monde la connaît : La tête militaire de l'État profond a coupé la tête oligarque et l'a jetée en prison, en même temps que des membres de l'État officiel, de l'État apparent.

- Ali Haddad

Il est PDG du groupe ETRHB Haddad (Entreprise de Travaux Routiers, Hydrauliques et Bâtiment).
À partir des années 2000, en raison de sa proximité avec le clan présidentiel, il obtient de nombreux chantiers très importants :
- Des trémies à Alger en association avec le groupe français Razel.
- Le tramway d'Alger en partenariat avec un Groupement dont ALSTOM est chef de file.
- L'autoroute est-ouest.
- La 2e rocade d'Alger.
- L'autoroute nord-sud.
- La cimenterie de Djelfa, en partenariat avec un groupe chinois.
- Le stade Abdelkader Khalef, en partenariat avec le groupe espagnol FCC Construction puis avec le groupe turc Mapa.
- La pénétrante de Djen-Djen, par un groupement algéro-italien (Rizzani de Eccher 48 % , ETRHB 47 % et Sapta 5 %) …

La diversification du groupe est lancée à partir de 2003
- Création de la filiale Bitumes et Pétroles Haddad – BPH – 2003.
- Lancement de la branche automobile, Savem Spa qui assure la distribution de Toyota (2006) et l'assemblage des camions Astra depuis 2018.
- Lancement de plusieurs médias, journaux et chaines de télévision, en arabe, en français et en kabyle.
- Rachat du club de football algérois, USM Alger.
- Construction d'un complexe hôtelier à Azeffoune, son village natal.
- Rachat à Barcelone de l'hôtel El Palace pour 80 millions d'euros.

Ali Haddad est arrêté aux environs de 3 h du matin, au poste-

frontière d'Oum Teboul, alors qu'il tentait de fuir vers la Tunisie.
Il avait sur lui un passeport britannique, des sommes d'argent en dollars et en euros.
Le 17 juin, il est condamné à six mois de prison ferme pour faux.
Le 10 décembre, il est condamné à sept ans de prison ferme dans l'affaire du financement de la campagne présidentielle de Bouteflika, peine ramenée à quatre ans en appel.
Le 1er juillet 2020, Ali Haddad est condamné à 18 ans de prison ferme et d'une amende de 8 millions de dinars algériens pour corruption.
Le tribunal de Sidi M'Hamed a ordonné la confiscation de tous ses biens en Algérie et à l'étranger, dont la société ETRHB Haddad, ses comptes en banque et ses immeubles.
Le 29 décembre 2021, il est condamné à 18 mois de prison pour faux et usage de faux dans une affaire de surfacturation et de perception d'indus avantages au port d'Oran.
Dans le financement de la campagne électorale en vue d'un cinquième mandat d'Abdelaziz Bouteflika, il est poursuivi pour « blanchiment d'argent et dissipation de produits de crime » et est à nouveau condamné le 6 juin 2022 à une peine de quatre ans de prison.
Dans l'affaire des Panama Papers, il est cité comme bénéficiaire économique d'une compagnie enregistrée par Mossack Fonseca en novembre 2004 aux Îles Vierges britanniques, Kingston Overseas Group Corporation (KOGC).

- Les frères Kouninef

Rédha Kouninef est Président-directeur général du groupe KouGC de 2004 à 2019, année de son arrestation.
KouGC est une entreprise du secteur du bâtiment et des travaux publics, spécialisée dans le génie civil et l'hydraulique.
Proche du Président et de son frère-conseiller, comme Ali Haddad, il bénéficie de marchés importants qui donnent une tout autre dimension à l'entreprise familiale créée par le père dans les années 1970.

Rédha Kouninef est arrêté en avril 2019 en même temps que ses frères, Abdelkader-Karim et Noah-Tarek.
Le 27 mai 2021, Rédha et ses frères sont condamnés pour trafic d'influence, blanchiment d'argent, perception d'indus avantages et financement occulte de la campagne électorale de Bouteflika.
Rédha est condamné à 16 ans de prison ferme ;
Noah-Tarek à 15 ans de prison ferme ;
et Abdelkader-Karim à 12 ans ferme.
En 2022, leurs biens sont confisqués.

- Mourad Oulmi, PDG du groupe Sovac-Algérie

SOVAC - SPA est un concessionnaire automobile, partenaire de Volkswagen AG et plus tard d'Audi, Seat, Škoda et Porsche.
SOVAC compte environ 90 concessions employant plus de 1 600 personnes. Fin novembre 2016, SOVAC a fondé la coentreprise SOVAC Production avec Volkswagen AG pour la production de véhicules.
Accusé de blanchiment d'argent, malversations et incitation d'agents publics à exploiter leur influence, la justice a condamné Mourad Oulmi à 10 ans de prison ferme.
Impliqué dans la même affaire :
Son frère Khidher a été condamné à 5 ans de prison ferme.
L'ancien Premier ministre, Ahmed Ouyahia à 10 ans de prison ferme.
L'ancien ministre de l'Industrie, Youcef Yousfi, à deux ans de prison, dont un avec sursis.
L'ancien PDG du Crédit populaire d'Algérie (CPA), Omar Boudiab est condamné à deux ans de prison ferme et un an avec sursis.

-Tahkout Mahieddine

Le groupe Tahkout est un groupe familial. Dans les années quatre-vingt, la fratrie investit en créant de petites entreprises dans le commerce alimentaire, la fabrication de chaussures, l'importation et la revente de pièces détachées automobiles et le transport public de voyageurs. Ayant bénéficié de facilités en contrepartie de versements de pots-de-vin, Mahieddine Tahkout et ses frères parviennent à constituer un grand groupe exerçant dans plusieurs branches et secteurs d'activité : commerce ; industrie plastique ; industrie pharmaceutique ; transport de voyageurs et d'étudiants ; transport de marchandises ; location de véhicules ; montage et concession automobile, distribuant notamment les marques Hyundai, Opel, Chevrolet, Suzuki, Fiat, Jeep et Alfa Romeo ; gardiennage ; chaîne de télévision ; immobilier à l'étranger …

La fratrie est arrêtée le 10 juin 2019 et placée en détention préventive pour les chefs d'inculpation suivants : corruption, transfert illégal d'argent vers l'étranger, déclarations mensongères, dissimulation de biens et produits tirés de crimes, entrave au bon cours de la justice en donnant de faux témoignages dans des crimes de corruption, entrave à l'avancement des enquêtes et exercice de pressions sur les administrateurs judiciaires nommés par la justice.

Jugés en juillet 2020, les peines prononcées contre les membres de la famille Tahkout sont les suivantes :

Tahkout Mahieddine condamné à 16 ans de prison ferme et une amende de 8 millions de DA.

Son fils, Tahkout Billel condamné à 7 ans de prison ferme et une amende de 8 millions de DA.

Son frère Hamid condamné à 7 ans de prison ferme et une amende de 8 millions de DA.

Son frère Rachid condamné à 7 ans de prison ferme et une amende de 8 millions de DA.

Son frère Nasser condamné à 3 ans de prison ferme et une amende 8 millions de DA.

Une amende de 32 millions de DA pour chacune des entreprises du groupe Tahkout.

Confiscation des biens et des comptes bancaires de la famille Tahkout.

D'autres hommes d'affaires sont condamnés pour des chefs d'inculpation identiques, sinon comparables aux précédents : corruption et/ou financement illégal de la campagne électorale d'Abdelaziz Bouteflika, transfert d'argent à l'étranger par des procédés illégaux… Il s'agit d'Ahmed Mazouz, Hassen Arbaoui, Mohamed Bairi, Hocine-Mansour Metidji, etc.

Arrêtons-nous un instant sur le cas d'Issad Rebrab qui présente des particularités.

- Le cas particulier d'Issad Rebrab

Issad Rebrab est PDG du groupe familial Cevital de 1998 à 2022. Il est l'homme le plus riche d'Algérie et la 7e fortune africaine.
Il est entré dans les affaires au début des années soixante-dix, d'abord comme associé dans une société de construction métallique.
En 1988, il crée Métalsider, une usine métallurgique qui marque le début de sa réussite.
En 1985, il crée la société Isla Mondial spécialisée dans la charcuterie Halal.
En 1992, il achète le journal Liberté, un quotidien francophone.
En 1998, il crée Cevital, un groupe constitué de 26 filiales dans plusieurs branches d'activité : Vente de véhicules, grande distribution, industrie du verre, logistique, matériaux de construction, agriculture, agroalimentaire (sucre, conserves, jus de fruits, huiles végétales, margarine), etc.
À partir de 2013, le groupe s'internationalise ; il achète Aluminium Alas en Espagne, Oxxo et Brant en France, les aciéries Lucchini de Piombino en Italie… Il a aujourd'hui plusieurs projets d'investissement en Amérique du Sud notamment au Brésil.
Arrêté et placé en détention provisoire le 22 avril 2019, il est condamné à 18 mois de prison dont six mois ferme, assortis d'une amende de 1,383 milliard de dinars soit un peu plus de 10 millions d'euros, pour infractions bancaires, douanières et fiscales.
Moins de dix jours après le décès du chef d'état-major de l'armée Ahmed Gaid Salah, il est libéré de prison.
En mai 2023, la justice algérienne lui interdit d'exercer toute fonction commerciale ou de gestion, PDG, administrateur ou gérant.
Issad Rebrab est cité dans l'affaire des Panama Papers comme ayant des comptes bancaires dans les paradis fiscaux.

Le cas d'Issad Rebrab présente au moins deux particularités :
- Il ne fait pas partie des oligarques proches de Bouteflika, bien qu'il soit arrêté et emprisonné au même temps qu'eux.
- À ses débuts, dans le contexte algérien, Issad Rebrab ne pouvait effectuer des opérations d'importation de grande ampleur, véhicules, rond à béton... sans qu'il ne soit parrainé par un Tout-Puissant, le nom du général Mohamed Mediène est souvent évoqué.

Ce dernier est tombé en disgrâce après qu'il ait remis un rapport au Président sur la corruption pratiquée par Chakib Khelil, ancien ministre de l'Énergie et ami personnel du président Bouteflika.

Par ailleurs, il aurait demandé au Président après son AVC en 2013 de ne pas se présenter pour un quatrième mandat et de préparer la succession.

La conséquence est évidente : Le général Mohamed Mediène est poussé à la retraite.

Issad Rebrab a par ailleurs sérieusement contrarié le chef d'état-major de l'armée, quand il a soutenu la candidature du général Ali Ghédiri à la présidence de la République pour les élections de décembre 2019.

Commence alors la série de blocages des investissements de Cevital puis l'emprisonnement de son PDG et l'interdiction pour lui d'exercer toute fonction commerciale et les fonctions de direction, d'administration et de gérant de société... Une sorte de retraite forcée comme son parrain ! N'est-ce pas ?

En Algérie, il y a une règle constante, quand le parrain tombe, les personnes qu'il a parrainées le suivent dans sa chute.

La perte de confiance : le délitement du lien entre le peuple et ses dirigeants

Alain Peyrefitte explique le développement des nations par la confiance ; confiance entre le chef d'entreprise et ses salariés, entre le professeur et ses élèves, entre le banquier et ses clients, entre le médecin et ses patients ... et entre les citoyens et leurs dirigeants.

En Algérie, en plus de la méfiance qui existe entre les Puissants eux-mêmes ; la perte de confiance des citoyens vis-à-vis de leurs dirigeants s'est installée progressivement après l'indépendance pour atteindre son point culminant dans la deuxième moitié des années 1980, depuis, aucune amélioration n'a été observée. Bien au contraire ! Pour l'opinion publique, tous les Puissants sont des voleurs ; tant pis, si on met dans le même sac ceux qui sont intègres, ils sont si peu nombreux !

Les freins culturels au développement

Le but ici, n'est pas d'identifier et de décrire notre passif culturel, mais de se limiter à deux éléments essentiels à nos yeux : l'arabisation mal conduite et l'islam radical.

L'arabisation mal conduite

Elle a une responsabilité majeure dans la dégradation du niveau intellectuel en Algérie.

Dès les premières années de son indépendance, l'Algérie qui se définit comme arabe et musulmane a fait appel à des enseignants du Moyen-Orient, en provenance principalement d'Egypte. Ces enseignants ne pouvant donner que ce qu'ils ont, ont formé une génération qui elle-même n'a transmis que ce qu'elle a reçu. Le résultat est que dans tous les classements Pisa, l'Algérie est systématiquement parmi les tout derniers de ''la classe''.

Dans l'enseignement supérieur, on est 'hors classement', la dégradation du niveau est effroyable, elle est très au-delà de tout ce qu'on peut imaginer !

Le déni de réalité n'efface pas la réalité ; refuser d'en prendre conscience est encore plus grave !

La langue française en Algérie est de moins en moins maîtrisée.

Le résultat final est que l'algérien est dans une situation où il ne maîtrise aucune langue.

Nous avons vu récemment, lors d'une visite de chantier, un entrepreneur chinois s'exprimer en arabe académique nettement mieux que le ministre algérien de l'Habitat, de l'Urbanisme et de la Ville.

Le site des équivalences des diplômes du ministère de l'Enseignement supérieur et de la Recherche scientifique est truffé de fautes de français. Nous ne sommes pas sur le site du ministère des Affaires religieuses ou des Anciens moudjahidines, des Anciens combattants ; non ! Nous sommes bien sur le site du ministère de l'Enseignement supérieur et de la Recherche scientifique !

Un expert-comptable diplômé[1], commissaire aux comptes ayant une vie d'expérience derrière lui, n'a pu écrire un livre de comptabilité où les phrases sont censées être élémentaires, qu'avec l'aide de son ancien professeur de français. Cela ne les a pas empêchés d'écrire des phrases telles que « le service qui s'occupe du juridique », au lieu de « service juridique » ; « frais d'approche » au lieu de « frais de transport » ou « frais de port », expression largement usitée en comptabilité, etc.

On dit souvent que la langue ne réfléchit pas ; mais on oublie d'indiquer qu'elle véhicule un état d'esprit, un degré d'exigence et de rigueur, une façon d'aborder les problèmes et de raisonner …, en un mot, elle véhicule une façon d'être et de faire, une culture.

Dans la perspective du remplacement de la langue française par la langue anglaise dans l'enseignement supérieur, nous nous permettons d'attirer l'attention des responsables, qu'en agissant dans la précipitation, ils s'apprêtent à commettre un autre désastre !

Qu'on opte pour le français ou l'anglais, voici la ligne directrice qui nous paraît pertinente :

Dans les disciplines scientifiques, il est souhaitable de dispenser 75 % des cours en français ou en anglais et 25 % en arabe.

Dans les disciplines littéraires, dispenser 75 % des cours en arabe et 25 % en français ou en anglais.

En agissant de la sorte, les étudiants algériens ont des chances appréciables de maîtriser les deux langues, la langue arabe et la langue scientifique choisie, anglais ou français. La langue arabe ne peut acquérir le statut de langue scientifique, que si les Arabes eux-mêmes entrent dans la cour des scientifiques de renommée mondiale.

---

[1] Rabah TAFIGHOULT – Le système comptable financier – 2015
- Voir les remerciements formulés dans le livre

La décision de remplacer le français par l'anglais est, de notre point de vue, inopportune ; si elle est maintenue, il est impératif de programmer l'opération sur une dizaine d'années de manière à ce qu'aussi bien les enseignants que les étudiants soient prêts ; sinon on donnerait le coup de grâce à la qualité de l'enseignement dans notre pays.
Dans l'histoire récente, la France et l'Allemagne se sont affrontées trois fois (1870, 1914 et 1940) ; cela ne les a pas empêchées de devenir des pays amis formant le ''couple franco-allemand'', véritable locomotive de la construction européenne.
Les Tout-Puissants en Algérie sont toujours en guerre contre la France et comptent le rester pour encore bien longtemps. Mais cela ne les empêche pas d'acheter des biens immobiliers, de placer leur argent, de se soigner, d'envoyer leurs enfants étudier... dans ce pays tant ''décrié et détesté''.
Si cette attitude est un message politique permanent destiné à «la consommation interne», l'irrespect pour la lucidité populaire atteint son paroxysme !

L'islam radical

La religion a toujours été mal enseignée dans notre pays, la preuve irréfutable est l'irruption des Groupes islamiques armés (GIA) dans la première moitié de la décennie 1990. Les GIA sont sortis de nos écoles, de nos mosquées, de nos quartiers... ; ils ne sont pas conçus dans les laboratoires de la CIA ou de la DST. Ils sont le fruit d'un cocktail explosif : l'Islam radical mélangé au sentiment d'injustice, de mépris et d'humiliation, dans un contexte de misère sociale et culturelle.
Depuis l'indépendance, le pouvoir en Algérie, par manque de lucidité teintée de calculs politiques, a opté pour la manipulation de la religion, plutôt que d'éduquer les générations nées après 1962 sur une pratique apaisée de l'islam, la tolérance, le respect de toutes les religions sans exception, la nécessité de séparer la politique de la religion, etc.

Autrement dit, plutôt que d'opter pour l'islam des lumières, il a opté pour l'islam des ténèbres.
L'État profond a tenté de maîtriser le risque islamiste en interdisant le Front islamique du salut, un parti islamiste radical et en créant d'autres partis islamistes à visages modernes, le Mouvement de la société pour la paix (MSP), le Mouvement El bina issu du MSP lui-même, pour l'empêcher de prendre une dimension ingérable ...

Les préoccupations des républiques islamistes sont principalement les suivantes :
- L'au-delà, ou précisément la prédominance de l'au-delà sur la vie.
- La femme, comment l'enfermer et comment elle doit s'habiller.
- Et l'application de la charia de manière plus générale.

On voit bien que ces préoccupations sont à l'opposé de la recherche du bien-être de la nation : éducation, santé, logement, emploi, niveau de vie, progrès social…

Les Talibans en Afghanistan ne se soucient pas de la famine et des parents qui parfois sont contraints de vendre un de leurs enfants pour pouvoir nourrir ceux qui restent ! Leur préoccupation majeure est que les cheveux de la femme ne dépassent pas d'un dixième de millimètre le foulard qu'elle porte sur la tête… Dommage que le bon Dieu ait décidé de garder le silence jusqu'au jour du jugement dernier !
La situation de l'Algérie est heureusement différente ; les paysagistes politiques de l'État profond arrivent à gérer tant bien que mal le péril islamiste. Il n'en demeure pas moins que l'islam radical contient dans son essence même, des freins au développement.
Nous avons évoqué précédemment l'impossibilité pour l'Algérie de développer le tourisme récepteur de masse en direction des grands pays émetteurs. Dans les quartiers populaires et les banlieues des grandes villes, dans certaines régions de l'Algérie profonde, le risque d'être agressées pour les femmes habillées en tenues occidentales est très élevé. La Tunisie et le Maroc ne connaissent pas ce phénomène.
L'importance donnée à l'au-delà au détriment de la vie, qui s'exprime par un état d'esprit défavorable à la modernité et au progrès social, est incontestablement un frein qui handicape très sérieusement le développement des pays où l'islam radical prédomine.

En raison de l'image que les islamistes donnent d'eux, on a beaucoup de mal à les imaginer aux commandes d'une navette spatiale ou à la place de Bill Gates, Steve Jobs ou Mark Zuckerberg.
L'esprit d'un islamiste n'est pas dans l'innovation et le progrès, il est ailleurs : prier, exercer une activité commerciale, gérer quatre épouses et entretenir quatre familles nombreuses en cas de polygamie.

L'opacité du système d'information

Le système d'information est l'un des critères de distinction des pays développés et des pays sous-développés.
Les chercheurs confrontés à la recherche d'informations connaissent bien ce phénomène.
Dans les pays développés, l'information est un outil de compréhension, de réflexion et d'action. Pour remplir ces trois fonctions, elle est à la fois générale, actuelle et fiable.
Générale, parce qu'elle concerne tous les secteurs et branches d'activité.
Actuelle, parce que l'information est actualisée périodiquement.
Fiable, parce qu'elle est exacte et précise.
Dans un pays sous–développé comme le nôtre, l'information est souvent partielle ou inexistante, inactuelle et peu fiable.
Le professeur Abdellatif Benachenhou, dans ses différentes interventions publiques, évoque souvent cette question en s'empressant toujours de préciser par intérêt que la faute n'incombe pas au directeur de l'Office national des statistiques – ONS – mais aux différents producteurs primaires de l'information : administrations, entreprises...
La réalité est plus inquiétante que cela, en vérité le directeur de l'ONS produit l'information qu'on lui demande de produire.
Comment se fait-il que plus de 60 ans après l'indépendance, on soit dans cette situation, dans un domaine où il n'y a nullement besoin de transfert technologique ?
Les indicateurs de conjoncture en Algérie qui figurent à l'introduction de ce chapitre sont tirés du site de la Direction générale du Trésor de la République française !

Faites l'expérience de vous présenter devant le portail de l'ONS avec, sous le bras, la constitution de 2020 et son article 55 qui stipule que «Tout citoyen dispose du droit d'accès et d'obtention des informations et documents statistiques… », vous verrez le résultat !
Si vous exposez vos difficultés à l'une de vos connaissances bien placées, à coup sûr, elle vous dira : « Je t'envoie chez un ami… » ;
et l'ami en question va avoir peur de se retrouver en prison pour «divulgation d'informations sensibles pouvant porter atteinte au moral de l'armée, à la sécurité nationale, intelligence économique avec l'ennemi… ».
Voici ce qu'écrivent Lahcen Abdelmalki et Patrick Mundler[1] à ce sujet :
«…La proximité entre faits statistiques et contrôle politique conduit à l'appauvrissement volontaire des indicateurs censés mesurer le développement ; seul un assouplissement des contraintes politiques peut faire jouer à l'information un rôle de facteur de développement ».

SECTION II - LE RUISSELLEMENT DU DÉVELOPPEMENT : UNE CHANCE POUR LE TIERS-MONDE

La théorie du ruissellement économique est une théorie qui défend l'idée selon laquelle la politique qui favorise les revenus des plus riches notamment par les réductions d'impôts profite à l'économie dans son ensemble, car les revenus non prélevés par le fisc seraient réinvestis dans l'économie et engendreraient plus de croissance, plus d'emplois et plus de recettes fiscales qui profiteraient aux classes défavorisées.
La théorie du ruissellement est difficile à défendre en économie à défaut d'études sérieuses qui confirmeraient sa réalité ; en revanche, elle est de notre point de vue, parfaitement adaptée à la question du développement.

[1] Économie du développement -Hachette supérieur – 1995 - page 55

I - LA THÉORIE DU RUISSELLEMENT DU DÉVELOPPEMENT

Les pays du Nord se développent ; ceux du Sud sont coincés dans le sous-développement. Ni les transferts technologiques, ni les théories et modèles de développement n'ont su leur indiquer la voie à même de leur permettre de sortir de la pauvreté ou de l'extrême pauvreté pour les pays non dotés de richesses naturelles.
Heureusement que le développement des pays du Nord ruisselle sur les pays du Sud : l'électricité, les véhicules, les téléviseurs, les ordinateurs, les téléphones portables, Internet, les machines à laver, les réfrigérateurs, les lave-vaisselle... L'échographie, le scanner, l'IRM, les vaccins, les médicaments... les machines et les équipements de production... utilisés dans les pays du tiers-monde sont inventés, conçus et fabriqués par les pays du Nord.
Ce ruissellement est involontaire, il est lié à l'interdépendance des économies, au commerce international et à la nature même du marché qui sans cesse, cherche à s'agrandir dans le but de maximiser les profits des entrepreneurs.
Ainsi, le relatif développement que nous connaissons dans les pays du Sud se fait malgré nous, parce qu'il vient d'ailleurs et nous tombe sur la tête, à défaut de sortir de nos têtes !
Dans le chapitre suivant, nous allons proposer un modèle de développement basé sur l'intelligence, sur la maîtrise des savoirs et savoir-faire.

Les critiques adressées aux pays riches par les pays pauvres et les économistes du tiers-monde devraient être atténuées en exprimant reconnaissance, respect et admiration à tous ces inventeurs occidentaux qui ont permis à l'humanité d'accéder au progrès social que nous connaissons aujourd'hui ; même s'il est vrai qu'une bonne partie de l'humanité n'en bénéficie pas encore et que certaines inventions sont destructrices, comme l'est l'arme nucléaire par exemple, mais que voulez- vous ... ? L'humanité est ainsi faite !

Rostow se trompe quand il pense que le développement est une question d'étapes que tous les pays traverseront systématiquement l'une après l'autre au fil du temps.

Ce modèle ignore les facteurs imprévisibles tels que l'irruption des Talibans en Afghanistan qui risque de rendre le sous-développement éternel.

À la différence de la notion de croissance qui est purement quantitative, la notion de développement intègre des aspects qualitatifs, c'est précisément pour cette raison que nous allons illustrer le ruissellement du développement par les biens et services qui nous viennent des pays développés et qui ont un impact direct sur notre vie de tous les jours.

II - AUX ORIGINES DES BIENS ET SERVICES DE CONSOMMATION DURABLES

Les biens et services de consommation durables sont depuis longtemps considérés comme des indicateurs de développement.
Pour mesurer le degré de développement des pays du tiers-monde, on établit des statistiques sur le nombre de véhicules, de téléviseurs, de téléphones… par foyer ; le nombre de médecins, de chirurgiens de dentistes… par habitant, etc.
Nous allons aborder ces deux catégories de biens et services dans deux points successifs A et B ; puis, dans le point C, nous présenterons un tableau qui montre que les inventions qu'a connues l'humanité depuis 1600 sont le fait d'inventeurs occidentaux.

A- L'INVENTION DES BIENS DE CONSOMMATION DURABLES

- L'invention de la voiture et son évolution

Date	Invention	Inventeur	Nationalité
XVII siècle	Premier engin capable de se déplacer par lui-même ; équipé d'une roue principale, de petites roues et d'une bouilloire rattachée à un petit four.	Ferdinand Verbiest	hollandaise
1769	Fardier à vapeur, ne disposant ni de freins, ni de direction, causant plusieurs accidents, tomba vite en désuétude	Joseph Cugnot	française
1801	Automobile à vapeur	Richard Trevithick Amédée Bolée	anglaise française
1885	Voiture dotée d'un moteur à explosion ; 1re voiture de l'histoire.	Carl Benz, fondateur de Benz & Cie. qui deviendra Mercedes-Benz	allemande
>1900	Plusieurs modèles de véhicules	Plusieurs constructeurs	(Occident*)
>2000	Voiture du futur : voitures électriques, autonomes, connectées, volantes …	pays occidentaux + Chine	(Occident) + Chine

*l'Occident – qui n'est pas une nationalité- intègre naturellement le Japon mais aussi les Nouveaux pays industrialisés, notamment la Corée du Sud.

- L’invention de la machine à laver et son évolution

Date	Invention	Inventeur	Nationalité
1765	Machine à laver	Jacob Christian Schäffer	allemande
1843	Laveuse à rouleaux	John E. Turnbull	canadienne
1851	Machine à laver à tambour	Jams King	américaine
1866	Machines à laver mécanique à manivelles.	----	britannique
1870	Machine à laver à vapeur	François Proust	française
1898	Machine à laver, la ‘‘Barboteuse’’	Flandria	française
1910	Machine à laver à moteur électrique	Alva John Fisher	américaine
1937	Machine à laver multifonctions	John Chamberlain	américaine
1937	Machine à laver semi-automatique	Rudique	américaine
1960	Machines à laver - essorage force centrifuge -	Marque Laden	française
1980/ 1990	Concurrence : Fabrication de plusieurs modèles plus performants	Plusieurs fabricants	Occident
Fin années 1990	Lave-linge à deux cylindres	James Dyson	anglaise
Années 2000	Lave-linge avec programmateur électronique et écran LCD ; optimisation de la consommation d’eau et d’énergie ; design, série d’options…	Plusieurs fabricants	Occident+ Chine +…
Futur	Lave-linge sans eau ni détergent, qui trie le linge, qui le repasse …	Plusieurs fabricants	Occident + Chine+…

- L'invention de la télévision et son évolution

Voici le long chemin des découvertes qui ont abouti à l'invention de la télévision et les étapes importantes de son évolution.

Date	Invention	Inventeur	Nationalité
1862	Pantélégraphe qui permet une transmission d'images fixes par fil.	Caselli Giovanni	italienne
1880	Appareil téléphonique qui transmet images et sons	Alexander Graham Bell - Thomas Edison	britannique américaine
1906	Premier système de télévision mécanique	Boris Rosing	russe
1907	Système de télévision électronique	Campbell-Swinton et Boris Rosing	anglaise russe
1923	L'iconoscope et le kinescope qui permettent de visualiser les images	Vladimir Zworkin	russe
	La télévision mécanique		
1924	Système mécanique basé sur le disque de Nipkow : transmission d'images animées	John Baird	britannique
1924	Système de télévision couleur **La télévision électronique**	Vladimir Zworkin	russe
1927	Première démonstration de la télévision électronique.	Philo Taylor Farnsworth	américaine
1929	Système électronique pour la transmission et la réception des images en utilisant le nouveau tube kinescope.	Vladimir Zworkin	russe
1930	Diffusion du premier commercial à la télévision	Charles Jenkins	américaine

1953	1ère diffusion de la télévision couleur basée sur un système créé par les laboratoires RCA	laboratoires RCA	américaine
	La télévision numérique		
1990	Formatage numérique		
1998	Arrivée des Téléviseurs HD		
2007	Les lecteurs Blu-Ray envahissent le marché		
2009	Le format analogique disparait aux USA ; place au format numérique		
>2010	Apparition des téléviseurs HD à D.E.L. ; Smart TV ; téléviseurs 3D ; téléviseurs incurvés ; téléviseurs OLED ; téléviseurs QLED et Neo QLED, qui donnent une image très claire de nuit comme de jour. **La télévision intelligente** téléviseur doté de fonctions Internet interactives intégrées. **La télévision de demain** Des Télévisions qui se fondent dans le décor ; des écrans toujours plus fins ; des télévisions transparentes et invisibles qui ressemblent à une vitrine qui, en quelques secondes deviennent opaques et s'affichent en full HD. Le laser TV. ayant recours à la technologie laser à courte focale projetant des images en ultra haute définition sur le mur à une très faible distance …		

- **L'invention du réfrigérateur et son évolution**

Date	Invention	Inventeur	Nationalité
1720 et 1748	Refroidissement par évaporation	William Cullen	britannique
1805	Construction de la 1ère machine de réfrigération par évaporation	Oliver Evans	américaine
1820	Utilisation de l'ammoniac liquéfié pour provoquer le refroidissement	Michael Faraday	anglaise
1835	Compression de vapeur, utilisant de l'ammoniac liquide, "père du réfrigérateur"	Jacob Perkins	américaine
1842	Machine de création artificielle de glace (Brevet 1851)	John Gorrie	américaine
1859	Réfrigérateur utilisant un mélange d'ammoniac et d'eau	Ferdinand Carré	française
1873 1876	Réfrigérateur à compresseur portable utilisant de l'éther méthylique puis de l'ammoniac	Carl von Linde	allemande
1899	Premier réfrigérateur mécanique	Albert T. Marshall	américaine
1922	Réfrigérateur à absorption de gaz qui produit du froid à partir du gaz ou de l'électricité	Balzar Von Platen	suédoise
1930	réfrigérateur respectueux de l'environnement, ne comportant aucune pièce mobile et ne dépendant pas de l'électricité	Albert Einstein	allemande puis suisse et américaine
> 1930	Début de la production de masse	Constructeurs	Occident
> 1945	Essor du réfrigérateur	Constructeurs	Occident
Années 1960 2000	Evolution des téchnologies et améliorations diverses	Constructeurs	Occident +Chine

	Le réfrigérateur du futur Frigo connecté géant ayant un air futuriste ; équipé de caméras pour détecter les aliments proches de la date de péremption, inventaire de ce qui reste en réserve … écran tactile, informations (météo, recettes, agenda…), musique à volonté (via Pandora ou TuneIn), application pour commander des courses par carte bleue …		Occident +Chine

- **L'invention du lave-vaisselle et son évolution**

Date	Invention	Inventeur	Nationalité
1850	Machine mécanique en bois destinée au lavage de la vaisselle	Joel Houghton	américaine
-	Un nouvel ancêtre du lave-vaisselle	Eugène Daquin	française
1886	Ancêtre direct des lave-vaisselle contemporains, équipé d'un moteur permettant de mettre la vaisselle en mouvement tandis que l'eau est projetée.	Josephine Cochrane	américaine
1913	Invention du premier lave-vaisselle électrique	les frères Walker	
1924	Introduction dans l'appareil, de bras rotatifs permettant d'asperger énergiquement la vaisselle.	William Howard Livens	britannique
	Automatisation et démocratisation		

1930	Le géant General Electric rachète l'entreprise des frères Walker et lance deux ans plus tard, son premier lave- vaisselle électrique. C'est aussi en 1932 que le détergent Calgon voit le jour.	Fabricant	américaine
1940 - 1950	Des évolutions notables apparaissent : Compacité de la machine, automatisation, séchage de la vaisselle…		
	Lave-vaisselle d'aujourd'hui		
	Critères de différenciation : taille, esthétique, nombre de couverts, niveau sonore, classe énergétique, consommation d'eau, rapidité, options proposées comme la possibilité de programmer un départ différé …	Fabricants	Occident +Chine
	Lave-vaisselle de demain		
	Objet connecté et intelligent, relié à d'autres accessoires ; il devra aussi s'adapter aux préoccupations du nouveau millénaire, la préservation des ressources naturelles et de l'environnement.	Plusieurs fabricants	Occident +Chine

- **L'invention du téléphone et son évolution**

Date	Invention	Inventeur	Nationalité
1854	Idée de transmettre la parole par l'électricité	Charles Bourseul	française
1860	Mise au point d'un appareil baptisé téléphone qui permet de transmettre à distance les sons et les voix, grâce à un courant électrique	Johann Philipp Reis	allemande
1871	Premier dépôt de brevet de l'invention du téléphone. N'ayant pas les moyens financiers de le prolonger, l'auteur le laisse expirer en 1874.	Antonio Meucci	italienne
1876	Invention du téléphone	Graham Bell	écossaise canadienne puis US
1877	Le phonographe, le premier appareil capable d'enregistrer et de reproduire des sons	Thomas Edison	américaine
1878	Améliorations décisives du microphone qui sert à transmettre la voix.	David Hugues et Thomas Edison	anglo-américaine américaine
1973	Invention du téléphone portable	Martin Cooper	américaine
1994	Invention du Smartphone	IBM	américaine
2007	Lancement du 1er iPhone à écran tactile	Apple	américaine

	Le smartphone du futur Bracelet intelligent. Écran flexible. 3D et hologrammes. Authentification grâce à la rétine de l'œil (ou la voix). 5G avec une vitesse maximale 10 Go/s. Batterie illimitée. Écran transflectif qui permet une lisibilité quand l'écran est exposé à une forte lumière.	Fabricants	Occident +Chine + …

- L'invention de l'ordinateur et son évolution

Date	Invention	Inventeur	Nationalité
19e siècle	**Ère des pionniers en informatique** : début des machines de calcul		
1801	Cartes perforées utilisées dans les métiers à tisser	Joseph-Marie Jacquard,	française
1821	Machine à calculer à vapeur capable de calculer des tables de nombres	Charles Babbage	anglaise
1848	Ecriture du premier programme informatique	Ada Lovelace	anglaise
1853	Invention de la première calculatrice d'impression	Per Georg Scheutz et son fils Edvard	suédoise
1890	Conception d'un système de cartes perforées à des fins de recensement -USA	Herman Hollerith	américaine
//	Invention et fabrication de l' analyseur différentiel, le 1er ordinateur analogique mécanique polyvalent automatique.	MIT Vannevar Bush	américaine

1936	Invention de la machine de Turing capable de calculer tout ce qui est calculable. Idée à la base de l'ordinateur moderne	Alan Turing	britannique
1937	Proposition de subventions pour construire le premier ordinateur exclusivement électrique	John Vincent Atanasoff	américaine
1939	Fondation de Hewlett Packard Company à Palo Alto.	David Packard et Bill Hewlett	américaine
1941	Construction de Z3, le premier ordinateur numérique au monde	Konrad Zuse	allemande
//	Conception du premier ordinateur électronique numérique aux États-Unis, appelé Atanasoff-Berry Computer (ABC)	John Vincent Atanasoff et son étudiant diplômé, Clifford Berry	américaine
1945	Construction de l'intégrateur et calculateur numérique électronique (ENIAC) ; premier ordinateur numérique automatique, polyvalent, électronique et décimal	John Mauchly et J.Presper Eckert	américaine
1947	Invention du transistor par les Laboratoires Bell.	William Shockley, John Bardeen et Walter Brattain	américaine
1949	Invention de la calculatrice électronique automatique à mémoire de retard (EDSAC), premier ordinateur pratique à programme enregistré	Université de Cambridge	britannique
1954	Langage de programmation FORTRAN	John Backus et son équipe -IBM-	américaine

1958	Invention du circuit intégré, connu sous le nom de puce informatique	Jack Kilby et Robert Noyce	américaine
1968	Présentation d'un prototype de l'ordinateur moderne. **Ère de la micro-informatique**.	Douglas Engelbart	américaine
1969	Production d'UNIX, un système d'exploitation	Ken Thompson, Dennis Ritchie	américaine
1970	La société Intel nouvellement créée dévoile l'Intel 1103, première puce de mémoire vive dynamique (DRAM).	Intel	américaine
1971	Invention de la "disquette", qui permet le partage de données entre différents ordinateurs.	IBM	américaine
1972	Première console de jeu domestique au monde	Ralph Baer	germano-américaine
1973	Invention d'Ethernet pour connecter plusieurs ordinateurs et autres matériels	Robert Metcalfe de Xerox	américaine
1974	Lancement sur le marché des ordinateurs domestiques équipés d'un microprocesseur 8 bits 6502 de MOS. Technology, qui contrôle l'écran, le clavier et le lecteur de cassettes.	Commodore Personal Electronic Transactor (PET),	américaine

1975	Paul Allen et Bill Gates, proposent d'écrire des logiciels pour l'Altair, en utilisant le nouveau langage BASIC ; après le succès de cette première tentative, les deux amis d'enfance créent leur propre société de logiciels, Microsoft	Paul Allen et Bill Gates	américaine
1976	Fondation d'Apple Computer et présentation d'Apple I, le premier ordinateur doté d'une carte à circuit unique et d'une mémoire ROM (Read Only Memory).	Steve Jobs et Steve Wozniak	américaine
1977	Production de 3 000 ordinateurs TRS-80 Model 1 - surnommés Trash 80 et Présentation d'Apple II	Fabricants	américaine
1979	Lancement de WordStar, premier traitement de texte commercial.	MicroPro International de Seymour Rubenstein	américaine
1981	Mise sur le marché du premier ordinateur personnel d'IBM.	IBM	américaine
1983	Lancement du premier ordinateur personnel doté d'une interface graphique.	L'Apple Lisa « Fille de Steve Jobs »	américaine
1984	Lancement du Macintosh d'Apple.	Apple	américaine
1985	Lancement de Windows	Microsoft	américaine

1989	World Wide Web. détaille ses idées pour le langage de balisage hypertexte HTML, les éléments constitutifs du Web.	Tim Berners-Lee	britannique
	Ère nano informatique		
1993	Le microprocesseur Pentium permet de faire progresser l'utilisation des graphiques et de la musique sur les PC.	Intel	américaine
1996	Lancement du moteur de recherche Google – Université de Stanford	Sergey Brin et Larry Page	américaine
1999	Lancement du Wi-Fi, terme abrégé de "wireless fidelity" (fidélité sans fil).	Association professionnelle IEEE	
2003	Lancement d'Athlon 64 d'AMD, le premier processeur 64 bits pour ordinateurs personnels.	Advanced Micro Devices (AMD)	américaine
2004	Lancement de Mozilla Firefox 1.0 navigateur Web lancé à Internet Explorer de Microsoft.	Mozilla Corporation	américaine
2005	Rachat d'Android par Google.	Startup	américaine
2006	Lancement de Mac-Book Pro d'Apple. Le Pro est le premier ordinateur mobile à double cœur basé sur Intel.	Apple	américaine
2009	Lancement de Windows 7.	Microsoft	américaine
2010	Lancement de L'iPad, la tablette portable phare d'Apple.	Apple	américaine

2011	Lancement par Google de Chromebook, qui fonctionne sous Google Chrome OS.	Google	américaine
2015	Apple lance l'Apple Watch.	Apple	américaine
//	Microsoft lance Windows 10	Microsoft	américaine
2016	Lancement du premier ordinateur quantique reprogrammable.	Shantanu Debnath	américaine
2017	La Defense Advanced Research Projects Agency (DARPA) développe un nouveau programme d'"informatique moléculaire" qui utilise les molécules comme des ordinateurs.	Agence département de la défense USA	Américaine
	Ordinateur du futur		
	Ecran tactile, reconnaissance biométrique, batteries longue durée, meilleure connectivité au smartphone. L'IA, toujours plus présente ..... Ordinateur quantique ; à ADN, optique, neuronal, ...	Fabricants	Occident +Chine + ...

*Tableaux élaborés par nos soins

B- LA SANTÉ : LES AUTEURS DES INVENTIONS IMPORTANTES DANS LE DOMAINE MÉDICAL

Année	Avancée médicale	Auteur	Nationalité
420 avant J.- C	Traités et serment d'Hippocrate	Hippocrate	grecque
1451	Invention des lentilles concaves pour traiter la myopie	Nicolas de Cues	allemande
1628	Explication du système circulatoire et de la structure du cœur	William Harvey	anglaise
1665	Première injection intraveineuse	John Elsholz	---
1714	Thermomètre à mercure	Gabriel Fahrenheit	allemande
1796	Premier vaccin efficace contre la variole ; généralisé à partir de 1798	Edward Jenner	britannique
1800	Propriétés anesthésiques du protoxyde d'azote	Humphry Davy	britannique
1804	Découverte de la morphine	Friedrich Sertürner	allemande
1816	Invention du stéthoscope	René Laennec	française
1839	La théorie cellulaire	Rudolf Virchow	allemande
1842	Première opération chirurgicale sous anesthésie	Crawford Long	américaine
1865	Début de l'étude de la génétique	Gregor Mendel	autrichienne
1868	Découverte de la gastroscopie	Adolf Kussmaul	allemande
1869	Découverte de l'ADN	Friedrich Miescher	suisse
1870	Théorie microbienne des maladies infectieuses	Louis Pasteur et Robert Koch	française allemande
1875	Electroencéphalogramme EEG	Richard Caton	britannique
1877	Découverte du paracétamol	Harmon Northrop Morse	américaine

1883	Vaccin contre le choléra	Robert Koch	allemande
1885	Vaccin contre la rage	Louis Pasteur	française
1887	Electrocardiogramme ECG	Augustus Waller	britannique
1888	Prémisses de la doctrine du neurone	Santiago Ramón y Cajal	espagnole
1894	vaccin contre la peste	Alexandre Yersin	suisse
1895	Découverte des rayons X	Wilhelm Röntgen	allemande
1896	Découverte de la radioactivité	Henri Becquerel	française
1896	Première expérience de radiothérapie contre un cancer	Victor Despeignes	française
1896	Brassard qui mesure la pression artérielle	Scipione Riva-Rocci	italienne
1897	Découverte de l'aspirine	Felix Hoffmann	allemande
1906	Description des vitamines et leur carence comme cause de maladies	Frederick Gowland Hopkins	britannique
1910	Démonstration que les gènes résident dans les chromosomes	Thomas Hunt Morgan	américaine
Années 1920	Découverte de l'insuline	Frederick Banting et Charles Best	canadienne
1921	Invention de l'anesthésie péridurale	Fidel Pagés Miravé	espagnole
1923	Vaccin contre la diphtérie	Gaston Ramon	française
1925	Vaccin contre le tétanos	Gaston Ramon	française
1926	Invention du Pacemaker	Mark C. Hill Edgar H. Booth	australienne
1927	Vaccin contre la tuberculose	Camille Guérin +Albert Calmette	française
1928	Découverte de la pénicilline	Alexander Fleming	britannique

1933	Démonstration que l'ADN se trouve dans les chromosomes et que l'ARN est présent dans le cytoplasme de toutes les cellules	Jean Brachet	belge
1937	Première banque de sang	Bernard Fantus	américaine
Années 1940	Chimiothérapie moderne	Sidney Farber Paul Ehrlich	américaine allemande
1942	Invention de la pénicilline	Alexander Fleming	britannique
1943	Invention de la machine à dialyse	Willem Kolff	holandaise
1944/45	Premier vaccin antigrippal à grande échelle	Jonas Salk	américaine
1947	Invention du défibrillateur cardiaque	James Rand	américaine
1953	Découverte de la structure moléculaire de l'ADN	Francis Crick James D. Watson Rosalind Franklin	britannique américaine britannique
1954	Première greffe d'organe (rein)	Joseph E. Murray	américaine
1955	Découverte du vaccin contre la polio	Jonas Salk	américaine
1956	Découverte de la pilule	Gregory Pincus	américaine
1957	Invention de l'échographie	Tom Brown + Ian Donald	britannique
1960	Invention du Laser	Théodore Maiman	américaine
1967	Première transplantation cardiaque	Christian Barnard et son équipe	sud-africaine d'origine hollandaise
1972	Invention du scanner médical	Godfrey Hounsfield	britannique
1973	Première image IRM	P. Lauterbur	australienne
1977	Premier scanner cérébral	Godfrey Hounsfield	britannique

1978	Premier bébé-éprouvette	Robert Edwards et Patrick Steptoe	britannique
1983	Laser pour la chirurgie oculaire	José Barraquer	espagnole
1987	Traitement contre le Sida	Jacques Leibowitch	française
2015	Premier cœur artificiel sur l'homme	William DeVries	américaine

*Tableau élaboré par nos soins.

C- Les grandes inventions depuis 1600 par nationalité

(Source : Cours de technologie – ministère de l'Éducation – France)

Sur 262 inventeurs mentionnés dans le tableau ci-après, la colonne de droite montre qu'il y a : 109 américains, 55 français, 44 britanniques, 29 allemands, 06 italiens, 06 suisses, 05 hollandais et 03 suédois. Les autres pays, Danemark, Japon, Autriche, URSS, Afrique du Sud, comptent chacun 01 inventeur.
260 inventeurs sur 262 sont occidentaux, soit plus de 99 %.

DATE	INVENTION / DÉCOUVERTE	INVENTEUR / DÉCOUVREUR	NATIONALITÉ
1608	Lunette astronomique	Hans Lippershey	néerlandaise
1625	Transfusion sanguine	Jean-Baptiste Denys	française
1629	Turbine à vapeur	Giovanni Branca	italienne
1642	Machine à additionner	Blaise Pascal	française
1643	Baromètre	Evangelista Torricelli	italienne
1650	Pompe à air	Otto von Guericke	allemande
1656	Balancier d'horloge	Christiaan Huygens	néerlandaise
1670	Balance à plateaux découverts	Gilles Personne de Roberval	française
1671	Machine à calculer	Gottfried Wilhelm Leibniz	allemande

1687	Principe d'une machine à vapeur à piston	Denis Papin	française
1698	Pompe à vapeur	Thomas Savery	anglaise
1701	Semoir	Jethro Tull	anglaise
1710	Piano forte	Bartolomeo Cristofori	italienne
1712	Machine à vapeur	Thomas Newcomen	britannique
1714	Thermomètre à mercure	Daniel Gabriel Fahrenheit	allemande
1717	Cloche de plongée	Edmund Halley	britannique
1725	Clichage	William Ged	britannique
1745	Bouteille de Leyde (condensateur)	Ewald Jürgen von Kleist	allemande
1752	Paratonnerre	Benjamin Franklin	américaine
1769	Métier à filer (hydraulique)	Richard Arkwright	britannique
1770	Automobile	Joseph Cugnot	française
1775	Sous-marin	David Bushnell	américaine
1780	Lentille bifocale	Benjamin Franklin	américaine
1783	Bateau à vapeur	Claude Fr. Jouffroy d'Abbans	française
1783	Aérostat	Joseph et Étienne de Montgolfier	française
1784	Batteuse	Andrew Meikle	britannique
1785	Métier à tisser mécanique	Edmund Cartwright	britannique
1786	Bateau à vapeur	John Fitch	américaine
1791	Turbine à gaz	John Barber	britannique
1792	Gaz d'éclairage	William Murdock	britannique
1793	Egreneuse	Eli Whitney	américaine
1794	Télégraphie aérienne	Claude Chappe	française
1795	Presse hydraulique	Joseph Bramah	britannique
1796	Lithographie	Aloys Senefelder	allemande
1796	Vaccin contre la variole	Edward Jenner	britannique

1800	Métier à tisser Jacquard	Joseph Marie Jacquard	française
1800	Pile électrique	Alessandro Volta	italienne
1804	Hélice	John Stevens	américaine
1805	Placage des métaux	Luigi Gasparo Brugnatelli	italienne
1810	Conserves alimentaires	Nicolas Appert	française
1810	Presse typographique à vapeur	Frederick König	allemande
1810	Machine à filer le lin	Philippe de Girard	française
1814	Locomotive	George Stephenson	britannique
1815	Lampe de sûreté	Humphry Davy	britannique
1816	Photographie	Nicéphore Niépce	française
1819	Stéthoscope	Théophile Hyacinthe Laennec	française
1820	Hygromètre	John Frederic Daniell	britannique
1820	Galvanomètre	Johann Salomo Christoph Schweigger	allemande
1821	Lentille à échelon	Augustin Fresnel	française
1821	Moteur électrique	Michael Faraday	britannique
1823	Electroaimant	William Sturgeon	britannique
1829	Machine à écrire	W. A. Burt	américaine
1829	Pile photovoltaïque	Antoine Becquerel	française
1829	Système Braille	Louis Braille	française
1830	Machine à coudre	Barthélemy Thimonnier	française
1831	Allumettes phosphoriques à friction	Charles Sauria	française
1831	Moissonneuse	Cyrus Hall McCormick	américaine
1831	Générateur de courant	Michael Faraday	britannique
1834	Tramway	Thomas Davenport	américaine

1835	Pistolet à barillet (revolver)	Samuel Colt	américaine
1837	Télégraphie électrique	William Fothergill Cooke et Charles Wheatstone	britannique
1838	Code Morse	Samuel Finley Breese Morse	américaine
1838	Daguerréotype	Jacques Daguerre	française
1839	Procédé calotype (photographie)	William Henry Fox Talbot	britannique
1839	Caoutchouc vulcanisé	Charles Goodyear	américaine
1840	Machine à couper le papier (massicot)	Guillaume Massiquot	française
1842	Marteau-pilon à vapeur	James Nasmyth	britannique
1845	Pneu	Robert William Thompson	américaine
1846	Fulmicoton (nitrocellulose)	Christian Friedrich Schönbein	allemande
1846	Ether	Crawford Williamson Long	américaine
1849	Béton armé	Joseph Monier	française
1850	Coton mercerisé	John Mercer	britannique
1850	Colloïde photosensible (gravure photomécanique)	Alphonse Poitevin	française
1851	Ophtalmoscope	Hermann Ludwig Ferdinand von Helmholtz	allemande
1852	Dirigeable souple	Henri Giffard	française
1852	Gyroscope	Léon Foucault	française
1854	Ascenseur (avec frein)	Elisha Graves Otis	américaine
1855	Seringue hypodermique	Alexander Wood	britannique
1855	Allumettes de sûreté	Johan Edvard Lundström	suédoise

1855	Brûleur à gaz	Robert Wilhelm Bunsen	allemande
1856	Convertisseur Bessemer (production de l'acier)	Henry Bessemer	britannique
1859	Spectroscope	Gustav Robert Kirchhoff et Robert Wilhelm Bunsen	allemandes
1860	Moteur à gaz	Étienne Lenoir	française
1861	Four électrique	Wilhelm Siemens	britannique
1861	Mitrailleuse	Richard Jordan Gatling	américaine
1866	Papier à partir de pulpe de bois	Benjamin Chew Tilghman	américaine
1866	Dynamite	Alfred Nobel	suédoise
1868	Antiseptie	Joseph Lister	britannique
1868	Pile sèche	Georges Leclanché	française
1868	Frein à air comprimé	George Westinghouse	américaine
1869	Procédé trichrome de photographie des couleurs	Charles Cros	française
1870	Celluloïd	John Wesley et Isaiah Hyatt	américaines
1871	Presse rotative continue	Richard March Hoe	américaine
1874	Télégraphe quadruplex	Thomas Alva Edison	américaine
1876	Téléphone	Alexander Graham Bell	américaine
1876	Praxinoscope	Émile Reynaud	Française
1877	Moteur à combustion interne (quatre-temps)	Nikolaus August Otto	allemande
1877	Gramophone (enregistrement sur cylindres)	Thomas Alva Edison	américaine

1877	Microphone	Emil Berliner	américaine
1877	Soudure électrique	Elihu Thomson	américaine
1877	Camion frigorifique	G. F. Swift	américaine
1878	Tube à rayons cathodiques	William Crookes	britannique
1879	Lampe à incandescence	Thomas Alva Edison et Joseph Wilson Swan	américaine et britannique
1879	Moteur automobile (deux-temps)	Karl Benz	allemande
1879	Lampe à arc	Charles Francis Bush	américaine
1880	Linotype	Ottmar Mergenthaler	américaine
1884	Turbine à vapeur	Charles Algernon Parsons	britannique
1884	Soie artificielle (nitrocellulose)	Hilaire Bernigaud de Chardonnet	française
1884	Turbine à vapeur multi-roues	Charles Algernon Parsons	britannique
1884	Disque Nipkow (dispositif de balayage mécanique pour télévision)	Paul Gottlieb Nipkow	allemande
1884	Porte-plume à réservoir	Lewis Edson Waterman	américaine
1884	Poudre blanche (sans fumée)	Paul Vieille	française
1885	Vaccin contre la rage	Louis Pasteur	française
1885	Graphophone (machine à dicter)	Chichester A. Bell et Charles Sumnair Tainter	américaines
1885	Transformateur à courant alternatif	William Stanley	américaine
1887	Gramophone (enregistrements sur Disques)	Emil Berliner	américaine
1887	Manchon à incandescence	Carl Auer von Welsbach	autrichienne

1887	Machine à ronéotyper	Albert Black Dick	américaine
1887	Monotype	Tolbert Lanston	américaine
1888	Pneu en caoutchouc gonflé à l'air	John Boyd Dunlop	britannique
1888	Caisse enregistreuse	William Seward Burroughs	américaine
1888	Appareil photographique Kodak	Georges Eastman	américaine
1889	Turbine à vapeur	C. G. de Laval	suédoise
1890	Appareil volant (Éole), précurseur de l'avion	Clément Ader	française
1890	Rayonne (cuprammonium)	Louis Henri Despeissis	française
1890	Cohéreur à limailles	Édouard Branly	française
1891	Planeur	Otto Lilienthal	Allemande
1891	Caoutchouc synthétique	William August Tilden	britannique
1892	Moteur au courant alternatif	Nicolas Tesla	américaine
1892	Chronophotographie	Étienne Jules Marey	française
1892	Rayonne (viscose)	Charles Frederick Cross	britannique
1892	Bouteille Thermos (vase Dewar)	James Dewar	britannique
1893	Cellule photoélectrique	Julius Elster et Hans F. Geitel	allemandes
1893	Moteur Diesel	Rudolf Diesel	allemande
1893	Automobile à essence	Charles E. et J. Frank Duryea	américaines
1894	Projecteur de cinéma	Auguste et Louis Lumière	française
1895	Pneu de voiture démontable	Édouard Michelin	française
1895	Rayons X	Wilhelm Conrad Röntgen	allemande

1895	Rayonne (acétate)	Charles Frederick Gross	britannique
1896	Télégraphe sans fil	Marchese Guglielmo Marconi	italienne
1898	Papier photo-graphique sensible	Leo Hendrik Baekeland	américaine
1900	Dirigeable rigide	Ferdinand von Zeppelin	allemande
1902	Radiotéléphone	Valdemar Poulsen et Reginald Aubrey Fessenden	danoise et américaine
1903	Avion	Wilbur et Orville Wright	américaines
1903	Electrocardiographe	Willem Einthoven	néerlandaise
1905	Tube redresseur à diode (radio)	John Ambrose Fleming	britannique
1906	Gyrocompas	Hermann Anschütz-Kämpfe	allemande
1907	Bélinographe	Édouard Belin	française
1907	Bakélite	Leo Hendrik Baekeland	américaine
1907	Tube amplificateur à triode	Lee de Forest	américaine
1908	Caméra couleur (deux couleurs)	C. Albert Smith	britannique
1910	Hydrogénation du charbon	Friedrich Bergius	allemande
1910	Compas gyroscopique et stabilisateur	Elmer Ambrose Sperry	américaine
1911	Air conditionné	W. H. Carrier	américaine
1911	Cellophane	Jacques Edwin Branderberger	suisse
1911	Tube au néon	Georges Claude	française
1912	Lampe à vapeur de mercure	Peter Cooper Hewitt	américaine
1913	Stato-réacteur	René Lorin	française

1913	Tube électronique multigrilles	Irving Langmuir	américaine
1916	Pistolet Browning (automatique)	John Moses Browning	américaine
1916	Lampe à incandescence au gaz	Irving Langmuir	américaine
1916	Tube à rayons X	William David Coolidge	américaine
1919	Spectrographe de masse	Francis William Aston	britannique
1921	Vaccin BCG antituberculeux	Albert Calmette et Camille Guérin	française
1922-1926	Cinéma parlant	T. W. Case	américaine
1923	Iconoscope	Vladimir Kosma Zworikin	américaine
1925	Congélation des aliments	Clarence Birdseye	américaine
1926	Fusée à carburant liquide	Robert Hutchings Goddard	américaine
1928	Pénicilline	Alexander Fleming	britannique
1930	Bathysphère	William Beebe	américaine
1930	Fréon (C.F.C.)	Thomas Midgley et al.	américaines
1930	Turboréacteur	Frank Whittle	britannique
1930	Caoutchouc synthétique néoprène	Julius Arthur Nieuwland et Wallace Hume Carothers	américaines
1930	Coronographe	Bernard Lyot	française
1931	Accélérateur de Van de Graaff	Robert Jemison Van de Graaff	américaine
1931	Cyclotron	Ernest Orlando Lawrence	américaine
1931	Analyseur différentiel	Vannevar Bush	américaine
1932	Microscopie par contraste de phases	Frits Zernike	néerlandaise

1933	Modulation de fréquence (FM)	Edwin Howard Armstrong	américaine
1934	Radioactivité artificielle	Irène et Frédéric Joliot-Curie	française
1935	Caoutchouc synthétique Buna	groupe de scientifiques	allemandes
1935	Radar	Robert Watson-Watt	Britannique
1935	Cortisone	Edward Calvin Kendall et Tadeus Reichstein	américaine et suisse
1935	Microscope électronique	groupe de scientifiques	allemandes
1935	Sulfamides	Gerhard Domagk	allemande
1936	Hélicoptère à rotors jumelés	Heinrich Focke	Allemande
1937	Nylon	Wallace Hume Carothers	américaine
1939	DDT	Paul Müller	suisse
1939	Hélicoptère	Igor Sikorsky	américaine
1940	Bêtatron	Donald William Kerst	américaine
1941	Plutonium	Glenn Seaborg et Edwin Mattison McMillan	américaines
1942	Réacteur nucléaire (pile atomique)	Enrico Fermi	américaine
1942	Xérographie	Chester Carlson	américaine
1944	Missile V2	Wernher von Braun	américaine
1945	Bombe atomique	scientifiques au service du gouvernement américain	américaine
1945	Streptomycine	Selman A. Waksman	américaine
1946	Calculateur électronique numérique	John Presper Eckert Jr. et John W. Mauchly	américaines
1947	Holographie	Dennis Gabor	britannique

1947	Bathyscaphe	Auguste Piccard	suisse
1947	Four à micro-ondes	Percy L. Spencer	américaine
1948	Compteur à scintillations	Hartmut Kallmann	allemande
1948	Transistor	John Bardeen, Walter Houser Brattain et William Shockley	américaines
1949	Avion à stato-réacteur	René Leduc	française
1950	Télévision couleur	Peter Carl Goldmark	américaine
1952	Bombe à hydrogène	scientifiques au service du gouvernement - USA-	américaines
1952	Chambre à bulles (détecteur de particules nucléaires)	Donald Arthur Glaser	américaine
1953	Procédé de fabrication industrielle des stylos à bille	Marcel Bich	française
1953	Structure de l'ADN (double hélice)	Francis Harry Compton Crick et James Dewey Watson	britannique et américaine
1954	Maser	Charles Townes	américaine
1954	Batterie solaire	scientifiques du Bell Telephone Laboratory	américaines
1954	Vaccin contre la poliomyélite	Jonas Edward Salk et Pierre Lépine	américaine et française
1955	Diamants synthétiques	scientifiques de General Electric	américaines
1955	Datation par le carbone-14	Willard Frank Libby	américaine
1956	Aéroglisseur	Christopher Cokerell	britannique

1956	Premier prototype de machine rotative	Felix Wankel	allemande
1956	Procédé SECAM de télévision couleur breveté	Henri de France	française
1960	Pilule contraceptive	Gregory Pincus, John Rock et Min- Chueh Chang	américaines
1957	Réacteur nucléaire refroidi au sodium	scientifiques au service du gouvernement U.S.	américaines
1957	Satellite artificiel	groupe de scientifiques	soviétiques
1958	Satellite de télécommunications	groupe de scientifiques	américaines
1959	Circuit intégré	Jack Kilby et Robert Noyce	américaines
1960	Laser	Charles H. Townes, Arthur L. Schawlow et Gordon Gould	américaines
1960	Synthèse de la chlorophylle	Robert Burns Woodward	Américaine
1962	Diode électro-luminescente (DEL)	Nick Holonyak	américaine
1964	Ecran à cristaux liquides	George Helmeier	américaine
1966	Cœur artificiel (ventricule gauche)	Michael Ellis DeBakey	américaine
1967	Greffe de cœur sur l'homme	Christiaan Neethling Barnard	sud-africaine
1963-1969	Mise au point de nombreux détecteurs de particules	Georges Charpak	française
1970	Première synthèse complète d'un gène	Har Gobind Khorana	américaine
1971	Microprocesseur	Ted Hoff	américaine
1971	IRM	Raymond Damadian	américaine

1972	Calculatrice électronique de poche	J. S. Kilby et J. D. Merryman	américaines
1973	Synthèse des cryptates	Jean-Marie Lehn	française
1974	ADN recombinant (génie génétique)	groupe de scientifiques	américaines
1974	Carte à puce	Roland Moreno	française
1975	Fibre optique	Bell Laboratories	américaines
1975	Vaccin contre l'hépatite B	Philippe Maupas	française
1976	Super-calculateur	J. H. Van Tassel et Seymour Cray	américaines
1978	Synthèse des gènes de l'insuline	Roberto Crea, Tadaaki Hirose, Adam Kraszewski et Keiichi Ikatura	américains
1978	Transplantation de gène entre mammifères	Paul Berg, Richard Mulligan et Bruce Howard	américaines
1978	Cœur artificiel Jarvik-7	Robert K. Jarvik	américaine
1979	Disque compact	Joop Sinjou et Toshi Tata Doi	hollandaise et japonaise
1979	Correction d'anomalies génétiques dans des cellules de souris	W. French Anderson et Alec Jeffreys	américaines
1979	Culture in vivo de lymphocytes T.	équipe de l'hôpital Saint-Louis (Paris)	française
1981	Navette spatiale	ingénieurs de la NASA	américaines
1981	Microscope à effet tunnel	Gerd Binnig et Heinrich Rohrer	allemande et suisse
1985	Vaccin contre la leishmaniose	L. Monjour	française
1986	Supraconducteurs à haute température	J. Georg Bernorz et Karl A. Müller	allemande et suisse
1987	Vaccin contre la bilharziose	A. Capron	française

1988	Pilule abortive RU486	Étienne-Émile Beaulieu	française
1989	COBE (Cosmic Background Explorer)	équipe dirigée par George Smoot	Américaines
1994	Preuve de l'existence du quark top	chercheurs du Fermilab	américaines

CHAPITRE III

LE MODÈLE DE DÉVELOPPEMENT PAR LES SCIENCES DE L'INGÉNIEUR ET L'ESTHÉTIQUE

Au premier chapitre nous avons montré le fait indiscutable que les théories et modèles de développement sont tous dans l'impasse.
Au deuxième chapitre nous avons mis en relief les obstacles au développement et montré comment le ruissellement du développement des pays du Nord vers les pays du Sud, permet à ces derniers d'accéder à un relatif progrès social.
Dans le présent chapitre nous allons proposer un modèle de développement différent des modèles antérieurs qui n'ont pas réussi à extirper les pays du Sud de la pauvreté. Ce modèle s'appelle le modèle de développement par les sciences de l'ingénieur et l'esthétique.
Comme son titre l'indique, il est constitué de deux axes principaux :
- La maîtrise de la technique grâce aux sciences de l'ingénieur (section I).
- Le développement participatif de l'esthétique qui consiste en une esthétisation de l'environnement et de la société (section II).

SECTION I - LE MODÈLE DE DÉVELOPPEMENT PAR LES SCIENCES DE L'INGÉNIEUR – DSI –

Pourquoi ce modèle réussira-t-il, là où les autres modèles ont échoué ? La réponse à cette question fait l'objet du paragraphe suivant.

I- JUSTIFICATION DU MODÈLE DE DÉVELOPPEMENT PAR LES SCIENCES DE L'INGÉNIEUR

Nous avons montré précédemment que les modèles de développement antérieurs sont tous dans l'impasse. Ceux qui doutent de la véracité de cette affirmation n'ont qu'à attendre 25 ans de plus et

ils verront qu'en un siècle, ces modèles n'auront pas réussi à extraire les pays du Sud du bourbier du sous-développement.
Les modèles qui n'ont pas réussi à donner des résultats probants en trois quarts de siècle ne les donneront pas en un siècle ! Cela est une évidence !
La seule exception est, nous dit-on, le modèle d'industrialisation par la promotion des exportations de produits manufacturés.
Dans ce cas précis, l'explication avancée est erronée : ce n'est pas le modèle de promotion des exportations de produits manufacturés en tant que tel qui explique le décollage économique des pays qui l'ont adopté, mais la maîtrise des savoirs et savoir-faire techniques qui relèvent des sciences de l'ingénieur : recherche-développement et production.
Si la Corée du Sud a réussi à développer son industrie, ce n'est certainement pas grâce au modèle de promotion des exportations de biens manufacturés, car ces exportations sont la conséquence de la maîtrise des sciences de l'ingénieur dans divers domaines : électroménager, téléphonie, construction automobile, machines-outils, semi-conducteurs, produits chimiques et pétrochimiques, etc.
Les efforts de l'Algérie pour promouvoir ses exportations hors hydrocarbures datent d'une quarantaine d'années et sont restés vains !
Le miracle industriel de la Corée du Sud est d'autant plus prodigieux que les Sud-Coréens ont pu pénétrer le marché international par le haut de gamme, en entrant directement dans la cour des grands !
En maîtrisant les sciences de l'ingénieur, la Corée du Sud aurait pu assurer le succès de n'importe quel autre modèle de développement : le modèle de l'industrialisation par la substitution des importations ; le modèle des industries industrialisantes...Ce succès est d'autant plus facile que ces modèles sont autocentrés. Un pays qui a réussi parmi les leaders mondiaux ne peut pas échouer dans les modèles introvertis qui s'adressent prioritairement au marché intérieur susceptible d'être protégé.
Ainsi, on peut affirmer sans crainte de se tromper que les raisons du succès ou de l'échec d'un modèle de développement résident non pas

dans son caractère extraverti ou introverti, mais dans la maîtrise ou la non-maîtrise de la technologie.
Le transfert technologique est une chimère ! Y croire relève d'une grande naïveté intellectuelle : un compétiteur économique ne peut livrer des armes à un adversaire potentiel !

Dans ses différentes interventions publiques, le professeur A. Benachenhou affirme qu'il ne croit pas au développement industriel de l'Algérie ; par contre, il croit à l'Algérie des services.
De notre point de vue, il se trompe ! À notre connaissance, il n'y a pas un seul pays au monde, grand ou de taille intermédiaire ou moyenne, qui soit relativement développé ou émergent sans passer par l'industrialisation. Le développement par les services est un modèle adapté aux pays de petite taille comme la Suisse, la Principauté de Monaco, les Émirats arabes unis, Singapour, etc. Le développement de l'Algérie par les services est une utopie ! Le développement des banques dans notre pays est une question plus "politique" que technique. La traçabilité fait peur aux addicts à la corruption et à l'enrichissement illicite ! Le développement du tourisme de loisir à grande échelle est un mirage. À l'exception de "l'exportation" du Sud qui revient à "vendre" l'Algérie sans les Algériens, on imagine mal un bus de touristes suédois s'arrêter à Barraki, Bentalha ou Sidi Moussa pour permettre aux visiteurs de flâner en toute quiétude dans les rues de ces villes ou de s'installer paisiblement à la terrasse d'un café … !!! Le transport ? Le commerce ? Il est difficile de voir clair dans la proposition de M. Benachenhou.

Quant au développement du secteur agricole, il est d'autant plus facile à réaliser que le secteur industriel lui-même est prospère : production de machines agricoles, d'engrais, de produits phytosanitaires… Un pays qui opte pour un développement basé uniquement sur l'agriculture se condamne à une dépendance éternelle vis-à-vis de l'Occident, pour les biens industriels dont l'agriculture a besoin.
De notre point de vue, le développement se fera par l'industrie, par la maîtrise de la technique, ou ne se fera pas !

II- CONTENU DU MODÈLE DE DÉVELOPPEMENT PAR LES SCIENCES DE L'INGÉNIEUR

Le contenu du modèle sera examiné à l'échelle de l'entreprise (A) et à l'échelle des branches d'activité (B).

A- Le contenu du modèle à l'échelle de l'entreprise

De notre point de vue, les fonctions dans une entreprise peuvent être classées en deux grandes catégories : Les fonctions développantes et les fonctions logistiques.

Les fonctions développantes de l'entreprise

Elles sont en nombre de trois : la fonction technique, la fonction de direction et la fonction de marketing stratégique.

La fonction technique, clé du développement

Elle englobe la production et la Recherche/développement ; ces fonctions constituent le domaine privilégié des sciences de l'ingénieur.

Sous le vocable « sciences de l'ingénieur » sont rassemblées les disciplines scientifiques suivantes :

- La mécanique.
- L'électronique.
- Le génie électrique.
- L'électrotechnique (applications techniques de l'électricité).
- L'informatique.
- Les télécommunications.
- La robotique.
- L'automatique.
- L'aérospatial.
- Le génie métallurgique.
- Le génie minier.
- Le génie civil.
- Le génie chimique (industries chimiques).
- Le génie physique (application de la physique à l'industrie).
- Le génie pharmaceutique (industrie pharmaceutique).

- Le génie textile.
- L'agronomie.
- L'agroalimentaire
- Le design…

Qui a inventé l'électricité, la voiture, le téléphone, l'ordinateur, le téléviseur, les machines-outils, les machines agricoles … ?
Dans le domaine technique, les inventions et les innovations sont principalement le fait d'ingénieurs dans les domaines précités. Il peut arriver qu'un juriste, un poète, un peintre ou un bricoleur passionné invente un bien, mais cela reste anecdotique comme le montre la colonne de droite du tableau suivant.

INVENTION / DÉCOUVERTE	**INVENTEUR / DÉCOUVREUR**	**PROFIL / FOMATION**
Lunette astronomique	Hans Lippershey	Ingénieur
Turbine à vapeur	Giovanni Branca	Ingénieur
Machine à additionner	Blaise Pascal	physicien
Baromètre	Evangelista Torricelli	Physicien
Pompe à air	Otto von Guericke	Ingénieur
Balancier d'horloge	Christiaan Huygens	Physicien
Balance à plateaux découverts	Gilles Personne de Roberval	Physicien
Machine à calculer	Gottfried Wilhelm Leibniz	Mathématicien …
Principe d'une machine à vapeur à piston	Denis Papin	Ingénieur
Pompe à vapeur	Thomas Savery	Ingénieur
Semoir	Jethro Tull	Ingénieur agronome
Machine à vapeur	Thomas Newcomen -	Inventeur-Mécanicien
Thermomètre à mercure	Daniel Gabriel Fahrenheit	Physicien
Bouteille de Leyde (condensateur)	Ewald Jürgen von Kleist	Physicien
Paratonnerre	Benjamin Franklin	Scientifique
Métier à filer (hydraulique)	Richard Arkwright	Ingénieur
Automobile	Joseph Cugnot	Ingénieur

Sous-marin	David Bushnell	Inventeur - Universitaire
Lentille bifocale	Benjamin Franklin	Inventeur
Bateau à vapeur	Claude Fr. Jouffroy d'Abbans	Ingénieur
Batteuse	Andrew Meikle	Ingénieur
Métier à tisser mécanique	Edmund Cartwright	Mécanicien
Bateau à vapeur	John Fitch	Ingénieur
Turbine à gaz	John Barber	Ingénieur
Gaz d'éclairage	William Murdock	Ingénieur - Chimiste
Égreneuse	Eli Whitney	ingénieur
Télégraphie aérienne	Claude Chappe	Ingénieur
Presse hydraulique	Joseph Bramah	Ingénieur
Lithographie	Aloys Senefelder	Inventeur
Métier à tisser Jacquard	Joseph Marie Jacquard	Ingénieur
Pile électrique	Alessandro Volta	Physicien - Chimiste
Hélice	John Stevens	Ingénieur
Placage des métaux	Luigi Gasparo Brugnatelli	Chimiste -Médecin
Conserves alimentaires	Nicolas Appert	Ingénieur
Presse typographique à vapeur	Frederick König	Inventeur, entrepreneur
Machine à filer le lin	Philippe de Girard	Ingénieur - Mécanicien
Locomotive	George Stephenson	Ingénieur
Lampe de sûreté	Humphry Davy	Physicien - Chimiste
Photographie	Nicéphore Niépce	Ingénieur ....
Hygromètre	John Frederic Daniell	Physicien - Chimiste
Galvanomètre	Johann Salomo Christoph Schweigger	Physicien - Chimiste
Lentille à échelon	Augustin Fresnel	Ingénieur -Physicien
Moteur électrique	Michael Faraday	Physicien - Chimiste
Électroaimant	William Sturgeon	Physicien
Machine à écrire	W. A. Burt	Inventeur / mécanicien
Pile photovoltaïque	Antoine Becquerel	Ingénieur -Physicien
Système Braille	Louis Braille	Inventeur

Machine à coudre	Barthélemy Thimonnier	Industriel - Inventeur
Allumettes phosphoriques à friction	Charles Sauria	Chimiste
Moissonneuse	Cyrus Hall McCormick	Inventeur
Générateur de courant	Michael Faraday	Physicien - Chimiste
Tramway	Thomas Davenport	Inventeur
Pistolet à barillet("revolver")	Samuel Colt	ingénieur design
Télégraphie électrique	William Fothergill Cooke et Charles Wheatstone	Universitaire – Inventeur ,Physicien - Inventeur
Code Morse	Samuel Finley Breese Morse	Inventeur/ peintre
Daguerréotype	Jacques Daguerre	artiste / photographe
Procédé calotype (photographie)	William Henry Fox Talbot	Scientifique et inventeur
Caoutchouc vulcanisé	Charles Goodyear	Ingénieur - Chimiste
Machine à couper le papier (massicot)	Guillaume Massiquot	ingénieur design
Marteau-pilon à vapeur	James Nasmyth	Ingénieur - Mécanicien
Pneu	Robert William Thompson	Ingénieur - Entrepreneur
Fulmicoton (nitrocellulose)	Christian Friedrich Schönbein	Chimiste
Béton armé	Joseph Monier	Jardinier - Inventeur
Coton mercerisé	John Mercer	Chimiste
Ophtalmoscope	Hermann Ludwig Ferdinand von Helmholtz	Physique - Physiologie
Dirigeable souple	Henri Giffard	Ingénieur
Gyroscope	Léon Foucault	physicien et astronome
Ascenseur (avec frein)	Elisha Graves Otis	Ingénieur
Brûleur à gaz	Robert Wilhelm Bunsen	Chimiste - Physicien
Convertisseur Bessemer -(production de l'acier)	Henry Bessemer	Industriel - Inventeur

Spectroscope	Gustav Robert Kirchhoff et Robert Wilhelm Bunsen	Ingénieur – Physicien. Chimiste – Physicien.
Moteur à gaz	Étienne Lenoir	Ingénieur construction
Four électrique	Wilhelm Siemens	Ingénieur ….
Dynamite	Alfred Bernhard Nobel	Chimiste
Pile sèche	Georges Leclanché	Ingénieur - Chimiste
Frein à air comprimé	George Westinghouse	Ingénieur-Entrepreneur
Procédé trichrome de	Charles Cros	Inventeur - Poète
Photographie des couleurs Celluloïd	John Wesley et Isaiah Hyatt	Ingénieurs
Presse rotative continue	Richard March Hoe	Inventeur
Télégraphe quadruplex	Thomas Alva Edison	Ingénieur …
Téléphone	Alexander Graham Bell	Ingénieur …
Praxinoscope	Émile Reynaud	Photographe - Inventeur
Moteur à combustion interne (quatre-temps)	Nikolaus August Otto	Ingénieur – Industriel…
Gramophone (enregistrement sur cylindres)	Thomas Alva Edison	Ingénieur ….
Microphone	Emil Berliner	Ingénieur –Industriel…
Soudure électrique	Elihu Thomson	Ingénieur - Chimiste
Camion frigorifique	G. F. Swift	Mécanicien autodidacte
Tube à rayons cathodiques	William Crookes	Chimiste - Physicien
Lampe à incandescence	Thomas Alva Edison et Joseph Wilson Swan	Ingénieur Chimiste - Physicien
Moteur d'automobile (deux- temps)	Karl Benz	Etudes en génie mécanique
Lampe à arc	Charles Francis Bush	Ingénieur minier
Linotype	Ottmar Mergenthaler	Inventeur
Turbine à vapeur	Charles Algernon Parsons	Ingénieur …

Soie artificielle (nitrocellulose)	Hilaire Bernigaud de Chardonnet	Ingénieur et industriel
Turbine à vapeur multi-roues	Charles Algernon Parsons	Ingénieur
Disque Nipkow (dispositif de balayage mécanique pour tv.	Paul Gottlieb Nipkow	Ingénieur
Porte-plume à réservoir	Lewis Edson Waterman	Inventeur
Poudre blanche (sans fumée)	Paul Vieille	Ingénieur militaire- Chimiste
Graphophone (machine à dicter)	Chichester A. Bell et Charles Sumnair Tainter	Ingénieurs
Transformateur à courant alternatif	William Stanley	Ingénieur - Architecte
Gramophone (enregis-trements sur disques)	Emil Berliner	Ingénieur
Manchon à incandescence	Carl Auer von Welsbach	Physicien - Chimiste
Monotype	Tolbert Lanston	Ingénieur
Pneu en caoutchouc gonflé à l'air	John Boyd Dunlop	Vétérinaire - Industriel
Caisse enregistreuse	William Seward Burroughs	Inventeur
Appareil photographique Kodak	Georges Eastman	Inventeur - Entrepreneur
Turbine à vapeur	C. G. de Laval	Ingénieur - Mécanicien
Appareil volant (Éole) précurseur de l'avion	Clément Ader	Ingénieur aéronautique
Cohéreur à limailles	Édouard Branly	Physicien-Médecin
Planeur	Otto Lilienthal	Ingénieur aéronautique
Caoutchouc synthétique	Fritz Hofmann	Chimiste
Moteur au courant alternatif	Nicolas Tesla	Ingénieur

Chronophotographie	Étienne Jules Marey	Inventeur - Médecin
Rayonne (viscose)	Charles Frederick Cross	Chimiste
Bouteille Thermos (vase Dewar)	James Dewar	Chimiste - Physicien
Cellule photoélectrique	Julius Elster et Hans F. Geitel	Physiciens
Moteur Diesel	Rudolf Diesel	Ingénieur
Automobile à essence	Charles E. et J. Frank Duryea	Ingénieurs
Projecteur de cinéma	Auguste et Louis Lumière	Ingénieurs
Pneu de voiture démontable	Édouard Michelin	Ingénieur
Rayons X	Wilhelm Conrad Röntgen	Physicien
Rayonne (acétate)	Charles Frederick Gross	Chimiste
Télégraphe sans fil	Marchese Guglielmo Marconi	Ingénieur électricien
Papier photographique sensible	Leo Hendrik Baekeland	Chimiste
Dirigeable rigide	Ferdinand von Zeppelin	Ingénieur
Radiotéléphone	Valdemar Poulsen et Reginald Aubrey Fessenden	Ingénieur. Ingénieur-Physicien.
Avion	Wilbur et Orville Wright	Ingénieurs - Pilotes
Électrocardiographe	Willem Einthoven	Médecin - inventeur
Tube redresseur à diode (radio)	John Ambrose Fleming	Ingénieur électricien
Gyrocompas	Hermann Anschütz-Kämpfe	Inventeur - Industriel
Bélinographe	Édouard Belin	Ingénieur
Bakélite	Leo Hendrik Baekeland	Chimiste
Tube amplificateur à triode	Lee de Forest	Ingénieur électricien
Caméra couleur (deux couleurs)	C. Albert Smith	Inventeur - Réalisateur
Hydrogénation du charbon	Friedrich Bergius	Chimiste
Compas gyroscopique et stabilisateur	Elmer Ambrose Sperry	Inventeur - Entrepreneur

Air conditionné	W. H. Carrier	Ingénieur
Cellophane	Jacques Edwin Branderberger	Ingénieur textile Chimiste
Tube au néon	Georges Claude	Chimiste - Physicien
Lampe à vapeur de mercure	Peter Cooper Hewitt	Ingénieur électricien
Statoréacteur	René Lorin	Ingénieur motoriste
Tube lectronique multigrille	Irving Langmuir	Chimiste
Pistolet Browning (automatique)	John Moses Browning	Inventeur et fabricant d'armes
Lampe à incandescence au gaz	Irving Langmuir	Chimiste
Tube à rayons X	William David Coolidge	Ingénieur électricien
Spectrographe de masse	Francis William Aston	Physicien Chimiste
Cinéma parlant	T. W. Case	Physicien
Iconoscope	Vladimir Kosma Zworikin	Ingénieur - Physicien
Congélation des aliments	Clarence Birdseye	Biologiste – Homme d'affaires
Fusée à carburant liquide	Robert Hutchings Goddard	Ingénieur - Physicien
Bathysphère	William Beebe	Explorateur, botaniste, océanographe
Fréon (C.F.C.)	Thomas Midgley et Albert L. Henne	Ingénieur - Chimiste
Turboréacteur	Frank Whittle	Ingénieur aéronautique
Caoutchouc synthétique	Julius Arthur Nieuwland	
néoprène	et Wallace Hume Carothers	Chimiste
Coronographe	Bernard Lyot	Astronome - Inventeur
Accélérateur de Van de Graaff	Robert Jemison Van de Graaff	Physicien

Cyclotron	Ernest Orlando Lawrence	Physicien
Analyseur différentiel	Vannevar Bush	Ingénieur électricien
Microscopie par contraste de phases	Frits Zernike	Physicien
Modulation de fréquence (FM)	Edwin Howard Armstrong	Ingénieur électricien-Physicien
Radioactivité artificielle	Irène et Frédéric Joliot-Curie	Physiciens - Chimistes
Caoutchouc synthétique	groupe de scientifiques	-
Buna		
Radar	Robert Watson-Watt	Physicien
Cortisone	Edward Calvin Kendall et Tadeus Reichstein	Chimistes
Microscope électronique	groupe de scientifiques	-
Sulfamides	Gerhard Domagk	Chimiste
Hélicoptère à rotors jumelés	Heinrich Focke	Ingénieur aéronautique
Nylon	Wallace Hume Carothers	Chimiste
DDT	Paul Müller	Chimiste - Médecin
Hélicoptère	Igor Sikorsky	Ingénieur aéronautique …
Bêtatron	Donald William Kerst	Physicien
Plutonium	Glenn Seaborg et Edwin Mattison McMillan	Chimiste Physicien
Réacteur nucléaire (pile atomique)	Enrico Fermi	Physicien
Xérographie	Chester Carlson	Physicien et Homme d'affaires
Missile V2	Wernher von Braun	Ingénieur aéronautique - Physicien
Bombe atomique	scientifiques au service du gouvernement américain	-

Calculateur électronique numérique	John Presper Eckert Jr. et John W. Mauchly	Ingénieur électricien et informaticien Physicien
Holographie	Dennis Gabor	Physicien
Bathyscaphe	Auguste Piccard	Physicien aéronaute Océanaute
Four à micro-ondes	Percy L. Spencer	Inventeur
Compteur à scintillations	Hartmut Kallmann	Physicien
Transistor	John Bardeen, Walter Houser Brattain et William Shockley	Physiciens
Avion à statoréacteur	René Leduc	Ingénieur aéronautique …
Télévision en couleur	Peter Carl Goldmark	Ingénieur
Bombe à hydrogène	scientifiques au service du gouvernement américain	-
Chambre à bulles (détecteur de particules nucléaires)	Donald Arthur Glaser	Physicien
Procédé de fabrication industrielle des stylos à bille	Marcel Bich	Entrepreneur – Licence en Droit
Maser Batterie solaire Diamants synthétiques	Charles Townes scientifiques du Bell Telephone Laboratory scientifiques de General Electric	Physicien
Datation par le carbone-14	Willard Frank Libby	Chimiste
Aéroglisseur	Christopher Cokerell	Ingénieur
Premier prototype de machine rotative	Felix Wankel	Ingénieur

Procédé SECAM de télévision couleur breveté	Henri de France	Ingénieur
Réacteur nucléaire refroidi au sodium	Scientifiques au service du gouvernement américain	-
Satellite artificiel	Groupe de scientifiques	-
Satellite de télécommunications	Groupe de scientifiques	-
Circuit intégré	Jack Kilby et Robert Noyce	Ingénieur électronique Physicien tous deux informaticiens
Laser	Charles H. Townes, Arthur L. Schawlow et Gordon Gould	Physicien
Synthèse de la chlorophylle	Robert Burns Woodward	Ingénieur
Diode électroluminescente (DEL)	Nick Holonyak	Ingénieur électricien - Physicien
Écran à cristaux liquides	George Helmeier	Ingénieur électrique
Mise au point de nombreux détecteurs de particules	Georges Charpak	Physicien
Microprocesseur	Ted Hoff	Ingénieur, Docteur en électronique
Calculatrice électronique de poche	J. S. Kilby et J. D. Merryman	Ingénieurs en électronique
Synthèse des cryptates	Jean-Marie Lehn	Chimiste
Carte à puce Fibre optique	Roland Moreno Bell Laboratories	Inventeur, journaliste, Homme d'affaires
Super-calculateur	J. H. Van Tassel et Seymour Cray	ingénieur électricien, informaticien,

Disque compact	Joop Sinjou et Toshi Tata Doi	Ingénieurs
Navette spatiale	ingénieurs de la NASA	-
Microscope à effet tunnel	Gerd Binnig et Heinrich Rohrer	Physiciens
Supraconducteurs à haute température	J. Georg Bernorz et Karl A. Müller	Tous deux Physiciens
COBE (Cosmic Background Explorer)	Equipe dirigée par George Smoot	-
Mise en œuvre du télescope le plus grand télescope du monde	Chercheurs du California Institute of Technology	-

Les profils des inventeurs sont rajoutés par nos soins. Quand les inventions sont le fruit d'une entreprise ou d'une équipe de travail, les profils des inventeurs ne sont pas indiqués. Il arrive très souvent qu'un inventeur soit de formation polyvalente, à chaque fois que la profession d'ingénieur est citée, elle est privilégiée ; car on peut raisonnablement supposer que c'est son profil d'ingénieur qui est à l'origine de l'invention et non ses connaissances dans les domaines de l'histoire, du journalisme, du droit ou de la diplomatie.

Les autres fonctions développantes de l'entreprise

- La fonction de direction

En prenant les grandes décisions ou les décisions stratégiques, cette fonction indique la ou les directions à suivre : spécialisation, diversification, intégration, impartition, fusion, absorption, abandon ou lancement de nouveaux produits, internationalisation, etc.

La notion de direction est à notre sens préférable à la notion d'administration telle que définie par Henri Fayol qui, selon lui, consiste à : prévoir, organiser, commander, coordonner et contrôler. Ces actions se situent à un échelon inférieur, celui des directeurs fonctionnels qui sont tenus de mettre en œuvre les décisions stratégiques prises par l'organe de direction. La Direction générale, n'organise pas et ne coordonne pas, au quotidien.

- La fonction de markéting stratégique

Plutôt que de produire pour ensuite s'efforcer de vendre, le markéting inverse l'ordre de ces actions : il faut d'abord connaître les besoins des consommateurs pour ensuite leur proposer les produits adaptés à leurs besoins.

Le markéting stratégique est la branche du markéting qui indique les produits à améliorer, ceux qu'il faut abandonner et ceux que la fonction recherche-développement doit créer pour répondre aux besoins futurs des consommateurs.

Dans les pays développés, la fonction de production a atteint un grand degré de maîtrise ; ce qui est loin d'être le cas dans les pays sous-développés. Sans la maîtrise de la fonction de production grâce aux sciences de l'ingénieur, tout effort de développement restera vain !

Les sciences de l'ingénieur constituent la clé de voûte du développement, car elles sont au cœur des fonctions production et recherche-développement. En cas de défaillance dans les fonctions développantes, c'est le pronostic vital de l'entreprise qui peut être engagé.

Les fonctions logistiques :

Il s'agit des fonctions qui procurent à l'entreprise les moyens humains, matériels et financiers dont elle a besoin ; et de la fonction qui écoule sa production.

- La direction des ressources humaines dote l'entreprise en moyens humains.
- La direction des Achats la dote en matières premières, fournitures, marchandises, machines…
- La direction financière la dote en moyens financiers.
- La direction commerciale ou de la distribution écoule les produits achetés ou fabriqués par l'entreprise.
- Par extension, on peut inclure dans les fonctions logistiques, la logistique administrative : comptabilité, fiscalité, affaires juridiques…

À la différence des défaillances dans les fonctions développantes qui engagent la vie de l'entreprise, les défaillances dans les fonctions logistiques ne sont pas mortelles et peuvent généralement être rattrapées plus ou moins facilement.

Pourquoi les millions d'ingénieurs formés dans les pays du tiers-monde n'arrivent-ils pas à inventer, à innover… ? Pourquoi ils n'arrivent même pas à reproduire des biens qu'ils peuvent avoir entre leurs mains jour et nuit, 07 jours sur 07, 365 jours sur 365 ?

Comme il n'y a pas de pays sous-développés de race blanche, la tentation est grande d'expliquer le développement par des considérations raciales.

Heureusement que les Japonais, plus tard les Sud-Coréens et maintenant les Chinois ont apporté la preuve qu'on peut être imaginatif et créatif même quand on n'est pas blond aux yeux bleus.

La réponse à la question précédente ne peut donc résider que dans la qualité de la formation et de l'environnement.

Donc, la conclusion qu'on peut tirer à ce stade est la suivante : à l'exception des petits pays qui peuvent se développer par les services, les autres pays ne peuvent se développer que grâce à l'industrie ; et le développement industriel ne peut se faire que grâce à des ingénieurs brillants qui ont reçu une formation d'excellente qualité.

La formation dans les fonctions développantes

Les universités et grandes écoles de formation

Ce sont les trois fonctions vitales de l'entreprise qui déterminent le succès ou l'échec des modèles de développement.

C'est précisément pour cette raison qu'il faut chercher prioritairement des formations d'excellence dans ces trois domaines, dans les meilleures universités et grandes écoles du monde, dont voici les listes.

- Classement mondial des écoles d'ingénieurs - classements QS -2022

Pour réaliser son classement des meilleures écoles d'ingénieurs au monde en 2022, QS utilise quatre critères :

- La réputation académique (40 %) ;

- la réputation de l'établissement auprès des entreprises (30 %) ;
- le nombre de citations obtenues pour chacun des articles de recherche (15 %) ;
- le H-Index (15 %). Le H-Index est un indicateur qui permet de mesurer la productivité d'une équipe de recherche et son impact.

Top 50 des écoles d'ingénieurs dans le monde - classements QS 2022

Rang	Université	Pays
1	MIT	États-Unis
2	Cambridge	Royaume-Uni
3	Oxford	Royaume-Uni
4	Nanyang Technological University, Singapore (NTU)	Singapour
5	Stanford University	États-Unis
6	ETH Zurich – Swiss Federal Institute of Technology	Suisse
7	National University of Singapore (NUS)	Singapour
8	Imperial College London	Royaume-Uni
9	University of California, Berkeley (UCB)	États-Unis
10	Delft University of Technology	Pays-Bas
11	EPFL	Suisse
12	Harvard University	États-Unis
13	Politecnico di Milano	Italie
14	Tsinghua University	Chine
15	California Institute of Technology (Caltech)	États-Unis
16	Georgia Institute of Technology	États-Unis
17	The University of Tokyo	Japon
18	Carnegie Mellon University	États-Unis
19	Technical University of Munich	Allemagne
20	KAIST – Korea Advanced Institute of Science & Techno	Corée du Sud
21	Institut Polytechnique de Paris	France
21	The University of Manchester	Royaume-Uni
23	The University of New South Wales (UNSW Sydney)	Australie
24	The Hong Kong University of Science and Technology	Hong Kong

25	University of California, Los Angeles (UCLA)	États-Unis
26	University of Texas at Austin	États-Unis
26	University Paris-Saclay	France
28	KTH Royal Institute of Technology	Suède
28	Tokyo Institute of Technology (Tokyo Tech)	Japon
30	The University of Melbourne	Australie
31	University of Illinois at Urbana- Champaign	États-Unis
31	University of Michigan-Ann Arbor	États-Unis
33	Politecnico di Torino	Italie
34	Seoul National University	Corée du Sud
34	University of Toronto	Canada
36	University of British Columbia	Canada
37	Purdue University	États-Unis
37	UCL	Royaume-Uni
39	KU Leuven	Belgique
39	Monash University	Australie
39	Shanghai Jiao Tong University	Chine
39	The University of Hong Kong	Hong Kong
43	Peking University	Chine
44	Université PSL	France
45	Princeton University	États-Unis
45	The University of Sydney	Australie
45	Universiti Malaya (UM)	Malaisie
48	Cornell University	États-Unis
49	Kyoto University	Japon
49	University of Waterloo	Canada

Une remarque importante : La formation des ingénieurs peut se faire dans les grandes écoles ou grâce à des formations internes comme c'est souvent le cas en Allemagne et aux États-Unis ; cela ne pose aucun problème car les ingénieurs-formateurs sont brillantissimes, ils ont une totale maîtrise de la théorie et de la pratique.

- Classement mondial des écoles de commerce - QS 2023 –

Pour réaliser son classement 2023 des meilleures écoles de commerce, QS se base sur cinq critères :
- La réputation académique (50 %) ;
- la réputation employeur (30 %), c'est-à-dire la capacité d'une école à rayonner auprès des entreprises ;
- le nombre de citations par article de recherche (7,5 %) ou le nombre de fois où les productions de chercheurs ont été citées dans d'autres articles scientifiques ;
- le H-Index (7,5 %), un index de mesure de la productivité et de l'impact des travaux de recherche des enseignants-chercheurs d'un établissement ;
- le IRN Index (5 %), pour -International Research Network- c'est-à-dire la capacité d'une école à collaborer avec d'autres partenaires académiques sur des travaux de recherche.

Top 50 des écoles de commerce dans le monde
- classements QS – 2023 –

Rang	Établissement	Pays
1	Université de Harvard	États-Unis
2	INSEAD	France
3	École de commerce de Londres	Royaume-Uni
4	Université de Stanford	États-Unis
5	Institut de technologie du Massachusetts (MIT)	États-Unis
6	Université de Pennsylvanie	États-Unis
7	Université Bocconi	Italie
8	Université de Cambridge	Royaume-Uni
9	Université d'Oxford	Royaume-Uni
10	HEC Paris Ecole de Management	France
11	La London School of Economics and Political Science	Royaume-Uni
12	Université de Californie, Berkeley (UCB)	États-Unis
13	Université nationale de Singapour (NUS)	Singapour
14	Université du nord-ouest	États-Unis
15	École de commerce de Copenhague	Danemark
16	Université de New York (NYU)	États-Unis

17	Université Ramón Llull	Espagne
18	Université Erasmus de Rotterdam	Pays-Bas
19	Université de Chicago	États-Unis
20	Université de Colombie	États-Unis
21	Université technologique de Nanyang, Singapour	Singapour
22	L'Université de Warwick	Royaume-Uni
23	Université de Navarre	Espagne
24	Technologie de Monterrey	Mexique
25	Université de Yale	États-Unis
26	Université IE	Espagne
27	Université du Michigan-Ann Arbor	États-Unis
28	collège impérial de Londres	Royaume-Uni
29	Université de Toronto	Canada
30	ESSEC École de Commerce	France
31	L'Université sciences et technologies de Hong Kong	Hong Kong
32	Université Jiao Tong de Shanghai	Chine
33	Université de Tsinghua	Chine
34	Université de Californie à Los Angeles (UCLA)	États-Unis
35	L'Université de Cornell	États-Unis
36	L'Université de Manchester	Royaume-Uni
37	L'Université de Melbourne	Australie
38	Université de Pékin	Chine
39	Université de la Colombie-Britannique	Canada
40	Université de Saint-Gall (HSG)	Suisse
41	Université Nationale de Séoul	Corée du Sud
42	L'Université de Nouvelle-Galles du Sud (Sydney)	Australie
43	Université de gestion de Singapour	Singapour
43	Université Yonsei	Corée du Sud
45	ESCP Business School - Paris	France
46	Université Fudan	Chine
46	Université Luiss	Italie
46	L'Université de Hong Kong	Hong Kong
49	WU (Université d'économie et de commerce Vienne)	Autriche
50	Université de Corée	Corée du Sud

- La formation pour les postes de direction

Elle se fait majoritairement par les sciences de l'ingénieur, les sciences commerciales et les sciences de gestion ; comme le montre l'exemple des PDG des entreprises du CAC 40 en France, parmi lesquels : 15 sont passés par une école d'ingénieurs, dont 10 ont fait Polytechnique ; 13 sont passés par une école de commerce ; 05 ont fait l'ENA ; 03 ont fait Sciences Po Paris ; et 09 ont fait une partie de leurs études dans une prestigieuse université américaine.

Tableau récapitulatif des profils des PDG des Entreprises du CAC40

*Source : Site Planète Grandes Ecoles – PGE – Janvier 2023

Patron	Entreprise	Formation
François Jackow	Air Liquide	ENS Harvard
Guillaume Faury	Airbus	École Polytechnique
Henri Poupart-Lafarge	Alstom	École Polytechnique - École des ponts et chaussées + MIT
Lakshmi Mittal	ArcelorMittal	Université de Calcutta
Thomas Buberl	AXA	WHU Coblence Université de St. Gallen
Jean Lemierre	BNP Paribas	Sciences Po + ENA
Martin Bouygues	Bouygues	Baccalauréat
Paul Hermelin	Capgemini	École Polytechnique + ENA
Alexandre Bompard	Carrefour	Sciences Po. Paris + ENA
Philippe Brassac	Crédit Agricole	ENSAE
Antoine de Saint-Afrique	Danone	ESSEC -Harvard
Charles Edlestenne	Dassault Systèmes	DSCG
Jean-Pierre Clamadieu	ENGIE	École des Mines Paris
Francesco Milleri	Essilor Luxottica	Université Bocconi Stern School of Business

Gilles Martin	Eurofins Scientific	Centrale Paris Université de Syracuse
Axel Dumas	Hermès	Sciences Po. Harvard
François Pinault	Kering	HEC Paris
Angeles Garcia-Poveda	Legrand	NEOMA- Harvard
Jean-Paul Agon	L'Oréal	HEC Paris
Bernard Arnault	LVMH	École Polytechnique
Florent Menegaux	Michelin	Paris-Dauphine
Christel Hedydemann	Orange	École Polytechnique École des Ponts et chaussées
Alexandre Ricard	Pernod Ricard	ESCP BS Wharton School of Business
Arthur Sadoun	Publicis	EBS Paris INSEAD
Luca de Meo	Renault	Université Bocconi
Olivier Andries	Safran	École Polytechnique École des Mines
Pierre-André de Chalendar	Saint-Gobain	ESSEC ENA
Paul Hudson	Sanofi	Université de Manchester Chartered Institute of Marketing
Jean-Pascal Tricroire	Schneider Electric	ESEO emlyon
Lorenzo Bini Smaghi	Société Générale	Université catholique de Louvain Université de Californie du Sud
Carlos Tavares	Stellantis	Ecole Centrale de Paris
Jean-Marc Chéry	STMicroelectronics	Arts et Métier ParisTech
Daniel Julien	Teleperformance	Université Paris-Nanterre
Patrice Caine	Thalès	École Polytechnique École des Mines de Paris

Patrick Pouyanné	Total	École Polytechnique École des Mines
Jean-Marie Tritant	Unibail	BSB- Paris Sorbonne
Antoine Frérot	Veolia	École Polytechnique École des Ponts ParisTech
Xavier Huillard	Vinci	École Polytechnique École des Ponts ParisTech
Arnaud de Puyfontaine	Vivendi	ESCP Harvard
Gilles Grapinet	Worldline	Université Aix-Marseille ENA

Le financement de la formation

À court terme : *la réorientation de l'aide au développement*

Au même titre que le transfert technologique, l'aide au développement est une illusion ! Aucune de ces deux variables d'action n'a prouvé son efficacité par rapport à l'objectif de développement.

Cela fait 70 ans qu'on nous aide et nous ne sommes toujours pas développés ; et si nous attendons le développement de cette aide, nous risquons de l'attendre pour encore bien longtemps !

Selon l'OCDE, l'aide publique au développement s'élève à 245 milliards de dollars US rien que pour l'année 2022. On imagine le total de cette aide sur une période de 60 ou 70 ans ! Si on avait consacré un dixième de cette somme à la formation d'ingénieurs originaires des pays pauvres dans les meilleures écoles mondiales, l'ogre du sous-développement serait vaincu depuis bien longtemps.

Le cerveau des Africains, des Asiatiques et des Sud-Américains n'est pas frappé de déficience congénitale et structurelle. Aussi, il n'est pas inintelligent de demander aux pays donateurs de consacrer une bonne partie de l'aide au développement au financement des formations dans les fonctions développantes dans les meilleures universités du monde. Les économies escomptées à long terme pour l'Occident sont substantielles. La meilleure manière d'aider les pays sous-développés, c'est de les aider à se passer de l'aide au développement.

À moyen et long terme : *la formation des élites intellectuelles dans les pays pauvres*

Sauf à considérer que le bon Dieu est injuste, il y a des inégalités justes parce que naturelles. De la même manière que lors d'une compétition sportive, les participants ne réalisent pas tous les mêmes performances, il en est de même dans le domaine intellectuel, les enfants ne sont pas tous dotés des mêmes facultés !

Partant de ce constat, il n'y a rien d'inconvenant dans le fait de sélectionner les enfants doués dotés de capacités exceptionnelles dès la fin de l'enseignement primaire pour les orienter vers les internats d'excellence dans des collèges et lycées spécialisés, qui constitueraient la filière d'excellence destinée à former les élites capables d'intégrer les grandes écoles.

Par ailleurs, qu'est-ce qui empêche les pays du tiers-monde de réaliser des joint-ventures intellectuelles avec les meilleures universités du monde, ou de les faire venir dans leurs pays respectifs ? À Alger, on aura par exemple :

- des campus MIT et Harvard (USA) ;
- HEC et Polytechnique (France)…

Leurs vis-à-vis algériens publics et privés seraient tirés vers le haut. Une dynamique de formation de qualité serait ainsi enclenchée et stimulée par divers moyens comme l'organisation ''d'olympiades intellectuelles'', l'octroi pour les lauréats de récompenses financières ou matérielles (véhicules, logements…)

B -Le contenu du modèle à l'échelle des branches d'activité : L'État développeur et le Triangle magique QCI

Qui organise la production pendant la phase de transition de l'économie sous-développée à l'économie développée ? Et comment elle doit l'être de manière à obtenir le maximum d'efficacité ?

Voici les éléments de réponse à ces deux questions :

Le rôle déterminant de l'État : l'État développeur

L'État développeur est un État planificateur, organisateur, promoteur de l'investissement privé et financeur en dernier ressort. Pendant la phase de transition, le cerveau invisible de l'État doit se substituer à la main invisible du marché.

Le marché semble bien fonctionner une fois les investissements structurants mis en place. Pendant la période de sa ''construction'', l'intervention de l'État est indispensable.

L'obstacle majeur à une intervention efficace de l'État dans l'instauration de l'économie de marché, de l'économie compétitive, est l'opposition farouche des rentiers de l'État profond. En d'autres termes, l'ennemi de l'économie de marché est l'économie de la rente, ou plus précisément ceux qui en bénéficient, comme c'est le cas en Algérie.

Nous reviendrons un peu plus bas sur les conditions de réussite du modèle que nous proposons ; pour l'instant, détournons le regard de cet obstacle.

L'erreur majeure des experts de la Banque mondiale et du Fonds monétaire international est d'appliquer les recettes libérales à des économies sous-développées qui ne sont pas encore libérales. Ce qui explique en grande partie les résultats décevants des Programmes d'ajustement structurel.

Le Triangle magique – Q.C.I –

La géométrie a fait son entrée en économie avec le Carré magique du post-keynésien Nicholas Kaldor en 1971, qui estime que les gouvernements se fixent comme objectifs macroéconomiques, une croissance élevée, le plein-emploi, une balance commerciale excédentaire et la stabilité des prix. En reliant ces quatre objectifs, on obtient un quadrilatère qui représente une situation économique favorable en tout point de vue, c'est le Carré magique !

Ce Carré est cependant qualifié de « magique » parce qu'il est irréalisable, car la stabilité des prix par exemple n'est pas compatible avec une croissance élevée.
À la différence du Carré magique, le Triangle magique ne concerne pas les objectifs macroéconomiques, mais les conditions de décollage économique ; et ne relève pas des politiques conjoncturelles mais structurelles. Par ailleurs, le qualificatif magique n'est pas synonyme d'irréalisable mais synonyme de surnaturel et de prodigieux.
L'État doit orienter les investissements structurants de manière à assurer les conditions du décollage économique des différentes filières et branches d'activité. Ces conditions sont en nombre de trois, la qualité, la compétition et l'imitation innovante.

La qualité

Elle est apportée par les investisseurs directs étrangers (IDE), leaders dans leurs domaines respectifs.
Pour les produits et services bas de gamme, les pays du tiers-monde possèdent une expertise inégalée dans ce domaine !

La concurrence

Elle s'obtient par la multiplication des acteurs ; elle est le secret de la réussite de l'économie de marché.
Dans les économies de marché, seules les entreprises qui offrent des biens et services de qualité et qui sont capables de s'adapter continuellement à l'évolution de la demande grâce à l'innovation tirent leur épingle du jeu.
Les entreprises publiques des pays capitalistes quand elles existent sont soumises à cette concurrence qui les contraint à la recherche permanente de l'efficacité. C'est précisément la rationalité imposée par le marché qui les rend efficaces.
Dans les économies étatistes ou collectivistes caractérisées par l'absence de compétition, les entreprises publiques brillent par leur inefficacité, ce fait est indiscutable !
La concurrence s'obtient par la multiplication des acteurs qui se disputent loyalement un marché : l'entreprise qui augmente sa part de marché le fait généralement au détriment des autres. Les entreprises qui perdent une part importante de leurs marchés finissent par déposer

le bilan et disparaître. C'est précisément cette menace existentielle qui ne donne pas le choix aux entreprises : ou elles sont efficaces et elles font de bonnes affaires ; ou elles sont inefficaces et elles disparaissent. « L'économie de marché est comme une bicyclette, l'équilibre n'est atteint que pour autant qu'on avance » disait le professeur Marcel CAPET[1].

Ainsi, pour obtenir l'efficacité économique, l'État doit veiller à multiplier les producteurs pour chaque produit.

Pour les investissements initiaux qui sont des investissements structurants, de notre point de vue, le nombre de quatre producteurs paraît raisonnable : deux investisseurs directs étrangers parmi les meilleurs sur le marché mondial ; et deux investissements nationaux de taille équivalente réalisés sous forme d'usines « produit en main », achetées à des producteurs étrangers qui challengent sur le marché mondial, les deux investisseurs directs précédemment évoqués.

Le rôle des investisseurs directs étrangers est un rôle d'entraînement, de stimulation et de dynamisation de la branche.

Les usines « produit en main » achetées auprès de fournisseurs étrangers ont une triple fonction :

- Recevoir les ingénieurs formés dans les grandes écoles et les meilleures universités du monde, ainsi que les élèves apprentis.
- Constituer un terrain d'imitation et d'innovation pour les ingénieurs nationaux.
- Challenger les investisseurs directs étrangers leaders dans leur domaine, notamment en termes de qualité et d'innovation.

L'imitation

Un proverbe kabyle dit « J'aimerais tant être le compagnon de celui qui est mieux que moi, afin de l'imiter et devenir comme lui. »

Le meilleur outil pour une imitation réussie est constitué des entreprises « produit en main ».

---

[1] Responsable du DEA de gestion à l'Université Paris I Sorbonne

-Les usines « produit en main » : de l'imitation à l'innovation

Dans la formule des usines « clés en main », le fournisseur livre les équipements, les installe et procède à des essais. Si ces derniers sont concluants, la propriété de l'usine est transférée à l'acheteur, à charge pour lui de la faire fonctionner.

Comme l'Algérie ne possédait pas les compétences nécessaires pour faire tourner les usines achetées « clés en main », elle a opté pour une autre formule censée pallier les difficultés de la première : les usines « produit en main ».

L'Algérie a adopté cette formule d'investissement à la fin des années soixante et pendant les années soixante-dix.

Ce mode de coopération est particulièrement adapté aux pays sous-développés.

En effet, dans le cas des usines « produit en main », le fournisseur installe l'usine et reste sur place pendant quelques années, le temps pour le personnel national d'apprendre à faire fonctionner l'usine, à atteindre un bon niveau de qualité, de production et de productivité et à assurer l'entretien ordinaire des machines. Tout ceci se faisait dans le cadre de contrats négociés entre l'acheteur et le vendeur.

Dans ces contrats, l'acquéreur achète non seulement les machines, mais aussi la formation, le droit d'utiliser une technique, un procédé et un savoir-faire pour fabriquer un bien industriel. Selon les dispositions du contrat, l'acheteur peut être soumis à des contraintes plus ou moins importantes telles que la limitation du marché, la non-concurrence, le non-transfert de la technologie par l'acheteur à un autre client…

Les usines « produit en main » doivent être des entreprises privées ; l'État n'investira que pour suppléer au manque de capitaux privés.

Le rôle de l'État sera principalement axé sur la mobilisation de l'épargne et la structuration des investissements au moment où le marché n'est pas à même de jouer ce rôle.

- La maîtrise des filières de production

Étant donné la rareté de l'épargne et la contrainte du pouvoir d'achat international dans les pays du tiers-monde, l'un des choix

pertinent est d'assurer en priorité la maîtrise des filières des biens jugés essentiels : logement, énergie, fabrication de médicaments, industrie textile, industrie du meuble, agriculture, etc.
Dans les pays non développés qui ont déjà une base industrielle relativement importante, l'intégration dans ces filières peut aller jusqu'à la fabrication des biens d'équipement qui servent à la production des biens de consommation essentiels.

-L'imitation de la qualité

Dans les branches d'activité où l'innovation n'est pas récurrente et ne constitue pas un facteur clé de succès, les entreprises nationales doivent viser l'imitation de la qualité des biens et services.
L'imitation consiste à reproduire un bien à l'identique ou quasiment à l'identique, à le vendre sous sa propre marque pour ne pas tomber dans la contrefaçon qui est une infraction réprimée par la loi.
Les branches d'activité où l'imitation de la qualité peut se pratiquer sont par exemple : le textile, le cuir, les meubles, l'agroalimentaire, les produits d'hygiène, les matériaux de construction, la tôle, etc.
En Algérie, 62 ans après l'indépendance, on ne sait toujours pas fabriquer un meuble de qualité ! La tôle des gazinières se rouille au bout d'une ou de deux années d'utilisation ...
L'imitation de la qualité devrait se faire sur la base de l'observation et de l'analyse des meilleurs produits proposés sur les marchés des pays développés.
Dans le domaine de l'imitation, comme dans celui de l'innovation, la disponibilité d'ingénieurs ayant reçu une formation de qualité dans les différentes spécialités, est la condition sine qua non du succès. Pour imiter, il faut avoir la capacité d'imiter. La capacité d'imitation est une ressource interne qui permet à l'entreprise d'acquérir, d'assimiler et de transformer les connaissances externes.
En d'autres termes, il doit y avoir une certaine capacité interne pour pouvoir utiliser les fruits de l'intelligence externe ou de l'intelligence des autres.
D'après plusieurs témoignages concordants, non seulement les ingénieurs formés dans notre pays ne seraient pas en mesure

d'accomplir efficacement une telle tâche ; mais la situation est beaucoup plus inquiétante. C'est la raison pour laquelle la formation d'ingénieurs dans les meilleures universités et grandes écoles du monde est une absolue nécessité.

-L'innovation

L'invention est synonyme de l'augmentation du savoir, elle relève du domaine de la recherche fondamentale, exemple : la découverte du Laser.

L'innovation est l'application du nouveau savoir dans différentes branches d'activité, elle relève du domaine de la recherche appliquée comme l'exemple de l'application du Laser dans les domaines industriel, médical, militaire…

Joseph Schumpeter distingue cinq (05) types d'innovation :

Innovation de produits : fabrication de nouveaux produits ou services, exemple : fabrication de la TV à écran plat à la place de la TV cathodique.

Innovation organisationnelle : utilisation d'une nouvelle organisation productive.

Innovation de débouchés, exemple : utilisation de l'énergie nucléaire dans le domaine civil, après le domaine militaire.

Innovation de matériaux ; exemple : utilisation du plastique à la place du verre pour fabriquer des bouteilles.

Innovations de procédés : utilisation de nouvelles méthodes de production.

Dans les branches d'activité où l'innovation est récurrente et constitue un facteur-clé de succès, les entreprises « produit en main » doivent viser l'innovation. Pour ce faire, chacune d'elles doit être dotée d'un service recherche-développement animé par des ingénieurs capables d'assimiler les technologies et de déceler les différenciations qui font l'originalité des différents produits.

Voici un exemple qui montre que quand une entreprise possède cette ressource stratégique interne c'est-à-dire la capacité d'imiter, l'innovation, qu'elle soit mineure ou majeure, est à portée de main.

- Quand Apple imite Xerox et la dépasse

En 1970, Xerox crée le Parc (Palo Alto Research Center).

Trois ans plus tard, les ingénieurs du centre mettent au point l'Alto, le premier ordinateur personnel, avec un système de navigation à fenêtres et une souris.

En 1979, Xerox signe un accord avec Apple. L'accord autorise Xerox à acheter 100 000 actions Apple au prix préférentiel d'un million de dollars ; en échange, Steve Jobs peut effectuer plusieurs visites au Parc.

Lors de la première visite, il tombe sur l'Alto, le premier ordinateur personnel.

Cinq ans plus tard (et après avoir débauché une quinzaine d'employés de Xerox), Apple commercialise le Macintosh. Or, son système d'exploitation n'est qu'une version améliorée de celui de l'Alto. Et même si sa souris comporte un bouton au lieu de trois, elle ressemble elle aussi beaucoup à celle de l'Alto…

- Copier pour améliorer ou comment un suiveur devient un leader

Steve Jobs s'est fortement inspiré de l'Alto, mais il ne s'est pas contenté simplement de le copier. Il lui a apporté de nombreuses améliorations. Cette capacité à combiner imitation et innovation est une constante dans l'histoire d'Apple.

L'entreprise n'a inventé :

ni le micro-ordinateur (mis au point par la société française R2E en 1972) ;

ni le baladeur MP3 (lancé par le Sud-coréen MPMan en 1998) ;

ni le Smartphone (proposé par IBM dès 1992) ;

ni la tablette (due à Grid Systems, une entreprise américaine fondée par un ancien de Xerox en 1979).

C'est-à-dire qu'Apple n'a inventé aucun des produits qui font aujourd'hui son remarquable succès.

En revanche, il détient une capacité exceptionnelle d'intégrer les idées des autres et de les améliorer.

Un bon innovateur est celui qui a la capacité d'assimiler l'intelligence des autres et de la dépasser ; il s'inspire des produits de la concurrence, les améliore et innove sur d'autres caractéristiques.
Prenons un exemple pour illustrer la stratégie d'innovation que nous suggérons aux ingénieurs des services recherche-développement des entreprises nationales qui opéreront dans les branches où précisément l'innovation est un facteur-clé de succès : informatique, téléphonie, TV, lave-linge, réfrigérateurs…

L'exemple des téléphones portables : Voici la démarche à suivre :

- Être en possession des différents téléphones portables vendus sur le marché (Apple, Samsung, Huawei, Xiaomi, Honor, One Plus, realme, oppo, wiko, Sony) et examiner les formes, les différentes pièces constitutives et les applications de ces téléphones ; et identifier leurs caractéristiques.
- Identifier sur quoi portent les différenciations des produits les uns par rapport aux autres chez le même fabricant et d'un fabricant à un autre.
- Identifier les points faibles de chacun d'eux en se mettant à la place de l'utilisateur.
- Déceler les tendances dans la profession généralement observables lors des foires et expositions.
- Améliorer une ou plusieurs caractéristiques en fonction des informations recueillies dans les étapes précédentes.

Représentation du Triangle magique QCI

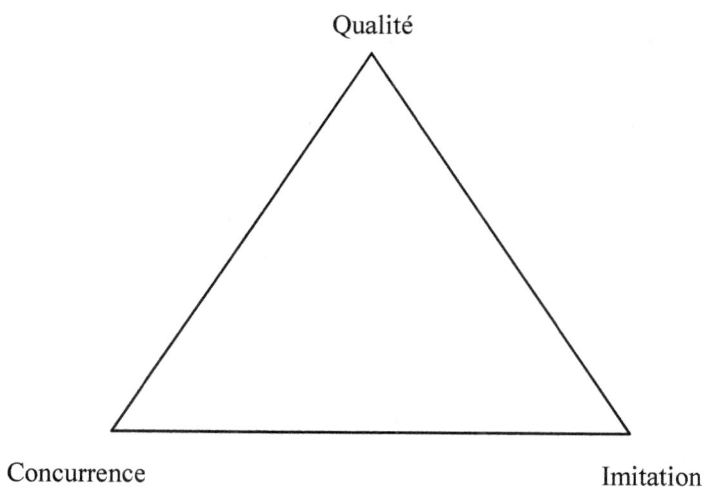

III- ILLUSTRATION DU DÉVELOPPEMENT PAR LE TRIANGLE MAGIQUE Q.C.I - avec référence au cas de l'Algérie -

0- Les secteurs d'activité : généralités

La classification de l'économie en trois secteurs d'activité fait suite aux travaux de l'économiste anglais Colin Clark, repris en France par Jean Fourastié.

Le secteur primaire regroupe l'ensemble des activités qui exploitent des ressources naturelles :

- Agriculture,
- pêche,
- élevage,
- et forêts.

Le secteur secondaire regroupe l'ensemble des activités industrielles consistant en une transformation plus ou moins élaborée de matières premières, mais également la construction, les mines et gisements... Parfois, les industries extractives sont classées dans le secteur primaire.

Le secteur tertiaire se définit par complémentarité avec les activités agricoles et industrielles (secteurs primaire et secondaire). Il se compose :

- Du tertiaire marchand (commerce, transports, activités financières, services aux entreprises, services aux particuliers, hébergement, restauration, voyages, immobilier, communication…).
-Et du tertiaire principalement non marchand (administration publique, enseignement, santé, justice…).

On distingue aujourd'hui un quatrième secteur : le secteur quaternaire regroupant l'ensemble des activités visant à fournir des services très élaborés en lien avec l'informatique, comme les activités liées à l'innovation, au numérique et à la communication (médias, activités de conseil et de recherche-développement). Ce secteur transversal nécessite une main-d'œuvre hautement qualifiée.

Prenons successivement un exemple d'illustration du Triangle magique dans le secteur primaire et le secteur secondaire. L'organisation du secteur tertiaire devrait obéir à la même logique.

A- Illustration du Triangle magique QCI dans le secteur primaire : cas du secteur agricole

Dans ce paragraphe seront traités successivement les points suivants :

- L'agriculture en Algérie, données essentielles et éléments de diagnostic.
- Les modèles de production agricole.
- Et la proposition d'un modèle de développement agricole pour l'Algérie.

L'agriculture en Algérie : données essentielles et éléments de diagnostic

Données essentielles :

Avant de donner un aperçu sur la production agricole en Algérie, une remarque préliminaire s'impose.
À la question[1] « Comment expliquer que la hausse de la production agricole n'ait pas eu un grand impact sur la facture alimentaire» ?
M. Slimane Bedrani chercheur au Centre de recherche en économie appliquée pour le développement (CREAD) a répondu de la manière suivante : « Le ministère de l'Agriculture dit que l'augmentation de la production est réelle. C'est vrai ! Le problème est de savoir si elle est aussi importante qu'il le dise. Ce ministère n'a jamais mis en place un système fiable de collecte de statistiques agricoles. Il ne procède pas, à des enquêtes régulières par échantillonnage et scientifiquement fiables pour estimer les productions agricoles et les autres grandeurs de notre agriculture … Dès lors, comment peut-on annoncer des baisses ou des hausses de la production agricole ? Il faut savoir que tous les chiffres de production sont fournis au ministère par les Directions des services agricoles (DSA) qui – dépourvues de moyens d'investigations scientifiques et de moyens matériels pour collecter l'information – font des estimations « à la louche » de manière à ne

[1] Série d'interviews réalisée par Nora BOUDEDJA parue dans ALGERIA-WATCH

pas trop déplaire au ministère. Ces estimations sont ensuite « redressées » au ministère (on ne sait pas trop sur la base de quoi.) et toujours à la hausse. Pour cette raison, on peut affirmer que les chiffres annoncés par le ministère sont largement surestimés et donc faux ».

Les données disponibles sur la production agricole sont relativement muettes, car souvent non confrontées à la demande et/ou aux objectifs d'exportation. Voici les éléments disponibles qui permettent d'apprécier l'importance de la production agricole dans ses différentes composantes et son poids dans l'économie nationale.

Pour l'année 2022 :

- La production agricole représente 14,7 % du PIB.
- Elle emploie 22,68 % de la population active avec 2,7 millions de travailleurs.
- Le taux de couverture des besoins nationaux par la production nationale est de l'ordre de 75 %.
- En 2021, l'Algérie a exporté pour 100 millions de dollars et a importé pour 11.5 milliards de dollars.
- La surface agricole utile (SAU) s'élève à 8,5 millions d'hectares (ha), soit 3,6 % de la superficie totale du pays, constituée principalement d'une immense zone saharienne en grande partie non utilisable pour l'agriculture.

2,5 millions d'ha relèvent du domaine privé de l'État, ils font aujourd'hui l'objet de concessions d'une durée de 40 ans renouvelables.

- La surface irriguée s'élève à 1,4 million d'ha en 2020 contre 400 000 ha irrigués en 2000.
- La part de l'agriculture biologique est de l'ordre de 4 %.
- Les petites exploitations de moins de 10 ha représentent environ 70 % de l'ensemble des exploitations, mais ne couvrent que 25 % des surfaces cultivées.
- Les exploitations de taille moyenne - entre 10 et 50 ha - représentent plus de 25 % de l'ensemble des exploitations et occupent environ la moitié de la surface cultivée.

- Les grandes exploitations ne représentent que 2 % de l'ensemble des exploitations mais leur poids économique est important ; elles occupent une superficie presque équivalente à celle des petites exploitations, soit 25 % des surfaces cultivées.
- Les zones de parcours en zones steppiques peu productives mais utilisables pour le cheptel, représentent 32,9 millions d'ha.
- Les forêts et les maquis couvrent 4,2 millions d'ha, mais l'Algérie ne produit pas suffisamment de bois et reste dépendante des importations et subit l'impact des variations des prix du bois sur le marché mondial. En 2017, l'importation de bois est estimée à plus de 730 000 tonnes, la production nationale pour la même année n'étant que de 130 000 tonnes. L'Algérie est classée à la 3e place mondiale en matière de production de liège et dérivés, avec 18 % de la production mondiale ; les exportations en 2017 dans cette filière sont de 4,5 millions de dollars.
- Le cheptel bovin est évalué à 2 millions de têtes.
- La viande bovine locale ne parvient pas à satisfaire la demande, obligeant l'Algérie à importer des quantités importantes de viande rouge.
- Le cheptel ovin est estimé à 19 millions de têtes, ce qui place l'Algérie au premier rang au Maghreb. Les zones steppiques concentrent 70 % du cheptel.
- Les caprins sont estimés à 3,6 millions de têtes et sont souvent associés aux ovins dans les troupeaux.
- En 2017, la production de lait en Algérie a atteint 3,52 milliards de litres, dont 2,58 milliards de litres de lait de vache.

La filière souffre d'une atomisation des exploitations, d'une faiblesse de la productivité et d'un déficit de ressources fourragères qui rend l'élevage fortement dépendant des aliments concentrés.

Malgré le développement de l'élevage laitier, l'Algérie ne parvient même pas à couvrir la moitié de la demande ; 60 % des besoins sont satisfaits grâce à des importations sous forme de lait en poudre.

La production de viande de volaille a atteint en 2017, 5,3 millions de quintaux, la viticulture compte 240 millions de poulets de chair et de dindes.

- La production d'œufs de consommation a atteint 6,6 milliards d'unités en 2017.
- L'Algérie n'importe pas de volailles, mais cette autosuffisance n'est qu'apparente, car la filière avicole dépend de l'importation des inputs nécessaires à son fonctionnement, maïs et soja pour la fabrication des aliments concentrés, produits vétérinaires, équipements…
- L'apiculture compte 50 000 apiculteurs agréés à l'échelle nationale. La production de miel a atteint 75 000 quintaux en 2018 contre 35 000 quintaux en 2000.
- La production halieutique a atteint 108 300 tonnes en 2017 ;
- La production aquacole, quant à elle, s'est établie à 4 200 tonnes pour la même année.
- Les échanges commerciaux agricoles sont principalement caractérisés par l'importation des produits suivants : céréales, lait, huiles, sucre brut, tourteaux… Les principaux fournisseurs de l'Algérie sont : la France, l'Italie, le Brésil, l'Argentine…
- Les exportations quant à elles sont très faibles ; elles concernent principalement le sucre réexporté après raffinage, les eaux minérales et gazéifiées, les pâtes alimentaires et couscous, les dattes, les vins, les graisses et huiles végétales, la pomme de terre et les produits maraîchers : (melon, pastèque, tomate, citron, fraise, poivron, aubergine, truffe…)
Les principaux clients de l'Algérie sont la France, l'Allemagne, l'Espagne, la Russie, le Canada, les États-Unis, les Émirats arabes unis et le Qatar…

En matière de formation et de recherche, l'Algérie dispose de quatre structures :
- Institut National de la Recherche Agronomique (INRA).
- École Nationale Supérieure d'Agronomie (ENSA).
- Institut National de Recherche Forestière (INRF).
- Et le centre Cynégétique de Zéralda (CCZ).
Comme elle dispose :
- D'une Banque Nationale de semences depuis 2022.

L'Algérie a produit, en 2018 :

- 4,6 millions de tonnes de pomme de terre (17e producteur mondial) ;
- 3,9 millions de tonnes de blé (28e producteur mondial) ;
- 1,9 million de tonnes d'orge (18e producteur mondial) ;
- 118 000 tonnes d'avoine (28e producteur mondial) ;
- 38 274 tonnes de pois chiches (18e producteur mondial) ;
- 10 071 tonnes de lentilles (16e producteur mondial) ;
- 2 millions de tonnes de pastèque (6e producteur mondial) ;
- 1,4 million de tonnes d'oignon (16e producteur mondial) ;
- 1,3 million de tonnes de tomate (18e producteur mondial) ;
- 1,1 million de tonnes d'orange (14e producteur mondial) ;
- 1 million de tonnes de datte (4e producteur mondial, derrière l'Egypte, l'Arabie Saoudite et l'Iran) ;
- 860 000 tonnes d'olives (6e producteur mondial) ;
- 651 000 tonnes de poivron (9e producteur mondial) ;
- 502 000 tonnes de raisin (25e producteur mondial) ;
- 431 000 tonnes de carotte (18e producteur mondial) ;
- 388 000 tonnes de citrouille (14e producteur mondial) ;
- 262 000 tonnes de mandarine (16e producteur mondial) ;
- 242 000 tonnes d'abricot (4e producteur mondial, derrière la Turquie, l'Iran et l'Ouzbékistan) ;
- 207 000 tonnes de chou-fleur et brocoli (12e producteur mondial) ;
- 202 000 tonnes d'ail (8e producteur mondial) ;
- 200 000 tonnes de poire (14e producteur mondial) ;
- 193 000 tonnes de concombre (26e producteur mondial) ;
- 190 000 tonnes de pêche et nectarine (18e producteur mondial) ;
- 186 000 tonnes de pois ;
- 181 000 tonnes d'aubergine (11e producteur mondial) ;
- 124 000 tonnes d'artichaut (5e producteur mondial, derrière l'Italie, l'Egypte, l'Espagne et le Pérou) ;
- 111 000 tonnes de prune (20e producteur mondial) ;
- 109 000 tonnes de figue (4e producteur mondial, derrière la Turquie, l'Egypte et le Maroc) ;
- 78 798 tonnes de citron (23e producteur mondial) …

Les classements donnés dans cette longue liste servent à tirer la conclusion qu'on est parmi les meilleurs au monde ! Tant mieux pour nous ! Mais voyons cela d'un peu plus près.
En 2024, l'Algérie a vécu une pénurie de légumes secs ; pourtant, selon les données précédentes, nous sommes classés respectivement pour les pois chiches et les lentilles, 18e et 16e producteur mondial !
Il est vrai qu'une pénurie peut être occasionnée par des facteurs conjoncturels, il n'en demeure pas moins que le manque de fiabilité de l'information agricole est un paramètre à prendre en considération.
Ce n'est pas la première fois que nous nous aventurons dans un domaine dans lequel notre ignorance est démesurée. Une fois de plus, nous prenons le risque avec lucidité, tant les propositions sont rares.

Éléments de diagnostic

L'agriculture dans notre pays présente plusieurs points faibles qui peuvent brièvement être résumés comme suit :

- L'absence d'intégration des filières et du secteur agricoles

La sécurité, la souveraineté et l'autosuffisance alimentaires sont des notions remises au goût du jour depuis la guerre en Ukraine qui a fait prendre conscience aux différents pays du monde que les pénuries (voire la famine pour certains d'entre eux) peuvent les concerner en raison d'un conflit touchant une zone exportatrice importante.
De notre point de vue, l'insécurité alimentaire peut exister même en l'absence de conflits notamment quand le secteur agricole n'est pas suffisamment intégré.
L'agriculture en Algérie satisfait – nous dit-on – 75 % des besoins nationaux. Ce chiffre est consolateur. Mais peut-on raisonnablement parler de sécurité ou de souveraineté alimentaire quand la quasi-totalité des inputs agricoles est importée ?
À notre connaissance, l'Algérie importe des semences, des plants, des produits phytosanitaires, des engrais… ; elle manque de machines agricoles, de technologie et de savoir-faire ; elle importe des quantités importantes de produits de première nécessité (blé, lait, sucre, huiles…). Dans ces conditions, peut-on raisonnablement s'enorgueillir

d'une quelconque sécurité alimentaire ? De notre point de vue, la réponse est non !

- La faiblesse de la productivité et des rendements

La faiblesse de la productivité et des rendements peut être due non seulement à des facteurs géographiques tels que l'aridité du climat et la faiblesse de la fertilité des sols, mais aussi à d'autres facteurs comme :

- Les modèles agricoles choisis (agriculture extensive, biologique…).
- La non-utilisation des semences à haut rendement.
- La faible utilisation des engrais et de produits phytosanitaires.
- La faible mécanisation des exploitations.
- La place de la valeur travail dans la société.
- Les politiques gouvernementales ayant un impact sur le secteur agricole…

- la non-maîtrise des progrès techniques et des savoir-faire

Elle se manifeste notamment par la faible mécanisation des exploitations agricoles et l'insuffisance de la maîtrise des savoir-faire en matière d'élevage, d'engraissement, de semences, de fabrication de produits phytosanitaires, de techniques d'irrigation….

- la qualité de la formation des personnels

En agronomie comme ailleurs, les autorités algériennes se sont depuis toujours attachées à la quantité, jamais à la qualité !

On peut faire une enquête sur le nombre de fois que les équipes des universités et des instituts de formation supérieure de notre pays, se sont posé la question de savoir ce qu'il faut faire pour être au niveau des meilleures universités et grandes écoles dans le monde. Nous avons la réponse : jamais ! Le mal est profond, très profond !

Plutôt que de se poser ce genre de questions et d'avoir ce genre de préoccupations et plutôt que de bien payer les professeurs de l'enseignement supérieur, les autorités ont récemment rendu possible le statut d'auto-entrepreneur pour les professeurs d'université pour leur permettre de faire des affaires.

Voilà l'un des maux qui rongent la société algérienne : faire des affaires... au détriment de son métier de base, de sa profession initiale.

Les différents modes de production agricole

On peut classer les systèmes de production agricole en trois grandes familles :

L'agriculture extensive

Par opposition à l'agriculture intensive, l'agriculture extensive est un système de production agricole qui a les caractéristiques suivantes :
- Il consomme moins de facteurs de production par unité de surface.
- Il utilise peu d'inputs et moins de machines que l'agriculture intensive.
- Et ses rendements sont relativement faibles.

On distingue deux formes d'agriculture extensive :

- La forme traditionnelle qu'on rencontre principalement dans les pays sous-développés sous forme d'agriculture vivrière utilisant une main-d'œuvre abondante et des moyens techniques limités.
- La forme moderne de l'agriculture extensive adoptée dans les pays industrialisés dotés d'immenses surfaces comme l'Amérique du Nord. Elle utilise une main-d'œuvre formée mais limitée et une mécanisation poussée. Le caractère extensif se justifie par rapport à l'étendue des sols, car la productivité de la main-d'œuvre est au contraire très élevée.

L'agriculture intensive

L'agriculture intensive se caractérise par une productivité élevée des facteurs de production : foncier, machines et main-d'œuvre.

Elle fait appel à des techniques modernes : machines agricoles, robots, matériel d'irrigation et de drainage des sols, culture sous serre, culture hors-sol... Elle utilise des semences à haut rendement, des engrais de synthèse, des produits phytosanitaires, de l'alimentation industrielle pour le bétail et des techniques très diversifiées développées par l'enseignement technique et la recherche agronomique,

Certains systèmes de production agricole sont à la fois modernes et partiellement extensifs ou peu intensifs. C'est le cas de la production céréalière en Australie et en Amérique du Nord et du Sud qui utilise peu d'intrants par hectare ; une forte mécanisation ; et très peu de main-d'œuvre.
En Australie, la céréaliculture moderne non intensive produit du blé à raison de 15 à 20 quintaux par hectare, mais sur des exploitations de 4 000 à 5 000 hectares. En France, avec une céréaliculture moderne et intensive, le Bassin parisien produit 80 à 100 quintaux par hectare, mais sur des exploitations de 150 à 300 hectares pour l'essentiel.
L'agriculture intensive implique l'utilisation de produits chimiques pour protéger les cultures contre les maladies et les insectes nuisibles.
Les insecticides et les herbicides ont un impact négatif sur la vie des sols, en plus d'être nocifs pour la santé humaine.
Par ailleurs, l'emploi d'engrais chimiques destinés à maximiser la production accroît la mort des sols et contribue à la pollution de l'eau.
Malgré ses nombreux aspects négatifs, l'agriculture intensive dite conventionnelle reste la plus pratiquée en Occident.

Les modèles agricoles à dimension environnementale

On peut distinguer plusieurs types selon la place plus ou moins importante donnée à la protection de l'environnement.

- L'agriculture biologique

L'agriculture biologique est une méthode de production agricole qui vise deux objectifs principaux :
Le respect des systèmes et cycles naturels.
Et le maintien et l'amélioration de l'état du sol, de l'eau et de l'air ainsi que la santé des végétaux et des animaux.
Pour y parvenir, elle exclut le recours aux produits chimiques de synthèse, aux OGM et la conservation des cultures par irradiation.
La fertilisation des sols et la protection des plantes sont assurées par l'utilisation d'engrais et de pesticides issus de substances naturelles.
L'agriculture biologique est soumise à des normes contraignantes et ses produits se vendent à un prix généralement élevé.

- L'agriculture durable

Contrairement à l'agriculture biologique dont les pratiques et les règles sont définies par un cahier des charges et certifiées par un label, l'agriculture durable est moins encadrée. Elle repose sur les valeurs et les principes du développement durable qui visent à assurer des productions agricoles pérennes en respectant les conditions écologiques, économiques et sociales.

Son but est de limiter l'impact de la production agricole sur l'environnement, la biodiversité, la santé humaine et celle de la faune et de la flore.

- L'agriculture raisonnée

L'agriculture raisonnée est un système de production agricole qui se veut raisonnable et responsable. Comme son nom l'indique, elle vise une utilisation raisonnée des produits chimiques.

L'environnement et le vivant sont placés au cœur des préoccupations des agriculteurs qui adaptent le dosage des produits de synthèse et l'utilisation du matériel en fonction de ce qui est réellement nécessaire.

Ce mode de production est à mi-chemin entre l'agriculture intensive et l'agriculture biologique, il permet aux producteurs d'opter pour un mode de production plus durable et responsable tout en poursuivant l'impératif de productivité et de rentabilité.

- L'agriculture de conservation des sols

L'agriculture de conservation des sols est un système de production qui se donne comme objectif d'empêcher la perte de terres arables tout en régénérant les terres dégradées. Elle repose sur trois principes fondamentaux : la réduction du travail du sol ; la diversification des espèces végétales ; et une couverture permanente des sols par des cultures, des plantes compagnes et des couverts végétaux. Les plantes compagnes sont des plantes qui, cultivées ensemble, apportent des bénéfices mutuels en termes de protection, de croissance, de rendement… Ce modèle de production maîtrise l'utilisation des intrants (engrais, produits phytosanitaires, carburant) sans pour autant les interdire. Il vise simultanément la conservation des sols et des objectifs économiques et techniques.

- L'agriculture paysanne

L'agriculture paysanne s'inscrit dans les critères de durabilité, de respect de l'environnement et de conservation du tissu social. Son rôle ne se limite pas à la production de denrées alimentaires, mais elle a aussi un rôle social, environnemental et de maintien de la qualité des produits agricoles.

Dans les pays en développement, l'Agriculture paysanne est souvent une agriculture familiale qui joue un rôle alimentaire, socio-économique, culturel et environnemental.

- L'agriculture familiale

L'agriculture familiale est une forme d'agriculture caractérisée par le lien entre la famille et l'exploitation agricole.

Elle englobe toutes les activités agricoles reposant sur la famille, en relation avec de nombreux aspects du développement rural.

- L'agriculture intégrée

L'agriculture intégrée est un ensemble de pratiques agricoles mêlant agricultures biologique et intensive ou conventionnelle. L'objectif de ces modes de production est de proposer une agriculture plus durable, notamment en utilisant des moyens naturels et des mécanismes régulateurs, proches de ceux qui existent dans la nature.

Proposition d'un modèle de développement agricole pour l'Algérie

La proposition suivante a un double point de départ :

- Le diagnostic établi précédemment.
- Et la philosophie du Triangle magique QCI.

La stratégie de développement agricole en Algérie doit viser deux objectifs complémentaires et fondamentaux :

- La sécurité et la souveraineté alimentaires.
- Et l'efficacité productive et environnementale.

La sécurité et la souveraineté alimentaires

La sécurité et la souveraineté alimentaires peuvent être atteintes grâce à l'intégration sectorielle et au modèle de développement agricole par la substitution des importations.

-L'intégration sectorielle

La notion d'intégration renvoie à la filière de production constituée de plusieurs étapes ou stades de fabrication. Dans la branche textile par exemple, il y a trois étapes de production : la filature, le tissage et la confection. Une entreprise peut choisir d'être présente dans deux ou trois stades de fabrication, elle est dans ce cas une entreprise dite intégrée.

L'intégration sectorielle que nous évoquons ici renvoie à la nécessité pour le secteur agricole d'assurer la fabrication de ses inputs (intrants) dans une proportion importante en appliquant les principes directeurs du Triangle magique QCI : qualité, compétition et possibilité d'imitation.

Les inputs du secteur agricole sont essentiellement les suivants : les semences, les plants, les engrais, les produits phytosanitaires, le matériel d'irrigation, l'alimentation des élevages, l'eau et les machines agricoles.

Les machines agricoles

Le choix des investisseurs et partenaires doit se faire parmi les principaux constructeurs de machines agricoles dont voici une liste indicative :

Constructeurs	**Pays**
AGRAM	France
Aebi	Suisse
ALBinnovation-LIFT	Danemark
AGCO	États-Unis
AGRONOMIC	France
Alpego	Italie
Amazonen-Werke	Allemagne
Argo	Italie
AVR	Belgique

Belair SARL	France
CNH Industrial NV	Royaume-Uni
Groupe Jiangsu Changfa	Chine
groupe YTO	Chine

Par application des principes du triangle magique :
- La qualité s'obtient en choisissant 02 constructeurs directs étrangers parmi les meilleurs constructeurs.
- La compétition s'obtient par la multiplication des acteurs.
- La possibilité d'imitation s'obtient grâce à 02 usines « produit en main » achetées auprès des entreprises challengers et qui fonctionneraient à l'issue de la période de formation, avec un personnel 100 % algérien.

Pour les autres inputs, semences, engrais, produits phytosanitaires, systèmes d'irrigation, alimentation transformée pour animaux d'élevage…on procède de la même manière : On choisit 02 entreprises parmi les meilleurs producteurs sur le marché mondial comme investisseurs directs étrangers ; puis on achète 02 exploitations ou usines « produit en main » qui nous servent de terrain d'apprentissage et d'imitation et qui nous permettent d'acquérir dans ce domaine une autonomie technologique par rapport au reste du monde.

Une fois les investissements structurants réalisés grâce au cerveau invisible de l'État, la main invisible du marché devrait être en mesure de prendre progressivement le relais.

- Le Développement agricole par la substitution des importations – DASI –

Le montant consacré par l'Algérie aux importations alimentaires a dépassé certaines années les 11 milliards de dollars. Heureusement que Sonatrach est là !

Les importations dans le domaine agricole et agroalimentaire sont dominées par les céréales qui représentent près de 30 % (blé tendre 20 %, blé dur 7 % et l'orge 2 %) ; la poudre de lait (13 %) ; l'huile (10 %) ; le sucre (8 %) ; le maïs (8 %)…

L'Algérie est confortée par ses fournisseurs traditionnels dans l'idée que : « Les contraintes climatiques conjuguées à la rareté des ressources en terres fertiles et en eau ne permettent pas à l'agriculture du pays de répondre pleinement à ses besoins alimentaires ». Parole de fournisseur traditionnel !

La production de blé, de maïs, de lait, d'huile … n'a rien de compliqué sur le plan technique ; on n'est pas dans le domaine des industries de haute technologie.

De notre point de vue, il est parfaitement possible pour notre pays d'adopter une politique de développement agricole basée sur la substitution des importations de produits qui grèvent sérieusement notre pouvoir d'achat international : blé tendre, blé dur, lait en poudre, huile, sucre…

Pour y parvenir, voici les lignes directrices à observer :

- Profiter de l'intelligence de ceux qui ont réussi le mieux dans ces divers domaines, cela permet des gains importants en termes de qualité, de rendement, de temps et d'argent.
- Permettre aux grands groupes nationaux de l'industrie agroalimentaire d'investir dans ces filières.
- Adopter le mode de production intensif pour cette catégorie de produits.
- Les exploitations agricoles « produit en main » est une formule qui peut donner de bons résultats. Cela consiste à :

. Choisir une ''exploitation modèle'' dans un pays développé pour une production quelconque (blé, vaches laitières, poudre de lait, maïs, huiles, sucre, veaux d'engraissement…).

. Importer la même exploitation avec les mêmes moyens et la même organisation ; et de la faire fonctionner avec un personnel 100 % national formé par ''l'exploitation modèle''. L'assistance de cette dernière devrait se poursuivre jusqu'à atteindre les niveaux de qualité et de rendement équivalents aux siens.

La multiplication des acteurs de taille moyenne ou intermédiaire est de très loin préférable au choix d'exploitations gigantesques, rien que pour le plaisir d'annoncer la réalisation de la plus grande ferme au monde ; cette attitude dénote un manque de lucidité économique.

Le DASI doit poursuivre une double efficacité, productive et environnementale.

- L'efficacité productive

L'efficacité productive s'obtient grâce à deux facteurs : le choix d'un mode de production approprié et la qualité de la formation.

Les modes de production agricole sont exposés plus haut. Pour les produits constitutifs des programmes de substitution des importations, nous suggérons l'adoption du mode de production intensif avec toutes ses caractéristiques. L'objectif premier étant d'arriver dans un délai raisonnable à l'autosuffisance alimentaire pour les produits de première nécessité.

L'amélioration de la qualité de la formation quant à elle, ne peut s'obtenir que par l'ouverture sur l'extérieur, par le biais d'accords de coopération et de formation. Voici une liste indicative des meilleures écoles d'ingénieurs en agronomie :

Rang	**Université**	**Pays**
1	Université de Wageningen	Pays-Bas
2	Université de Californie-Davis	USA
3	Université suédoise des sciences agricoles	Suède
4	Agro-Paris-Tech	France
5	Université Cornell	USA
6	ETH Zurich-Institut fédéral de technologie	Suisse
7	Université agricole de Chine	Chine
8	Université de Wisconsin-Madison -	USA
9	Université de Californie-Berkeley	USA
10	Université d'État du Michigan	USA

- L'efficacité environnementale

Pour les autres produits agricoles notamment maraîchers pour lesquels la couverture des besoins est assurée, l'adoption des modes de production à dimension environnementale est parfaitement justifiée : Agriculture raisonnée, durable, biologique, agriculture de conservation des sols ...

B- Illustration du Triangle magique QCI dans le secteur secondaire : exemple de la branche automobile

La branche automobile est constituée de quatre types d'entreprises :

- Les constructeurs automobiles ;
- les équipementiers ;
- les concessionnaires ou les distributeurs ;
- et les réparateurs.

Seuls les constructeurs automobiles et les équipementiers sont des entreprises industrielles.

Voici comment on aurait dû organiser les investissements structurants dans cette branche.

02 Investisseurs directs étrangers, exemple :

Volkswagen (+01 équipementier) ; Toyota (+01 équipementier)

02 Usines « produit en main », exemple : Renault (+01 équipementier)
Peugeot (+01 équipementier)

Les investisseurs directs étrangers ont un rôle d'entraînement et de dynamisation de la branche.

Les usines « produit en main » dont les effectifs sont à 100 % nationaux et constitués notamment de directeurs, d'ingénieurs et de spécialistes en marketing stratégique formés dans les grandes écoles et les meilleures universités du monde, ont un rôle de challenger.

Cette façon de structurer la branche sur des bases saines, solides et pérennes permettrait aux personnels algériens de maîtriser les métiers de la construction automobile en moins d'une dizaine d'années.

Quand c'est des considérations de copinage et de corruption qui prévalent, c'est le désordre et l'instabilité qui s'installent.

Malgré la multiplication des acteurs dans la branche automobile pendant l'ère du président Bouteflika, l'Algérie ne peut s'enorgueillir de maîtriser la construction automobile. L'économie de bazar n'est pas l'économie de marché !

Si on continue à gérer le pays de cette manière, dans un peu plus de trois décennies, l'Algérie aura un siècle d'indépendance et sera toujours au point zéro ! Voici un tableau élaboré par le ministère de l'Industrie qui récapitule les entreprises de ''fabrication'' automobile en Algérie par marque.

Marques	Capacité	Type de véhicule	Province
Volkswagen (Groupe SOVAC)	100 000	Véhicules de tourisme	Relizane
Hyundai (CIMA - MOTORS)	200 000	Véhicules de tourisme	Tiaret
BAIC Sariak Auto Handler	180 000	Véhicules de tourisme	Batna
Suzuki (CIMA MOTORS)	100 000	Véhicules de tourisme	Saïda
Renault (RAP)	150 000	Véhicules tourisme	Oran
Peugeot-Citroën (PCPA)	120 000	Véhicules tourisme	Oran
Kia (Global Group)	fermé	Véhicules tourisme	Batna
Seat (Groupe SOVAC)	80 000	Véhicules tourisme	Relizane
Škoda (Groupe SOVAC)	40 000	Véhicules de tourisme	Relizane
Chery -GM-Trade-Groupe Mazouz	30 000	Véhicules de tourisme	Sétif
Audi (Groupe SOVAC)	3 000	Véhicules tourisme	Relizane
Fiat (Groupe Stellantis)	60000	Véhicules tourisme	Oran
Iveco (Groupe Ival)	20 000	Véhicules utilitaires	Bouira
Mercedes-Benz (SAFAV)	8 000	Véhicules utilitaires	Tiaret
Mercedes-Benz Trucks (SAPPL-MB)	15 000	Camions et autobus	Alger
Hyundai Truck &Bus (Global Group)	20 000	Camions et autobus	Batna
Shacman (Groupe Mazouz)	10 000	Camions	Sétif
Higer Bus (Groupe Mazouz)	3 000	Autobus	Sétif
Foton (Kiv Group)	50 000	Camions et véhicules tourisme	Annaba
JAC Motors (EminAuto)	50 000	Camions et véhicules tourisme	Aïn-Témouchent
SNVI	6 400	Camions et autobus	Alger

Renault-Volvo (BSF Souakri)	5 000	Camions	Blida
Etrag	6 000	Tracteurs agricoles	Constantine
Sonalika	6 000	Tracteurs agricoles	Sidi Bel Abbès
Massey Ferguson (ATC Spa)	5 000	Tracteurs agricoles	Constantine
Deutz-Fahr	5 000	Tracteurs agricoles	Tlemcen
Mahindra Tractors	3 000	Tracteurs agricoles	Tizi-Ouzou
AS-Motors	30 000	Cyclomoteurs	Bordj Bou Arreridj
SYM (Algeria HAM Motors)	15 000	Cyclomoteurs	Sétif
VMS industrie	5 000	Cyclomoteurs	Béjaïa - Bouira
CYCMA	10 000	Cyclomoteurs	Guelma

Quelques remarques s'imposent à propos de ce tableau :

- Il s'agit essentiellement d'usines d'assemblage et non de fabrication comme le suggère l'intitulé du tableau ; la différence dans la maîtrise des technologies est de taille !
- La plupart de ces usines sont issues de relations de copinage : la présidence de la République octroyait à des hommes d'affaires proches du 1er cercle présidentiel des projets d'investissement dans la branche automobile, en contrepartie de pots-de-vin et de financement illégal de campagnes électorales. (revoir si besoin, le paragraphe sur la corruption au chapitre II).
- Certains groupes ont depuis quitté l'Algérie (exemple du groupe Renault), d'autres saisis voire liquidés alors qu'ils sont économiquement viables (exemple : Groupe Sovac , Groupe Mazouz)
- Si l'Algérie avait réellement une telle maîtrise des métiers de l'automobile, des épaves de plus de 30 ans ne se vendraient pas à plus de 1 200 000 DA ! Soit l'équivalent de 5 ans de travail au SMIG.

IV- LES CONDITIONS DE RÉUSSITE DU MODÈLE DE DÉVELOPPEMENT PAR LES SCIENCES DE L'INGÉNIEUR

Ces conditions découlent des obstacles au développement exposés dans le chapitre II. Elles sont toutes importantes, mais celles qui nous paraissent décisives sont en nombre de quatre :
- La séparation des professions militaire, politique et économique (A)
- la réhabilitation de la valeur travail et du mérite (B) ;
- l'instauration de l'État de droit et de la démocratie (C) ;
- et la mise en place de l'économie de marché (D).

A - LA SÉPARATION DES PROFESSIONS MILITAIRE, POLITIQUE ET ÉCONOMIQUE

L'origine de la quasi-totalité des problèmes que vit notre pays réside dans l'emmêlement des professions militaire, politique et économique.

Les officiers supérieurs de l'armée, les hommes politiques et les investisseurs économiques doivent impérativement choisir entre ces trois professions.

Celui qui choisit l'une d'entre elles doit impérieusement renoncer aux deux autres.

Celui qui veut faire une carrière militaire, son rôle est de bien faire son métier de militaire. La nation n'attend rien de plus de lui !

Un officier supérieur de l'armée qui veut être entrepreneur a toute la liberté de le faire, mais il doit renoncer à son statut de militaire et ne doit pas s'ingérer dans la nomination des membres du gouvernement.

Un membre de l'exécutif n'aurait pas besoin du parrainage intéressé d'un militaire ou d'un homme d'affaires puissant pour accéder à ce poste. Il ne doit devoir sa promotion qu'à ses seules qualités personnelles et professionnelles.

Il n'appartient pas aux services de sécurité de choisir le président de la République ou les parlementaires, en lieu et place du peuple !

Ce mélange des genres est destructeur pour l'économie et pour la nation dans son ensemble, par les conséquences qu'il engendre : conflits d'intérêts, passe-droits, abus de pouvoir, corruption et enrichissement illicite, injustices sociales, démotivation au travail, perte de confiance des citoyens à l'égard du pouvoir et de ses institutions, etc.

B- LA RÉHABILITATION DE LA VALEUR TRAVAIL ET DU MÉRITE

La rente pétrolière et gazière a dévalorisé le travail et le mérite et a permis aux Tout-puissants d'ériger la médiocrité au rang de critère de promotion sociale.

Les exceptions à cette règle sont rares et ne sont généralement tolérées que pour de courtes périodes.

Pour se faire une idée sur la dégradation de notre niveau intellectuel, il suffit d'écouter les experts du Système quand ils débattent sur un plateau de télévision d'un problème quelconque qui concerne notre pays, ou de lire quelques thèses de doctorat.

Malheureusement, la prise de conscience de ce délabrement intellectuel qui peut provenir d'une ouverture sur l'extérieur n'est pas pour demain, car les écosystèmes médiocres sont par définition des écosystèmes fermés.

Dans le chapitre précédent, nous avons indiqué les caractéristiques qu'il faut avoir et les conditions qu'il faut remplir pour figurer sur la liste des prétendants aux fonctions supérieures et aux postes pourvoyeurs d'avantages matériels et financiers permettant la corruption :

Être docile, malléable et manipulable.

Être médiocre, voire une calamité sur le plan intellectuel.

Montrer une allégeance sans failles aux Tout-Puissants.

Être capable de commettre des infractions sans états d'âme …

Un fait est indiscutable : une société ne peut se développer que si elle érige le travail et le travail bien fait en valeurs.

Il n'y a pas un seul pays au monde qui s'est développé sans que le travail ne soit au cœur de ses valeurs ; les exemples du Japon, de la Corée du Sud et actuellement de la Chine, sont très éloquents à cet égard.

Les Algériens qui doutent de cette affirmation n'ont qu'à faire un stage dans l'un de ces pays. Mais il est vrai qu'il n'y a pire aveugle que celui qui ne veut pas voir !

C- L'INSTAURATION DE L'ÉTAT DE DROIT ET DE LA DÉMOCRATIE

L'État de droit et la démocratie supposent la séparation des pouvoirs, l'indépendance de la justice et la liberté de la presse.
Dans un État de droit, tous les citoyens sont soumis au droit et personne n'est au-dessus des lois ; ni le président de la République, ni le Premier ministre, ni le ministre de la Défense nationale, ni le chef d'état-major des armées, ni leurs proches.
Le citoyen français qui a giflé le président Macron a été condamné selon les règles de droit applicables dans de telles circonstances ; ni plus ni moins.
En Algérie, les Tout-Puissants sont au-dessus des lois, au vu et au su de tous !
Celui qui dénonce leurs agissements risque la prison ferme pour des chefs d'inculpation aussi fallacieux les uns que les autres : atteinte au moral de l'armée, atteinte à l'unité nationale, intelligence avec des puissances étrangères ...
Nos dirigeants sont en guerre permanente contre des ennemis préfabriqués ! Ils ont une peur excessive et irrationnelle des étrangers. Qu'ils se rassurent ! C'est l'intelligence qui attire les espions et non la bêtise !

Le rétablissement de la confiance entre l'État et les citoyens passe par l'instauration de l'État de droit. Rien de solide et de durable ne se construit sur le mensonge !
Deux attributs fondamentaux de la démocratie peuvent aider à l'édification de la nation sur des bases saines et prometteuses ; il s'agit de l'alternance au pouvoir et de la liberté de la presse et d'expression.
L'alternance au pouvoir induit plus d'efficacité économique et une plus grande justice sociale dans les systèmes où les élections sont transparentes et où le bulletin de vote a de la valeur.

Les libertés de la presse et d'expression sont d'une part, un moyen efficace de lutte contre la corruption et les dérives de tout genre ; d'autre part, un moyen d'instaurer le débat autour des questions qui concernent la nation. L'intelligence collective est toujours supérieure à l'intelligence individuelle.
Voici une phrase que nous avons écrite il y a quarante ans. Comme l'histoire est en train de bégayer, nous bégayons avec elle : « il n'y a pire danger pour notre société que de vouloir ramener tout le monde à penser de la même façon[1] ».

D- L 'INSTAURATION DE L'ÉCONOMIE DE MARCHÉ

L'irresponsabilité et l'absence de compétition sont deux caractéristiques principales des économies à dominante publique.
L'irresponsabilité signifie que l'absence de performances n'est pas sanctionnée. Cette réalité crève les yeux dans un pays comme le nôtre où ce sont les Tout-puissants qui imposent les dirigeants des entreprises publiques en fonction de leurs intérêts personnels ; peu importe leurs résultats.
À l'opposé, l'économie de marché implique la responsabilité des acteurs à tous les échelons, du chef de service au président directeur général. Ceux qui réussissent sont promus, ceux qui obtiennent des résultats médiocres sont démis de leurs fonctions. Cette règle est inhérente à la propriété privée du capital.
L'absence de compétition quant à elle, implique notamment l'absence de variété, de qualité et d'innovation dans la production de biens et de services.
Les richesses naturelles dans les pays sous-développés sont une malédiction à chaque fois qu'elles engendrent la mise en place d'une économie rentière avec des conséquences destructrices sur les plans politique, économique et social.
Les chances de développement des pays du Sud dépendent de leur capacité à instaurer l'économie de marché.

---

[1] H. MADOUCHE, l'Entreprise et l'Économie algériennes, Quel Avenir ? Ouvrage déposé aux Éditions Laphomic en 1985 – édité après les événements d'octobre 1988

SECTION II - LE DÉVELOPPEMENT PARTICIPATIF DE L'ESTHÉTIQUE – DPE –

Il y a des signes extérieurs du développement et du sous-développement, comme il y a des signes extérieurs de richesse et de pauvreté.

Les pays développés sont principalement caractérisés par la technique et l'esthétique.

L'esthétique est l'une des caractéristiques visibles du développement.

Le style, la beauté, le design, la décoration, le raffinement, la finesse des goûts, la mode… créent de plus en plus des produits chargés de beauté et de séduction.

Le capitalisme actuel est un capitalisme des beaux-arts ; la production de biens et de services est pénétrée par l'esthétique, la sensibilité et l'émotion.

La dimension esthétique est devenue une variable stratégique centrale dans la concurrence que se livrent les grandes marques.

L'esthétique dans la production de biens et de services est le fait des entreprises.

Dans notre modèle, elle est intégrée dans le Triangle magique par la qualité apportée par les investisseurs directs étrangers leaders dans leurs domaines ; la beauté étant une dimension majeure de la qualité.

Elle se généralise grâce à la compétition et à l'imitation qui sont les deux autres variables d'action du Triangle magique.

Sans tomber dans L'esthétisme qui consiste à évaluer les valeurs humaines et celles des objets sous l'angle exclusif de l'esthétique, de notre point de vue, le développement des pays du tiers-monde doit nécessairement passer par l'esthétisation de l'environnement et de la société.

L'esthétisation est le processus de transformation d'une réalité inesthétique en une réalité esthétique caractérisée par l'harmonie, la beauté, la grâce et l'élégance.

Le caractère participatif de l'esthétisation dans ces deux domaines est indispensable. L'action de l'État sans la participation de la société sera vaine.

L'objet de la présente section est d'examiner le Développement participatif de l'esthétique (DPE) dans sa double dimension environnementale (I) et sociétale (II).

I- L'ESTHÉTISATION DE L'ENVIRONNEMENT

L'environnement est constitué de tout ce qui nous entoure ; de tout ce qu'on voit quand on quitte son domicile ou qu'on voyage à travers le pays.

En règle générale, dans un pays développé, l'environnement se caractérise par la beauté et la propreté.

À l'inverse, dans un pays sous-développé - à l'exception de quelques îlots de modernité – les espaces où il y a une présence humaine se caractérisent par un manque d'hygiène, une architecture souvent disgracieuse et des bidonvilles à la périphérie des grands centres urbains.

Quand on survole un pays développé, vu du ciel, on voit que le pays est à la fois nettoyé et travaillé ; à l'inverse, le pays sous-développé donne l'impression d'un pays abandonné. Des détritus, des déchets et des ordures jonchent des espaces importants.

En quoi consiste l'esthétisation de l'environnement ? Quels sont les acteurs de cette action ? Et comment elle peut être conduite ? Les éléments de réponse à ces trois questions sont formulés dans les points successifs A, B et C.

A- LES DOMAINES DE L'ESTHÉTISATION DE L'ENVIRONNEMENT

La construction et l'architecture

De notre point de vue, trois idées directrices doivent guider l'action des gouvernements des pays sous-développés dans ce domaine.

L'entretien et la restauration du patrimoine architectural

Chaque pays du tiers-monde possède une architecture façonnée par son histoire. L'entretien, la restauration et la préservation de ce patrimoine architectural sont une nécessité absolue. Il est à peine exagéré de dire qu'un pays sans histoire est un pays sans avenir.

Pour les pays sous-développés qui n'ont pas encore leurs propres écoles de formation dans les domaines de la restauration et de la conservation des patrimoines, ils peuvent d'ores et déjà former les premières promotions dans les pays avancés qui possèdent l'expérience et l'excellence dans ce domaine.
Proches de nous, la France et l'Italie en sont des exemples. Les formations peuvent aller de Bac +2 ou 3 à Bac +5.
Quand on voit dans quel état est la Casbah d'Alger, pourtant inscrite à l'Unesco comme patrimoine mondial de l'humanité, il est légitime de se poser la question sur les préoccupations et les occupations des fonctionnaires qui se sont succédé dans les ministères en charge de cette question, de l'indépendance du pays en 1962 à ce jour !
D'autres actions telles que l'hygiène, l'embellissement, le verdissement ... sont indispensables pour offrir une meilleure qualité de vie aux habitants des vieilles villes et un cadre agréable pour les visiteurs.

La construction de centres urbains modernes

Pour construire des centres urbains modernes, il faut former des architectes de qualité dans les différentes branches de l'architecture.
- L'architecture commerciale

Les architectes commerciaux travaillent sur les projets de construction de centres commerciaux, de magasins, de boutiques, de bureaux …
- L'architecture résidentielle

Les architectes résidentiels conçoivent des maisons individuelles, des résidences et d'autres types de logements à usage d'habitation.
- L'architecture urbaine

Les architectes urbains travaillent sur la conception des espaces publics tels que les centres-villes, les places, les grands boulevards, les rues, les parcs et jardins et tous types d'équipements publics.
- L'architecture environnementale

Les architectes environnementaux travaillent sur les constructions qui intègrent les préoccupations climatiques : bâtiments économes en énergie, bâtiments à énergie positive …

Voici une liste indicative des meilleures universités d'architecture établie par la société Quacquarelli Symonds (QS).

Top 20 des meilleures universités d'architecture dans le monde

Rang	Université	pays
1	Institut de technologie du Massachusetts (MIT)	États-Unis
2	UCL (University College London)	Royaume-Uni
3	Université de technologie de Delft	Pays-Bas
4	ETH Zurich (Institut fédéral de technologie de Suisse)	Suisse
5	Université de Californie à Berkeley (UCB)	États-Unis
6	Université de Harvard	États-Unis
7	Manchester School of Architecture	Royaume-Uni
8	Université de Cambridge	Royaume-Uni
9	Église polytechnique de Milan	Italie
10	Université nationale de Singapour (NUS)	Singapour
11	Université Tsinghua	Chine
12	Université de Hong Kong (HKU)	Hong Kong
13	Université Columbia	États-Unis
14	Université de Tokyo	Japon
15	Université de Californie à Los Angeles (UCLA)	États-Unis
16	Université de Sydney	Australie
17	Ecole Polytechnique Fédérale de Lausanne (EPFL)	Suisse
18	Université Tongji	Chine
19	Georgia Institute of Technology (Georgia Tech)	États-Unis
20	Université polytechnique de Hong Kong	Hong Kong

La lutte contre l'habitat précaire

Un pays ne peut prétendre au statut de pays développé s'il n'éradique pas les bidonvilles qui sont l'un des symptômes visibles du sous-développement.

Voici quelques données qui montrent l'ampleur de ce phénomène dans les pays du Sud.

Critères Régions	Part de la population urbaine vivant dans un bidonville en % en 2020	Nombre de personnes vivant dans un bidonville en 2020
Asie centrale et Asie du Sud	48.20%	359 millions
Asie de l'Est et du Sud-Est	21.70%	307 millions
Afrique subsaharienne	50.20%	230 millions
Amérique latine et Caraïbes	17.10%	95 millions
Asie de l'Ouest et Afrique du Nord	18.70%	62 millions

*Source : Estimations des Nations unies – Observatoire des inégalités

Ce tableau montre que le nombre de personnes vivant dans des bidonvilles dans les pays du tiers-monde est estimé à plus d'un milliard d'individus.

Près de la moitié de la population de l'Asie centrale et l'Asie du Sud vit dans ces conditions, c'est-à-dire d'après la définition des bidonvilles, dans des logements précaires, sans eau courante ni sanitaires.

Les paysages

Dans ce domaine, il faut former dans trois métiers essentiels :

Les paysagistes concepteurs : ils ont pour mission de concevoir des espaces extérieurs séduisants, agréables et fonctionnels, parcs, squares, jardins, aires de jeux... ils assurent les mêmes fonctions que les architectes paysagistes.

Les paysagistes : ils exécutent les chantiers suivant les plans fournis par le paysagiste concepteur ou l'architecte paysagiste.

Les jardiniers : ils assurent l'entretien des jardins : taille des haies, entretien des massifs, entretien du gazon, nettoyage des parties minérales, entretien des circuits d'arrosage et d'éclairage de jardin...

B- LES ACTEURS DE L'ESTHÉTISATION DE L'ENVIRONNEMENT

Voici ce que pourrait être la nature des intervenants à l'échelle nationale et locale.

Les structures administratives

- Un vice-ministre chargé de l'embellissement des villes et villages, rattaché au ministère de l'Aménagement du territoire et de l'Environnement.
- Des directions régionales.
- Des sous-directions départementales.
- Des services à l'échelle communale.

Les structures administratives doivent être légères et efficaces ; animées par des architectes et des paysagistes formés dans les différentes spécialités évoquées précédemment. Il ne faut surtout pas retomber dans les nominations hasardeuses auxquelles sont habitués les Tout-Puissants. Il faut par ailleurs que les budgets de ces structures soient à la hauteur des enjeux.

Les structures sociales

L'embellissement des villes et villages relève d'abord de la responsabilité collective et de l'éveil civique des citoyens.

Le caractère participatif de l'esthétisation de l'environnement est une condition sine qua non de sa réussite. Tous les quartiers des villes et tous les villages doivent être dotés d'associations d'hygiène et d'embellissement. Le projet doit revêtir une dimension nationale.

C- L'esthétisation de l'environnement par imitation et reproduction de l'excellence

Ne pas profiter de l'intelligence des autres est la pire des sottises.

Dans le domaine économique, l'imitation est légale quand elle a l'approbation du propriétaire du produit ou de la marque ; elle est synonyme de contrefaçon donc illégale, dans le cas contraire.

La beauté de l'environnement au sens de tout ce qui nous entoure, n'est pas brevetée.

L'esthétisation de l'environnement peut donc se faire en grande partie, par l'imitation et la reproduction de l'excellence.

Les architectes des pays du tiers-monde n'ont même pas besoin de visiter l'Occident - appareil photo à la main - pour profiter des idées du monde développé en matière d'architecture, d'urbanisme et de

paysagisme. Le moteur de recherche Google lui seul, peut leur fournir des milliers d'idées en matière d'esthétique et de beauté architecturale et environnementale !
Les architectes d'un pays comme le nôtre sont atteints d'une cécité sévère ! Dans un pays où il fait beau 11 mois sur 12, les fenêtres des constructions sont aussi petites que celles des prisons ! Les rez-de-chaussée des constructions sont quasiment transformés en caves, les hauteurs des clôtures en dur atteignant les niveaux des 1ers étages.
À l'entrée est de Tizi-Ouzou, des villas individuelles sont entassées les unes sur les autres sans le moindre espace entre elles et sans le moindre espace vert !
Tout citoyen lucide ne peut qu'être révolté par la mocheté qui s'affiche sur les diverses constructions. Cette révolte est d'autant plus grande que cette laideur et manque d'hygiène se négocient à coups de milliards et que la beauté peut s'obtenir gratuitement ou quasiment gratuitement par l'imitation et par les logiciels professionnels et l'Intelligence artificielle !
Certains villages en Kabylie[1] n'ont presque rien à envier aux villages du sud de la France, de Provence ou de l'Arrière-pays niçois !
Ces progrès remarquables sont réalisés grâce à la conjugaison de trois facteurs :
- L'imitation rendue possible grâce à l'émigration.
- La participation de tous les villageois y compris les femmes et les enfants.
- L'appropriation de l'esthétique comme valeur sociale.

Nous étions agréablement surpris d'entendre un jeune villageois parler de la nécessité de l'esthétique dans son village de la commune de Bouzeguène - département d'Azazga – en Kabylie.
Que fut notre émerveillement quand quelques jours plus tard, voulant vérifier le nom du village, nous tombions sur une femme d'un certain âge qui parle elle aussi, de la même nécessité d'accorder de l'importance à l'esthétique.

[1] Vidéos disponibles sur les réseaux sociaux.

Notre émerveillement fut tout aussi grand, quand nous avons découvert peu de temps après, le village Ait Bouhouni commune d'Yakouren département d'Azazga. En y pénétrant, on oublierait presque qu'on est dans un pays sous-développé ! N'est-ce pas là, une preuve que l'esthétique est une partie intégrante du développement ?
Et voilà comment la participation citoyenne permet de gagner ce grand pari de l'esthétisation de l'environnement !

II - L'ESTHÉTISATION DE LA SOCIÉTÉ

Nous avons vu dans le paragraphe consacré à l'esthétique dans le chapitre I, comment la beauté est devenue une valeur suprême du capitalisme actuel, c'est la raison pour laquelle nous l'avons dénommé le capitalisme des beaux-arts, car il n'y a pas un bien ou un service fabriqué ou produit en Occident qui échappe au prisme de la séduction et de l'émotion. Nous avons par ailleurs qualifié les sociétés occidentales de ''sociétés-artistes'', car elles tentent de mettre de l'art même dans des domaines insoupçonnés comme les cimetières, la cuisine - art culinaire –, le savoir-dire - art oratoire –, le savoir-vivre - art de vivre - … Dans leur quête de beauté, elles sont allées jusqu'à donner au prophète Jésus-Christ une apparence qui ne correspond pas à celle d'un homme né au Proche-Orient !
Tyrannie de l'apparence chez les femmes, recherche systématique et paisible de l'esthétique partout ailleurs, telles sont les caractéristiques des sociétés occidentales.

Dans les sociétés comme la nôtre, un juste équilibre est à la fois possible et souhaitable. L'éducation au bon goût et l'apprentissage de l'esthétique et son appropriation comme valeur sociétale est, de notre point de vue, une nécessité pour faciliter et accélérer le processus du développement, car il n'y a pas de pays développé qui soit caractérisé par l'inesthétique et le manque d'hygiène.
Il ne devrait pas y avoir d'obstacles religieux à la recherche de l'esthétique dans les pays musulmans. À l'homme qui l'interrogea sur la séduction par la beauté, le prophète Mahomet répondit : « Dieu est beau et aime la beauté ».

Dans notre culture, toutes les fêtes sont des corvées aussi bien pour les femmes que pour les hommes. Il n'y a pas une seule fête qui ne soit pas épuisante pour les adultes.

Pendant la fête de l'Aïd El Kebir, on fait monter des moutons jusqu'aux derniers étages des bâtiments avec des risques d'accident évidents. Les hommes transformés en bouchers pour l'occasion, les égorgent et les lavent dans des salles de bain souvent très exiguës.
Les femmes sont derrière les fours du matin au soir.
En fin de journée tout le monde est épuisé sauf les enfants !
On aurait pu célébrer cette grande fête d'une autre manière en y mettant plus de détente, de convivialité, d'élégance et de plaisir tout en gardant naturellement le sacrifice du mouton, mais effectué à un autre endroit que chez soi, par un professionnel.

Pour les fêtes de mariage, dans notre région, on égorge encore aujourd'hui, un bœuf à la maison du marié, avec tout ce que cela entraîne comme désagréments. La famille qui doit offrir des repas pour tous les villageois pendant trois jours termine la fête exténuée ! Le respect de la tradition l'emporte sur toute proposition novatrice ; il n'y a que la cherté exorbitante de la vie qui commence à dissuader les citoyens, les incitant à organiser des mariages dans les salles des fêtes et à n'offrir qu'un seul repas.

Pendant les veillées funèbres, la famille du défunt, alors qu'elle est accablée de peine et de douleur, s'affaire dans la cuisine pour offrir un repas à tout le monde vers 01 h du matin ! Les participants à la veillée, par manque de retenue, discutent et rigolent comme ils étaient dans un café ! Pendant plusieurs vendredis, la famille dépose quotidiennement un repas collectif sous forme d'offrande à la place du village.
Est-il possible d'échapper à l'épuisement et au surmenage dans ces conditions ? Bien sûr que non !

Il est parfaitement possible d'organiser les fêtes de manière à y intégrer plus de bien-être et de détente ; plus d'esthétique et d'élégance ; et d'organiser les deuils avec plus d'humilité, de simplicité et de retenue.

L'objectif du voile au temps de Mahomet est de permettre à la femme de rester pudique devant les hommes. De nos jours, cet objectif peut parfaitement être atteint en portant des tenues modernes. Le voile n'est pas indispensable tant que l'objectif peut être atteint par d'autres moyens.

Beaucoup de musulmans sont intransigeants sur des détails, mais trouvent des accommodements avec les principes de l'islam quand cela les arrange.

Ils assimilent la corruption à des cadeaux (la hadia). Ils trouvent l'Occident mécréant détestable, mais font tout pour le rejoindre au risque de terminer leurs vies dans les cimetières des sans noms au fond des mers et des océans.

Pendant le mois de ramadan censé être le mois de la fraternité et de la générosité, ils augmentent les prix des produits alimentaires jusqu'à les rendre inaccessibles non seulement pour les citoyens les plus défavorisés, mais aussi pour les classes moyennes … Les pays musulmans et plus généralement les pays du tiers-monde devraient travailler à rendre l'esthétique comme phénomène collectif qui se diffuse dans toutes les activités humaines, qu'elles soient économiques ou sociales.

La beauté rendra certainement la misère moins cruelle et la vie plus douce !

CHAPITRE IV

LE MÉTADEVELOPPEMENT : UN IDÉAL-TYPE PRAGMATIQUE

I- LES NOTIONS DE MÉTADEVELOPPEMENT ET D'IDÉAL-TYPE PRAGMATIQUE

Dans les chapitres précédents beaucoup de bien a été dit des pays capitalistes développés, car le capitalisme est le système qui a permis à l'humanité de réaliser en quelques siècles, des progrès considérables sur les plans technologique, économique et social. Il n'en demeure pas moins que des imperfections, des insuffisances et des défaillances, sont observables dans bon nombre de domaines.

Comme la notion de développement est déjà employée, il faut alors imaginer un autre concept pour caractériser cette situation qui tend vers la perfection et qui devrait constituer un objectif pour les pays dits actuellement développés et pour les pays non développés ; même si pour ces derniers, la tâche paraît beaucoup plus ardue ; c'est la notion de métadéveloppement : un idéal- type pragmatique

A- La notion de métadéveloppement

Le mot 'méta' vient du grec 'meta' qui signifie : après, au-delà de, ou, à un niveau supérieur.

"Méta" désigne donc une forme de dépassement, il permet de réfléchir sur le système dans lequel on vit et sur ce qu'il y a au-delà de ce système.

Appliquée au développement, la notion de méta invite à réfléchir sur le développement tel que nous le connaissons et à se poser des questions sur ce qu'il y a au-delà, à un niveau supérieur.

Ainsi, adopter une approche « méta » du développement, c'est penser au-delà du simple Produit intérieur brut par habitant et des niveaux de développement déjà atteints.

B- La notion d'idéal-type pragmatique

L'idéal-type est un concept élaboré par Max Weber, sociologue allemand (1864-1920). Il est une représentation d'un phénomène social créée par le chercheur pour mieux comprendre et analyser la réalité même si, cette réalité ne correspond jamais totalement à cette représentation.

C'est donc un outil de raisonnement, une construction théorique qui sert à comparer la réalité sociale à un modèle « pur » ou « idéal », (au sens d'idée et non de perfection).

L'idéal-type présente deux caractéristiques essentielles :

Il n'existe pas dans la réalité, c'est un outil abstrait.

Il sert de point de comparaison, en ce sens qu'il permet d'évaluer la réalité sociale par rapport à ce modèle idéal, par rapport à cet idéal-type.

Une double adaptation est apportée à la notion d'idéal-type telle que présentée par Max Weber.

Pour ce sociologue, l'idéal-type est une construction théorique, pure, idéale ; alors qu'il est pour nous, une construction pragmatique et concrète.

Pour Max Weber, la comparaison de la réalité sociale se fait par rapport au modèle théorique pur au sens d'idée et non de perfection ; alors que pour nous, la comparaison se fait par rapport à un modèle pragmatique représenté par des objectifs de perfection à atteindre.

Selon notre présentation, les différents pays seraient ainsi classés en quatre catégories :

- Les pays sous-développés.
- Les pays en voie de développement.
- Les pays développés.
- Et les pays métadéveloppés.

Avec cette remarque ô combien importante, que la notion de pays en voie de développement devrait être réservée aux seuls pays qui ont fait la preuve de la maîtrise des savoirs et savoir-faire techniques, comme le cas de la Chine actuellement.

On peut construire un idéal-type de société métadéveloppée à partir de quatre indices fondamentaux dont voici les contenus.

II - LES INDICES CONSTITUTIFS DU MÉTADEVELOPPEMENT

En matière de développement, il est d'usage de recourir à des indicateurs et des indices pour distinguer et classer les différents pays. L'Indice synthétique du métadéveloppement est établi pour répondre à cette préoccupation. Voici son contenu :

- L'Indice de démocratie - ID -.
- L'Indice de développement économique - IDE -.
- L'Indice de développement social - IDS -.
- L'Indice de protection de l'environnement - IPE -.

Les critères qualitatifs peuvent être appréciés par des adjectifs qualificatifs, parfait, très bon, bon, moyen, médiocre et mauvais.

Les critères quantitatifs peuvent être évalués à l'aide de seuils ou d'échelles de notation.

L'autre idée novatrice dans les indicateurs constitutifs de ces indices est l'intégration d'un nouveau critère, celui de la sécurité. Ainsi, on évaluera la sécurité de la démocratie, la sécurité économique et la sécurité dans la société

A - L'INDICE DE DÉMOCRATIE – ID –

L'Indice de démocratie établi annuellement depuis 2006 par le groupe de presse britannique The Economist montre que plus d'un tiers des pays développés sont des démocraties imparfaites caractérisées par :

- Des atteintes ponctuelles à la liberté de la presse.
- Des restrictions aux critiques de l'opposition politique.
- Et un faible niveau de culture et de participation politiques.

L'Indice de démocratie dont il a été question au chapitre I est calculé sur la base de 05 indicateurs traduits en 60 critères notés sur une échelle allant de 0 à 10.

Les 05 indicateurs sont :

- Le processus électoral et le pluralisme.
- Les libertés civiles.
- Le fonctionnement du gouvernement.

- La participation politique.
- Et la culture politique.

À notre sens, la formulation des indicateurs de cet indice devrait refléter les attributs fondamentaux de la démocratie qui sont :
- L'égalité des citoyens devant la loi (État de droit).
- La pluralité des partis politiques et l'alternance au pouvoir.
- L'indépendance de la justice.
- La liberté de la presse.
- Le respect des libertés individuelles et collectives.
- La liberté économique.

En plus de ces 06 indicateurs, il nous paraît pertinent d'en rajouter un 7e relatif à la sécurité de la démocratie.

La sécurité de la démocratie devrait être une préoccupation majeure quand on sait que des populistes capricieux comme Donald Trump ou Jair Bolsonaro refusent d'admettre le verdict des urnes quand il n'est pas en leur faveur et que les programmes de certains partis politiques remettent en cause radicalement le fonctionnement de l'économie, comme c'est le cas par exemple du Parti anti-capitaliste ou du Parti des travailleurs en France.

La sécurité de la démocratie peut être appréciée par au moins 04 sous-critères :
- Le taux de participation aux élections qui doit être > 75 % ; un taux qui donne une forte légitimité aux élus.
- Les résultats aux élections des partis extrêmes, de droite comme de gauche, doivent être < 10 %.
- L'acceptation des résultats des élections.
- L'absence de violence politique et sérénité démocratique.

Par sérénité démocratique on désigne une démocratie apaisée, calme. Il nous est arrivé de voir une Première ministre d'un pays scandinave prendre le tramway comme n'importe quel autre citoyen.

La démocratie française est une démocratie agitée. La haine et la violence, y compris entre les membres d'un même parti politique, atteignent parfois des niveaux inquiétants !

En France, les manifestations qui sont une véritable discipline olympique sont trop souvent émaillées de violences effroyables !

Après trois longues années de confinement dû à la Covid 19, la première journée du déconfinement est agrémentée par des manifestations … !
Aux USA, les violences politiques sont encore beaucoup plus exacerbées en raison notamment du caractère permissif de la législation sur les armes. Pas moins de quatre présidents américains ont été assassinés durant leur mandat :
- Abraham Lincoln, tué dans un théâtre de Washington en 1865.
- James Garfield, tué en juillet 1881 à Washington par un homme déclaré fou.
- William McKinley, blessé en 1901 par un anarchiste, il meurt quelques jours plus tard de suites de ses blessures.
- John Fitzgerald Kennedy, tué le 22 novembre 1963 à Dallas, dans sa limousine décapotable aux côtés de sa femme Jackie, par Lee Harvey Oswald.
D'autres présidents ont échappé de peu à la mort :
- Andrew Jackson en 1835.
- Franklin Roosevelt, victime de deux tentatives d'assassinat en 1912 et en 1933,
- Gérald Ford, visé à deux reprises en moins d'un mois en 1975.
- Ronald Reagan en 1981
- Donald Trump, ancien président en campagne pour un nouveau mandat, est la dernière victime d'une tentative d'assassinat le 15 juillet 2024.
Par ailleurs, plusieurs candidats sont ciblés en campagne :
- Robert Kennedy, assassiné en 1968 par un Palestinien de Jordanie, Sirhan Sirhan.
- George Wallace, victime d'une tentative d'assassinat en 1972 dans un centre commercial dans le Maryland. Il a survécu, mais est resté paralysé à vie.

B- L'INDICE DE DÉVELOPPEMENT ÉCONOMIQUE – IDE –

L'Indice de développement économique peut être apprécié à travers 04+01 critères :

La croissance du PIB doit être ≥ 2,5 %

Le Produit intérieur brut rapporté au nombre d'habitants est l'indicateur usuel de mesure de la richesse des nations, il est un objectif à la fois central et permanent de tous les gouvernements de la planète. La place centrale du PIB dans la politique des nations s'explique par plusieurs raisons :

- La croissance du PIB est indispensable pour combattre le fléau du chômage qui fait perdre leur dignité à des millions d'individus.
- Elle permet l'élévation du niveau de vie général.
- Elle permet au gouvernement de fournir des services publics de qualité : justice, éducation, santé, administration … et d'apporter l'aide nécessaire aux personnes vulnérables.
- Comme synonyme de dynamisme, elle donne confiance aux différents agents économiques notamment les investisseurs, déclenchant ainsi un cercle vertueux améliorant l'efficacité globale du système dans son ensemble.

La croissance du PIB est un phénomène conjoncturel ; la fixation du taux de croissance à 2,5 % est dictée par la conjoncture du moment ; il est susceptible d'être modifié en fonction de l'évolution de la situation économique dans le monde développé. Les taux de croissance élevés des pays émergents sont dus à l'effet de rattrapage et non à une quelconque ingéniosité.

Le plein-emploi avec un taux de chômage ≤ 4,5 %

Sans rentrer dans le détail des théories économiques sur cette question, nous optons pour une approche pragmatique qui définit le plein-emploi comme le niveau de chômage incompressible résultant du temps qui s'écoule entre le moment où un salarié perd son emploi ou le quitte volontairement et le moment où il retrouve un nouvel emploi.

Le plein-emploi suppose donc deux conditions complémentaires :

- L'absence de difficultés pour retrouver un emploi.
- La possibilité de le retrouver rapidement.

Le taux de chômage de 4,5 % suggéré ici paraît raisonnable dans la mesure où le Bureau international du travail – BIT –fixe le seuil de chômage à ne pas dépasser pour être dans le plein-emploi à 5 %.

L'inflation comprise entre 1,5 et 2 %

L'inflation est une hausse générale et durable des prix, de l'ensemble des biens et services. Ses causes sont diverses :

L'inflation par la demande est causée par un excès de la demande par rapport à l'offre.

L'inflation par les coûts est provoquée par l'augmentation des prix d'un ou de plusieurs inputs : coût des matières premières, coût de l'énergie, coûts salariaux …

L'inflation est dite importée quand c'est le coût du bien importé qui est à l'origine de l'inflation, matière première, énergie…

L'inflation monétaire est engendrée par l'augmentation de la masse monétaire en circulation. Cela peut se produire lorsque les banques centrales impriment de l'argent pour financer les déficits budgétaires, les programmes de relance économique, l'effort de guerre … ou quand il y a trop de crédits accordés aux agents économiques.

Les inconvénients de l'inflation sont multiples :

- Baisse du pouvoir d'achat.
- Mouvements sociaux.
- Perte de compétitivité sur le marché international.
- Augmentation des taux d'intérêt …

Ses avantages sont principalement les suivants :

- Augmentation du chiffre d'affaires des entreprises.
- Allègement des dettes des emprunteurs, États, entreprises et particuliers, car les dettes sont remboursées à l'aide de mensualités qui ont une valeur réelle réduite à cause de l'inflation.
- Une croissance et une demande stimulées : lorsque l'inflation est anticipée et gérée de manière stable, elle encourage les entreprises et les individus à investir et à dépenser plutôt qu'à épargner.

- Une inflation modérée maintient la demande en mouvement, ce qui contribue à prévenir la déflation.
Un niveau d'inflation situé entre 1,5 et 2 % peut être considéré comme la norme.

Une balance commerciale excédentaire

Un excédent commercial est la caractéristique d'une balance commerciale d'un pays dans lequel les exportations dépassent les importations. Il représente une entrée nette de revenu en provenance du reste du monde.
À l'inverse, le déficit commercial est le résultat d'une situation dans laquelle les importations sont plus élevées que les exportations.
Il représente une sortie nette de revenu à destination d'autres pays.
Au fur et à mesure qu'un pays se développe, le marché national devient exigu. Il devient donc impératif pour les entreprises d'exporter vers l'étranger.
Une balance commerciale excédentaire résulte de la compétitivité des entreprises d'un pays donné sur le marché mondial, c'est à ce titre que l'excédent commercial est considéré comme un critère d'efficacité et de performance économiques.
Il est par conséquent logique de considérer qu'un pays méta-développé doit avoir, une balance commerciale équilibrée ou excédentaire, ou un déficit conjoncturel contenu.
Ces quatre indicateurs traditionnels devraient être complétés par un 5e indicateur, celui de la sécurité économique.

La sécurité économique

Elle peut être évaluée à l'aide de cinq sous-critères :
- La souveraineté économique.
- L'endettement < 60 % du PIB.
- Le déficit budgétaire < 3 % du PIB.
- Les mesures préventives contre les crises financières.
- Et la maîtrise des technologies de pointe.

La souveraineté économique

Le concept de souveraineté économique devrait recouvrir trois domaines :

- La souveraineté industrielle.
- La souveraineté alimentaire.
- Et la souveraineté numérique.

La souveraineté économique n'est pas synonyme d'autarcie, elle doit être appréciée dans le cadre du commerce international et de la mondialisation. De notre point de vue, la sécurité économique est assurée dès lors qu'un pays peut :

- Assurer lui-même la production de biens et services jugés stratégiques, qu'il aura préalablement définis dans les domaines industriel, agricole et numérique ; et que les sources d'approvisionnement des inputs nécessaires à la production de ces biens et services soient suffisamment diversifiées et garanties à chaque instant.
- Maîtriser les savoirs et savoir-faire nécessaires à la production de tous les autres biens et services, de manière à les produire soi-même dans un délai raisonnable, si les circonstances l'exigent.

La souveraineté économique peut s'apprécier dans des cadres plus larges d'unions économiques, comme l'Union européenne par exemple.

L'endettement public < 60 % du PIB

L'endettement est un phénomène normal dans la vie des particuliers, des entreprises et des États. Il commence à poser problème quand il dépasse la capacité de remboursement.

La capacité de remboursement d'un ménage s'apprécie par rapport à ses revenus et à ses dépenses incompressibles ou indispensables.

Celle des entreprises s'apprécie par rapport à sa Capacité d'Autofinancement – CAF – c'est-à-dire sa capacité à générer grâce à son exploitation des moyens de financement et donc de remboursement.

L'exploitation annuelle se traduit par des charges et des produits ; si les produits sont supérieurs aux charges, le surplus est un bénéfice.

On peut à ce stade être tenté de considérer celui-ci comme la capacité d'autofinancement dégagée par l'entreprise au cours de l'année.
Mais en regardant les choses de plus près, on s'aperçoit que certains produits pris en compte dans le calcul du bénéfice ne génèrent aucune recette, et que certaines charges sont déduites bien qu'elles n'occasionnent aucune dépense ; la CAF est précisément le bénéfice rectifié qui ne prend en compte que les produits encaissables synonymes de recettes, et les charges décaissables synonymes de dépenses.
Ainsi la CAF = ∑ Produits encaissables – ∑ Charges décaissables

$$\text{La capacité de remboursement} = \frac{\text{Endettement financier}}{\text{Capacité d'autofinancement}}$$

Ce ratio indique le nombre de fois que l'endettement financier est couvert par la capacité d'autofinancement générée par l'entreprise.

Pour les États, le seuil à ne pas dépasser est fixé par rapport au Produit intérieur brut – PIB – c'est-à-dire par rapport à la richesse produite dans le pays.

L'interprétation des ratios d'endettement est relativement délicate, car les seuils évoluent dans le temps que dans l'espace comme le montrent les taux d'endettement moyens des entreprises de certains pays pour l'année 2018 : Royaume-Uni 43 % - Pologne 43 % - Belgique 58 % - USA 60 % - Grèce 68 % - Espagne 68 % - Portugal 96 %... Une demande de crédit formulée par une entreprise qui a un taux d'endettement de 60 %, serait rejetée Royaume-Uni et acceptée à bras ouverts au Portugal où le taux d'endettement moyen est de 96 %.
Ajoutons à cela le fait que, quand certaines conditions sont remplies, un endettement en apparence excessif peut ne pas être fatal !
Le taux d'endettement de Volkswagen pour l'année 2019 est de 192 Milliards de Dollars, il est supérieur au Produit intérieur brut d'un vaste pays comme l'Algérie et de 128 autres pays dans le monde.
L'endettement de Toyota pour la même année est de 138 MDS $; celui de Ford de 122 MDS $; celui de BMW de 114 MDS $ …

Les conditions pour que l'endettement ne soit pas asphyxiant sont au moins en nombre de quatre :
- Un bon niveau de capitaux propres.
- Une bonne rentabilité financière.
- Un bon chiffre d'affaires.
- Et un avenir commercial prometteur grâce notamment à l'innovation.

Comme ces conditions ne peuvent pas être remplies tout le temps, il est impératif pour les entreprises de surveiller leurs niveaux d'endettement afin de les mettre en adéquation avec leurs capacités de remboursement du moment.

En période de forte croissance et de faiblesse des taux d'intérêt, les entreprises comme les particuliers et les États ont tendance à recourir exagérément à l'endettement, oubliant le fait que la croissance n'est pas éternelle et que la récession finira inéluctablement par revenir à un moment ou à un autre pour une période plus ou moins longue, mettant les agents économiques les plus endettés dans l'impossibilité d'honorer leurs engagements ; ce qui se traduit :
- Pour les entreprises par des procédures de sauvegarde, de redressement ou de liquidation judiciaires.
- Pour les États par le recours devant les Institutions monétaires et financières internationales, pour demander le rééchelonnement de leurs dettes et formuler des demandes de crédits soumises à des conditions draconiennes socialement douloureuses.
- Et pour les particuliers par l'inscription au fichier des personnes surendettées tenu par la banque centrale.

Il y a une certaine similitude entre l'endettement des particuliers et celui des entreprises et des États. Les trois agents économiques doivent à chaque instant veiller à ce que leurs endettements ne dépassent pas leurs capacités de remboursement.

Dans les pays de l'Union européenne, le seuil de l'endettement public est fixé à 60 % du PIB.

Le déficit public < 3 % du PIB

Le déficit public comprend :

Le déficit de l'État et des organismes de l'administration centrale.

Le déficit des collectivités locales.
Et celui de la Sécurité sociale.
Le déficit public signifie que l'administration engage des dépenses supérieures à ses recettes. Comme on ne peut pas indéfiniment vivre au-dessus de ses moyens, les déficits publics doivent être contenus.
L'un des moyens de les maîtriser est de fixer un seuil à ne pas dépasser. La limite est fixée à 3 % du PIB pour les pays membres de la zone euro et de l'Union européenne.

La prévention des crises financières

L'histoire du capitalisme est jalonnée par des crises financières à répétition. Les crises financières sont d'origines diverses ; il peut s'agir de crises boursières, bancaires, ou monétaires.
Si les crises financières ont des origines diverses, elles ont souvent comme point commun, une bulle spéculative basée initialement sur des performances économiques réelles et comme conséquence une crise économique d'ampleur.
Prenons un exemple pour chaque type de crise pour comprendre leurs mécanismes et leurs conséquences.

- La crise financière des années 1930 : une crise d'origine boursière

Après la Première Guerre mondiale et pendant les années 20, l'économie américaine est marquée par une croissance vigoureuse portée par les bons résultats de l'industrie notamment automobile, l'accroissement de la production agricole rendu possible grâce à l'achat à crédit de nouvelles terres, le développement du bâtiment … La conséquence logique de cette prospérité est l'augmentation justifiée des cours à la bourse de New York. Comme les perspectives sont prometteuses, il est tout aussi logique pour les investisseurs d'acheter massivement des titres pour les revendre et réaliser des plus-values importantes.
Ce qui est moins logique, c'est l'attitude des banques qui ont continué à prêter non seulement aux investisseurs professionnels, mais aussi aux particuliers qui se sont transformés en spéculateurs occasionnels,

pour acheter de plus en plus de titres à crédit ; alors même que les signes avant-coureurs d'une crise de surproduction se profilaient à l'horizon :

- La production automobile baisse.
- La construction de logements fléchit.
- Les revenus agricoles chutent.
- Les résultats des entreprises se dégradent…

Cette attitude irrationnelle des banques commerciales est aggravée par le comportement tout aussi irrationnel de la FED (la Banque centrale américaine) qui maintient les taux directeurs à un niveau bas, rendant le crédit intéressant pour spéculer davantage. À la bourse de Wall Street la spéculation continue de plus belle, la frénésie est générale, les banques prêtent à tout-va et les cours des principales valeurs continuent de flamber. Cette situation a toutes les caractéristiques d'une bulle financière qui porte sur des actions.

La formation des bulles spéculatives s'explique notamment par des comportements mimétiques et des prophéties auto-réalisatrices.

Lorsque l'activité s'est retournée du fait de l'insuffisance de la demande, la crise de surproduction sème la panique. Les comportements mimétiques et les prophéties auto-réalisatrices jouent dans le sens inverse : par peur de perdre beaucoup d'argent ou pour limiter les pertes, tout le monde cherche à se débarrasser des actions en même moment, mais personne ne veut les acheter. La conséquence logique est le krach boursier, la bulle éclate et c'est la dégringolade des cours des actions. Le krach boursier s'est produit le jeudi le 24 octobre 1929, appelé le jeudi noir ou Black Thursday. À midi, l'indice Dow Jones a perdu 22,6 %. La baisse se poursuit pendant trois ans, les cours boursiers ont chuté de 87 %. Les emprunteurs ne pouvant plus rembourser leurs dettes provoquent la faillite des banques qui, à son tour, précipite les USA puis le reste du monde dans la grande dépression.

La notion de dépression est utilisée pour qualifier une grave et longue crise économique, alors qu'une récession est une simple baisse du Produit intérieur brut pendant deux trimestres successifs.

La dépression a des conséquences beaucoup plus graves et plus longues qu'une simple récession, elle met véritablement et rapidement à genoux toute l'économie réelle : chute drastique de la production, de l'investissement et de la consommation, faillites en cascades, chômage de masse ….

La crise de 1929 est partie des États-Unis pour se diffuser dans le monde entier sous forme d'une grande dépression généralisée.

Les enchaînements de cette crise sont les suivants :

- De la crise boursière à la crise bancaire,
- puis de la crise bancaire à la crise économique,
- d'abord aux USA, puis dans le reste du monde.

- La crise financière de 2007/2008 : une crise d'origine bancaire

Dans la crise des années trente, ce sont les actions qui ont été à la base de la formation de bulles spéculatives. Au début des années 2000, ce sont les entreprises de la nouvelle économie qui ont attiré les spéculateurs. En 2008, ce sont les activités immobilières qui ont fait l'objet d'activités spéculatives autour des crédits subprimes. Voyons les mécanismes de cette crise de plus près.

Apparus aux USA dans les années 2000, les crédits subprimes, sont des crédits accordés à des ménages modestes qui ne présentaient pas de garanties suffisantes de remboursement, ce sont donc des crédits risqués par opposition aux crédits primes qui sont accordés à des titulaires de hauts revenus considérés comme les plus solvables.

La responsabilité des banques dans le déclenchement de la crise des subprimes ne souffre d'aucun doute, voici pourquoi :

Le marché de l'immobilier pendant cette période est en plein essor et les taux d'intérêt extrêmement bas attirent les emprunteurs. Les banques ont accordé des crédits immobiliers disproportionnés à des ménages à faibles revenus sur la base d'une prophétie imprudente que les prix de l'immobilier vont continuer à augmenter ; initiant ainsi, consciemment ou inconsciemment, une bulle immobilière.

Les crédits sont par ailleurs accordés à des taux variables indexés sur le taux directeur de la Réserve fédérale des États-Unis (FED) et sont gagés par une hypothèque sur le logement acheté, attirant ainsi les prêteurs rassurés de récupérer leur argent en vendant le bien en cas de difficultés de remboursement de l'emprunteur.

Pour transférer le risque d'insolvabilité à d'autres agents économiques, les banques ont titrisé les crédits subprimes, en les représentant par des titres négociables sur les marchés financiers.

Et pour dissimuler ces produits toxiques, les banques les ont intégrés dans des portefeuilles de valeurs diverses. Les créances sur les subprimes peuvent donc être « cachées » parmi des titres moins risqués et apporter une rémunération globale intéressante pour les investisseurs.

Le bas niveau des taux directeurs, les garanties apparentes apportées par les taux variables, l'hypothèque en cas de hausse des taux ou de retournement du marché, la titrisation des crédits subprimes et leur dissimulation dans des portefeuilles de valeurs comportant des titres moins risqués, poussent les banques à l'ivresse de prêter à tout-va.

Mais lorsque la Banque centrale américaine a relevé ses taux, les mensualités de remboursement des emprunteurs se sont alourdies et beaucoup de ménages sont devenus insolvables.

Comme les logements sont hypothéqués au profit des banques, ces dernières se sont mises à vendre les biens immobiliers pour se faire rembourser. L'offre importante couplée à la méfiance compréhensible des acheteurs ont fait dégringoler les prix causant ainsi des pertes colossales pour les banques entraînant leurs faillites.

L'enchaînement habituel se produit alors : de la crise immobilière des subprimes, naît une crise financière qui se transforme à son tour dès la fin 2007 en crise économique globale. En effet, la crise financière s'est rapidement propagée au monde entier, notamment dans les pays développés.

-La crise financière de 1997 : une crise de change

La littérature consacrée aux crises de change est abondante ; les modèles explicatifs des facteurs de crise mettent prioritairement l'accent soit sur la dégradation des fondamentaux macroéconomiques, forte inflation, déficits budgétaires importants, endettement excessif, déséquilibre de la balance des paiements … qui font que le pays n'inspire plus confiance ; soit sur les facteurs microéconomiques

relatifs à des fragilités liées au système bancaire et financier et à l'endettement excessif des entreprises.
Une monnaie subit une crise de change lorsque les investisseurs qui anticipent l'effondrement de son cours vendent - souvent dans la panique et la précipitation - leurs avoirs libellés dans cette monnaie ; ce qui provoque la chute de sa demande et de sa valeur. C'est ce qu'on appelle une attaque spéculative contre une devise.

Les années quatre-vingt-dix ont connu de multiples crises de change, d'abord en Europe, avant l'adoption de la monnaie unique, puis dans les pays émergents.
Suite à la libéralisation financière adoptée par les pays émergents d'Asie, on a assisté à un afflux considérable de capitaux étrangers dans cette région du monde.
La croissance économique moyenne dans cette zone était de 8 % par an, et les principes d'une gestion saine des finances publiques y étaient appliqués.
Obnubilés par cette prospérité, les agents économiques n'ont pas prêté suffisamment attention à l'explosion de l'endettement des banques et des entreprises à l'égard des capitaux étrangers. Par ailleurs, les rumeurs commençaient à circuler sur la surévaluation de la monnaie thaïlandaise (Bath) par rapport au dollar.
Face à ces vulnérabilités, les grands fonds spéculatifs parient sur la fuite des capitaux étrangers et l'effondrement des devises des pays de cette région du monde.
La crise asiatique de 1997 a pris naissance en Thaïlande et s'est très vite propagée à la Malaisie, l'Indonésie, les Philippines, la Corée du Sud, Hong Kong ..., provoquant des sorties nettes de capitaux avoisinant 10 % de leur PIB global ; soit plus de 100 milliards de dollars en l'espace de quelques mois.
Après ce tarissement brutal de leurs sources de financement, les banques et les entreprises se tournent vers leurs gouvernements respectifs pour les aider, en vain !
La Thaïlande a essayé de défendre sa devise contre les attaques de grands fonds spéculatifs pendant plusieurs mois, sans succès !

Le 2 juillet 1997, le pays s'est résigné à abandonner sa politique de taux de change fixe amarré au dollar américain. Cette mesure n'a pas réussi à rassurer les marchés.
Par ailleurs, le recours au Fonds monétaire international n'a pas été d'un grand secours.
Loin d'éradiquer la crise, la tempête s'est rapidement propagée sur les marchés boursiers et a plombé l'économie et l'emploi.
En 1998, l'économie sud-coréenne se contracte de 5 %, celles de la Thaïlande et de la Malaisie de 7 % et celle de l'Indonésie de 13 %.

- Mesures préventives contre les crises financières

Le constat : voici en quelques mots, l'état des idées sur la spéculation :

La spéculation est critiquable mais elle est utile.
Elle est critiquable pour deux raisons principales :
. Elle est à l'origine de nombreuses crises financières qui se transforment en crises économiques qui se propagent sur des espaces plus ou moins vastes à travers le monde, causant des baisses de production, des faillites, des pertes d'emplois … très douloureuses pour ceux qui les subissent.

Entre 1634 et 1637 en Hollande, la cupidité déraisonnable des spéculateurs a fait monter le prix d'un bulbe de tulipe à 2 fois la valeur d'une maison et à plusieurs dizaines d'années de salaire d'un ouvrier !

Entre 1717 et 1720 en France, le cours des actions de la Compagnie d'Occident en charge de l'exploitation des ressources des colonies de l'Amérique du Nord, est passé de 150 livres à 10 000 livres, avant de s'écrouler.

En 1926 aux USA, l'autorisation donnée pour l'achat d'actions en bourse en ayant recours au crédit bancaire a fait perdre aux banquiers toute rationalité financière causant la grande dépression de 1929.

La bulle Internet de 2001 est causée par l'engouement des spéculateurs qui a multiplié l'indice du NASDAQ par 10 en 5 ans, avant de perdre 70 % de sa valeur en une année.

En 2007, la bulle immobilière alimentée par un recours massif à l'endettement de ménages peu solvables a fait monter l'indice Dow

Jones de 75 % entre 2003 et 2008, avant de chuter de 50 % en 6 mois…

. À la différence des investisseurs qui s'engagent sur le long terme dans les différents secteurs d'activité économiques, les spéculateurs sont aux aguets d'opportunités de placements à court terme.

Leur activité consiste à faire des paris et des anticipations sur l'évolution des prix des actifs, ils achètent quand les prix sont bas, puis provoquent par leur comportement une hausse vertigineuse des prix et ceux qui vendent avant l'éclatement de la bulle réalisent des profits faramineux sans avoir produit quoi que ce soit, transformant ainsi l'activité économique en activité de jeux de hasard, en une sorte de casino ou de loterie !

Les spéculateurs sont utiles parce qu'ils participent au financement de l'investissement (immobilier, Internet…) et parce qu'ils assument le risque des acteurs économiques qui cherchent à se protéger contre celui-ci sur les marchés à terme. Si on admet que la spéculation est utile, tout le monde s'accorde sur la nécessité de la contenir dans des proportions raisonnables, ce qui pose la question de la régulation des marchés financiers.

Les faillites dans le secteur bancaire et financier sont beaucoup plus dévastatrices que les faillites dans les autres branches d'activité économiques rendant l'intervention des États indispensable pour sauver l'économie d'un effondrement total. Cette contrainte qui pèse sur les États pousse les banques à prendre des risques inconsidérés pour encaisser des bénéfices considérables puisqu'elles savent qu'en cas de problème, les États n'ont d'autres choix que d'intervenir ; répercutant ainsi les pertes qu'elles occasionnent sur les contribuables et la société. Dans ce cas, la barrière morale de la responsabilité ne fonctionne plus, c'est ce qu'on appelle l'aléa moral, synonyme d'un manque d'éthique des banquiers.

Les modèles conçus par les économistes pour aider les pouvoirs publics à prévoir les crises financières n'ont pas été concluants.

Alan Greenspan, ancien président de la Réserve fédérale des Etats-Unis considérait qu'il n'était possible d'agir qu'après l'explosion d'une bulle et non avant, dans la mesure où il est impossible de la définir et de la détecter ; donnant ainsi raison à ceux qui considèrent que les crises financières sont inhérentes au capitalisme lui-même.

La séparation entre les banques commerciales, les banques d'investissement et les fonds spéculatifs n'a pas pu être concrétisée en raison de divergences entre les États. Cette séparation introduite aux USA en 1933 suite à la grande dépression de 1929 a été supprimée par le président Bill Clinton en 1999 suite à la pression des lobbies.

Les organisations supranationales ou intergouvernementales, Banque mondiale, Fonds monétaire international, G-7, G-20, Union européenne... n'ont à ce jour pas réussi à trouver une solution satisfaisante aux crises financières qui secouent périodiquement l'économie mondiale.

-Les améliorations souhaitables :

Elles doivent porter sur deux axes, les structures et les indicateurs.

Action sur les structures

Des structures publiques indépendantes existantes ou à créer, doivent avoir pour mission la réglementation et la régulation des activités boursières, bancaires et monétaires.

Réglementer consiste à assujettir ces activités à des règlements ; les réguler consiste à leur donner une certaine stabilité.

Par ailleurs, il n'est pas inintéressant de créer des agences d'alerte de droit privé, spécialisées par domaine, avec pour mission d'alerter sur les risques de crises financières et de formation de bulles avant qu'elles n'éclatent :

- Agences d'alerte sur les actifs boursiers.
- Agences d'alerte sur les produits bancaires et la santé des banques.
- Agences d'alerte sur la monnaie et les déséquilibres macro et micro-économiques.

À l'image des agences de notation financière chargées d'évaluer le risque de non-remboursement de la dette des États, des collectivités ou des entreprises, le marché des agences d'alerte peut être oligopolistique. Trois agences d'alerte par domaine est un nombre raisonnable.

Ces agences doivent être soumises à une procédure d'accréditation. Le retrait de cette dernière doit constamment planer sur elles afin de les inciter à améliorer la qualité prédictive de leurs alertes.

Action sur les indicateurs

L'objectif est d'établir des ratios prudentiels qui joueraient le rôle de clignotants rouges qui alertent sur la nécessité de s'arrêter sous risque de provoquer une crise financière qui peut se transformer en dépression économique avec des conséquences dévastatrices sur les plans économique et social.

Les banques exercent une activité risquée, ces risques sont :

- Le risque de non-remboursement des crédits qu'elles accordent à leurs clients.
- Le risque de perte de valeur des actifs qu'elles détiennent.
- Le risque de liquidité à court, moyen ou long terme.

Le risque de liquidité à court terme se produit quand les actifs liquides à court terme de la banque ne couvrent pas les sorties nettes d'argent à court terme. Le risque de liquidité à moyen et long terme existe si le montant des financements stables disponibles ne couvre pas le montant des financements stables demandés.

- Les risques opérationnels dits risques divers tels que les erreurs humaines, les fraudes et malveillances, les défaillances des systèmes d'information, les problèmes liés à la gestion du personnel, les litiges commerciaux, les accidents, les incendies, les inondations …
- Le risque d'insolvabilité quand les fonds propres de la banque sont trop faibles par rapport à l'ensemble des risques liés à son activité.

Pour ces différents risques, il existe des ratios prudentiels que les banques doivent respecter. Ces ratios sont établis à l'échelle nationale, régionale ou internationale comme ceux formulés par le comité Bâle I, II et III.

La maîtrise des technologies de pointe

La différence fondamentale entre pays développés et pays sous-développés réside incontestablement dans la maîtrise des technologies.

Les ingénieurs des pays du tiers-monde sont, avec les politiques, les premiers responsables du sous-développement.
Ils sont comparables à ces étudiants qui lors d'un contrôle des connaissances sortent leurs cahiers pour copier et réalisent malgré cela l'exploit d'avoir un zéro pointé !
Comment se fait-il que les ingénieurs des pays pauvres ne soient pas en mesure de copier un produit qu'ils peuvent avoir entre leurs mains 24 h sur 24 ; 7 jours sur 7 ; 365 jours sur 365 ?
Cette interrogation et bien d'autres nous conduisent souvent à penser que le développement est avant tout une question de dignité !
Pour qu'un pays soit métadéveloppé, il n'est pas nécessaire qu'il soit un leader en matière d'innovation, il faut en revanche qu'il soit capable d'assimiler et de s'approprier les innovations technologiques faites par les autres. Cette capacité est la condition sine quoi non du développement et à fortiori du métadéveloppement.

C- L'INDICE DE DÉVELOPPEMENT SOCIAL – IDS –

Réduction de la pauvreté

Les chiffres suivants ont une valeur indicative, ils doivent être utilisés comme ordre de grandeur.
La baisse de la pauvreté dans le monde est incontestable comme le montrent les statistiques sur la proportion de la population vivant sous le seuil international de pauvreté entre 1990 et 2021.
Pour refléter l'évolution de l'économie, la Banque mondiale a fait évoluer le seuil qui définit l'extrême pauvreté de 1 dollar par jour en 1990 à 1,9 dollar par jour (PPA) en 2011 et à 2,15$/jour à l'automne 2022.

Entre 1990 et 2021, le taux de pauvreté est passé de 35,9 % à 8,9 %. comme le montre le tableau ci-après.

Année	Taux de pauvreté %
1990	35.9
1995	29.4
2000	25.7
2005	20.8
2010	13.7
2013	11.2
2015	10
2016	9.7
2017	9.2
2018	8.7
2019	8.4
2020	9.1
2021	8.9

*Source : © Statista 2023

La politique de redistribution dans les pays scandinaves ou nordiques a un impact significatif sur le niveau de pauvreté comme le montrent les chiffres suivants pour l'année 2011

Pays	Taux de pauvreté avant redistribution	Taux de pauvreté après redistribution
Danemark	24,7 %	6%
Suède	26,5 %	9,7 %
Norvège	25,6 %	7,7 %
Finlande	31,9 %	7%
Islande	21,6 %	5,7 %

Pour l'année 2016, selon les données fournies par l'Observatoire des inégalités de l'OCDE, parmi les pays riches, c'est la Finlande qui affiche le taux de pauvreté le plus bas (5 %) ; la France enregistre un bon taux par rapport à d'autres pays de taille comparable (8.3 %) ; Suivie par l'Allemagne (10.4 %) ; le Royaume-Uni (11.9 %) ; l'Italie (13.7 %) ; l'Espagne (15.5 %) ; le Japon (15.7 %). Les USA ferment la marche du classement avec un taux de pauvreté de 17.8 %.

L'humanité étant ce qu'elle est ; on peut raisonnablement considérer le taux $\leq 5\%$ comme le taux qui permet l'obtention de la note complète rattachée à ce sous-critère. Le dépassement de ce seuil entraine un zéro.

Un droit d'accès au logement social opposable et effectif

Le droit au logement est le droit pour tout citoyen de disposer d'une habitation décente. Un logement décent est un logement situé dans une zone désenclavée et doté d'équipements de confort minimum, électricité, gaz, chauffage, sanitaires …

Le droit au logement est consacré par la Déclaration universelle des droits de l'homme et par les constitutions et lois de nombreux pays. Malgré ces lois, ce droit fondamental est insuffisamment appliqué en raison du caractère non contraignant des dispositifs juridiques régissant l'accès des citoyens au logement.

En France, depuis 2007, le droit au logement est devenu un droit opposable, c'est-à-dire un droit qui peut faire l'objet de recours devant les tribunaux par toute personne qui s'estime lésée, pour faire condamner l'autorité en charge de faire respecter ce droit.

La personne qui souhaite faire valoir son droit au logement opposable doit déposer un dossier auprès de la commission de médiation. Si la commission de médiation la reconnaît comme prioritaire, le préfet dispose de 3 mois (6 mois en Ile-de-France) pour lui faire une proposition de logement social. Si elle ne reçoit aucune proposition de logement dans ces délais ou que les propositions de logement qui lui sont faites sont inadaptées, elle est en droit de saisir le tribunal administratif d'un recours en injonction afin d'obliger la préfecture à lui trouver un logement dans un délai de 4 mois à compter de la notification de la décision. La juridiction doit statuer dans un délai de deux mois.

Malgré toutes ces dispositions, la Cour des comptes appelle, dans son rapport de janvier 2022, à réformer le droit au logement opposable, car dit-elle : "Pour de trop nombreux ménages, le Droit au logement opposable n'est pas encore un droit effectif, et le risque qu'il devienne un droit source de désillusions augmente".

Devant l'ampleur des demandes, des recours et des procès, une décision du Conseil constitutionnel du 19 janvier 1995 rappelle que : « La possibilité de disposer d'un logement décent est un objectif à valeur constitutionnelle ».

Pour qu'un pays obtienne la note liée à ce critère, il faut que :

- Le droit au logement soit opposable et effectif.
- Et pour les personnes vivant dans la rue, il faut qu'elles soient prioritaires dans l'accès au logement, aux soins et à l'emploi notamment dans le secteur de l'économie solidaire.

L'accès aux soins de qualité pour tous

Dans les pays développés, l'accès aux soins de qualité est rendu possible grâce aux progrès réalisés dans le domaine des équipements médicaux, des vaccins et des médicaments, mais les situations sont très hétérogènes selon les pays.

À la différence de la France par exemple, aux USA ce sont les assurances privées qui couvrent la majorité des Américains notamment via l'emploi et accessoirement via le marché individuel de l'assurance.

Ceux qui possèdent des moyens financiers conséquents ont la possibilité d'être bien soignés, pour le reste des citoyens il en va autrement.

Ce système est très fragile car en cas de chômage le salarié perd son assurance et n'a d'autres possibilités que de contracter une assurance individuelle quand il a les moyens financiers. En cas de maladie, ceux qui n'ont pas les moyens se retrouvent dans une détresse absolue.

En 2010, le président Obama a proposé un plan pour remédier à cette situation, même si le plan initial a été vidé d'une partie de sa substance lors de son adoption par le Congrès, puis au cours de la présidence de Donald Trump, cette réforme a tout de même permis d'assurer 10 % de la population américaine en étendant le Medicaid (assurance publique pour les personnes démunies avec enfants) et en prévoyant des subventions au paiement des primes d'assurance pour les personnes qui n'ont pas accès à une assurance via leurs employeurs.

Malgré ces améliorations, depuis 2014 la population américaine perd chaque année quelques mois d'espérance de vie. La baisse la plus spectaculaire est enregistrée pendant la période de la Covid-19 avec un déclin de presque 03 ans pour les années 2020 et 2021, ramenant l'espérance de vie des Américains à 76,1 ans. Il n'est pas pensable que la première puissance économique du monde se retrouve parmi les pays sous-développés dans les classements internationaux.
Pour obtenir la note complète affectée à ce critère, tous les citoyens et leurs ayants droit doivent être couverts contre les risques de la vie : maladie, vieillesse, accidents de travail, maladies professionnelles, chômage, maternité … Et dans le cas où l'assurance arrive à son terme pour une raison ou pour une autre, la logique d'assistance doit suppléer à la logique d'assurance.
Dans le domaine de la protection sociale, la France constitue indéniablement un modèle à suivre. Voici, de manière succincte, quelques prestations sociales relevant de la solidarité, servies en France : Revenu de solidarité active (RSA) ; Assurance-maladie et complémentaire santé solidaire, Allocation d'adulte handicapé (AAH), Allocation d'autonomie, Minimum vieillesse, etc.

L'accès pour tous à une éducation de qualité

Les systèmes éducatifs des pays développés sont de grande qualité. Pour étayer cette affirmation, au moins deux preuves sont irréfutables.
- Les grandes inventions et innovations sont le fait des pays occidentaux.
- Les classements internationaux en matière d'éducation et de l'enseignement supérieur montrent que les pays développés surclassent très largement le reste du monde.

Pour obtenir la note complète affectée au critère de l'éducation, il faut que le pays remplisse trois conditions, sous risque d'obtenir un zéro :
- Être dans le Top 50 du classement PISA.
- Figurer au moins une fois dans le Top 100 du classement des universités et grandes écoles.
- Les enfants handicapés en mesure de fréquenter l'école doivent être scolarisés

La sécurité dans la société

L'Indice de criminalité est une estimation du niveau global de criminalité dans une ville ou un pays donné. Des enquêtes qui classent les pays par indice de criminalité sont régulièrement publiées par le site NUMBEO.com. Mais d'après les spécialistes ces enquêtes n'ont pas de valeur statistique fiable.

C'est pour cette raison qu'il faut opter pour le taux de criminalité représenté par le rapport entre le nombre de crimes et délits constatés par les services de police et de gendarmerie au cours d'une année et la population du pays considéré.

Le taux de criminalité ainsi défini est un critère plus objectif que l'Indice de criminalité qui est élaboré sur la base de sondages des visiteurs du site web NUMBEO.

Les taux de criminalité peuvent être classés en cinq catégories : très faibles, faibles, modérés, élevés et très élevés. Dans un pays métadéveloppé, le taux de criminalité doit être, modéré, faible ou très faible, dans le cas contraire, la note devrait être nulle.

D- L'INDICE DE PROTECTION DE L'ENVIRONNEMENT - IPE

La protection de l'environnement est incontestablement le défi majeur auquel est confrontée l'humanité en ce début du 21e siècle.

De l'attitude des gouvernements et des nations dépendra la capacité de notre génération à sauver la planète et à la rendre vivable pour les générations futures.

Voici les 10 préoccupations environnementales les plus importantes que l'Organisation des Nations unies – ONU – a formulées en 2015, dans son Programme de développement durable à l'horizon 2030.

La réduction du réchauffement climatique

Le réchauffement climatique dû aux émissions de gaz à effet de serre et la destruction de la couche d'ozone menace la survie de millions de personnes, d'animaux et de plantes sur terre et provoque des dérèglements climatiques de plus en plus extrêmes et fréquents : tempêtes, ouragans, changements de saison, fonte des glaces, inondations, sécheresses, incendies … d'où l'impérieuse nécessité de limiter le réchauffement climatique à 2 °C d'ici la fin du siècle.

La transition énergétique

Plus de 80 % de la consommation mondiale d'énergie repose sur les énergies fossiles, pétrole, gaz naturel et charbon. Les énergies fossiles sont à l'origine de 60 % des émissions de gaz à effet de serre. La transition énergétique se fonde sur trois volets :

La réduction des énergies fossiles et la promotion des énergies renouvelables

Cela consiste à faire évoluer le mix énergétique vers une prépondérance des énergies renouvelables qui sont en nombre de six :

- L'énergie solaire qui utilise des panneaux solaires photovoltaïques ou thermiques.
- L'énergie éolienne qui transforme l'énergie du vent en électricité ; les éoliennes peuvent être terrestres, off-shore, ou flottantes…
- L'énergie hydraulique ou l'énergie cinétique de l'eau (fleuves et rivières, barrages, courants marins, marées).
- L'énergie biomasse issue de la combustion de matériaux dont l'origine est biologique (ressources naturelles, cultures ou déchets organiques).
- La géothermie où l'énergie est issue de la chaleur émise par la Terre et stockée dans le sous-sol. Selon la ressource et la technologie mise en œuvre, les calories sont exploitées directement ou converties en électricité.
- L'Hydrogène renouvelable : L'hydrogène est un gaz qui peut être utilisé comme un vecteur énergétique notamment pour produire de l'électricité. L'hydrogène n'étant pas une ressource renouvelable à proprement parler, on doit souvent produire l'hydrogène à partir de ressources qui sont très abondantes ou qui se renouvellent, c'est cet hydrogène qu'on qualifie d'hydrogène renouvelable ou d'hydrogène vert.

La sobriété énergétique : elle consiste à réduire les besoins en énergie grâce notamment à des transformations des modes de consommation.

L'efficacité énergétique : elle consiste à améliorer le rendement des systèmes énergétiques.

La différence entre les économies d'énergie et l'efficacité énergétique est la suivante : les économies d'énergie sont le résultat d'une réduction de la consommation d'énergie ; l'efficacité énergétique, c'est utiliser moins d'énergie sans perdre en confort.

La protection de la biodiversité

Les activités humaines détruisent les écosystèmes, la faune et la flore. Aucune espèce d'oiseaux que je chassais avec un tire-boulettes dans mon village natal lorsque j'étais enfant n'a survécu 50 ans après.
22 % des espèces sur Terre sont en danger en raison de la perte d'habitats, du braconnage et de l'introduction d'espèces envahissantes.

La lutte contre la pollution

L'écrasante majorité de la population mondiale respire un air pollué. La pollution cause le décès d'environ 9 millions d'individus chaque année.
122 millions de personnes dans le monde collectent de l'eau non traitée dans des lacs, des rivières, des ruisseaux … provoquant la propagation de maladies dont certaines sont mortelles.

La lutte contre la Pénurie d'eau

L'eau douce est indispensable à la vie sur terre. Malheureusement, 2.7 milliards de personnes connaissent une pénurie d'eau pendant au moins un mois par an. L'agriculture représente près de 70 % de la consommation d'eau dans les pays les plus arides. Il est par conséquent vital d'utiliser les ressources en eau de manière responsable notamment par :

- L'entretien des canalisations pour limiter les fuites.
- L'action sur les changements climatiques qui provoquent des

sécheresses dans certaines régions et des inondations dans d'autres.
- La limitation de la fracturation hydraulique dans des régions en situation de stress hydrique,
- La maîtrise des besoins de l'agriculture gourmande en eau notamment dans les régions sèches.
- L'adoption de comportements adéquats par les ménages (en prenant des douches plutôt que des bains, en utilisant des pommeaux de douche économiques, en chassant moins d'eau dans les toilettes, en réparant les fuites dès leurs apparitions, en évitant de laisser couler l'eau inutilement, en arrosant avec parcimonie…)

Le développement de l'agriculture durable

L'agriculture durable est une agriculture qui assure la pérennité des systèmes de productions agricoles en répondant aux enjeux économiques, sociaux et écologiques :
- Limitation de l'usage des pesticides pour ne pas porter atteinte à la santé des espèces et êtres vivants.
- Limitation des gaz à effet de serre.
- Économie de l'eau.
- Protection des sols.
- Limitation de la production de déchets.
- Protection de la biodiversité.
- Lutte contre la déforestation et la désertification.

La protection des mers et des océans

Les mers et les océans sont devenus aujourd'hui de gigantesques dépotoirs de plastique. De graves dommages sont causés aux écosystèmes marins par le réchauffement climatique et par le déversement de polluants, de carburant des navires et des eaux usées.
Voici quelques mesures de protection des mers et des océans :
- Réduire la consommation de poissons.
- Consommer des espèces de poissons non menacées.
- Réduire la consommation de plastique.
- Réduire l'empreinte carbone.
- Nettoyer régulièrement les plages, les cours d'eau …

Développement urbain et mobilité

D'ici 2030, les villes du monde abriteront 5 milliards de personnes. Les villes devront être sûres, écologiques, économes en énergie et inclusives. Elles devront disposer de plus d'espaces verts, de bâtiments écologiques et de moyens de transport durables.

L'action sur les événements météorologiques extrêmes

Le réchauffement climatique rend les événements météorologiques tels que les inondations, les vagues de chaleur, les sécheresses, et les ouragans plus fréquents et plus intenses. Limiter le réchauffement climatique aux normes convenues internationalement est une nécessité vitale. Venir en aide aux sinistrés démunis est une obligation à la fois morale et sociale.

Optimisation de l'utilisation des ressources et gestion des déchets

D'ici 2030, la population mondiale atteindra 8.6 milliards d'individus. Ce qui signifie que la quantité de ressources consommées et les déchets secrétés vont considérablement augmenter. Par conséquent, il est impératif de commencer à utiliser de façon optimale les ressources naturelles et à réduire nos déchets par les mesures et les comportements suivants :

- Promouvoir l'éducation environnementale.
- Réduire les surconsommations en énergies et matières premières.
- Favoriser l'économie circulaire par le partage, la réutilisation, la réparation et le recyclage des produits et matériaux existants de manière à étendre leurs cycles de vie afin de limiter l'utilisation de matières premières et de réduire la production de déchets.
- Préserver les écosystèmes.
- Éviter d'acheter des produits avec beaucoup d'emballage.
- Acheter des produits en vrac autant que possible.
- Utiliser des sacs réutilisables pour réduire l'utilisation de sacs en plastique.

III - L'INDICE SYNTHÉTIQUE DU MÉTADEVELOPPEMENT

La synthèse et la notation des critères des quatre indices précédents qui forment l'Indice synthétique du métadéveloppement, sont résumées dans le tableau ci-après. Quand un critère noté sur 1 est constitué de plusieurs sous-critères, chaque sous-critère est noté sur 1/nombre de sous-critères. Exemple : la sécurité économique est appréciée à travers 05 sous-critères (voir plus haut) ; chacun d'eux est noté sur 1/5 = 0.20. Seuls les pays qui obtiennent une Note Globale NG comprise entre 17 et 20 peuvent accéder au statut de pays métadéveloppé : $\mathbf{17 \leq NG \leq 20}$

Indices	Critères	Notation
Indice de démocratie ID	- Egalité des citoyens devant la loi –Etat de droit- - Pluralité des partis politiques et alternance au pouvoir - Indépendance de la justice - Liberté de la presse et respect des libertés individuelles et collectives - Sécurité de la démocratie	1 1 1 1 1
	Total	5 points
Indice de développement économique IDE	- Croissance du PIB ≥ 2.5 % - Taux de chômage ≤ 4.5 % - Inflation comprise entre 1.5 % et 2 % - Balance commerciale équilibrée ou excédentaire - Sécurité économique	1 1 1 1 1
	Total	5 points
Indice de développement social IDS	- Taux de pauvreté ≤ 5 % - Accès au logement pour tous - Accès aux soins de qualité pour tous - Accès à l'éducation de qualité pour tous - Sécurité dans la société	1 1 1 1 1
	Total	5 points
Indice de protection de l'environnement	- Respect des objectifs de réchauffement climatique - Transition énergétique - Protection de la biodiversité - Lutte contre la pollution et gestion des déchets - Lutte contre la pénurie d'eau - Agriculture durable - Protection des mers et des océans - Développement urbain et mobilité - Lutte contre événements météorologiques Extrêmes - Optimisation de l'utilisation des ressources naturelles	0.5 0.5 0.5 0.5 0.5 0.5 0.5 0.5 0.5 0.5
		5 points
Total général		**20 points**

CONCLUSION GÉNÉRALE

Après la Seconde Guerre mondiale, l'Organisation des Nations unies, les dirigeants politiques des différents pays et les intellectuels pensaient que le développement - objet désiré par tous - était facile à atteindre. Malheureusement, force est de constater que la réalité a vigoureusement montré l'inverse. Trois quarts de siècle après, le sous-développement est la norme et le développement l'exception !

Le sous-développement concerne des milliards de personnes et préoccupe des millions d'intellectuels et de nombreuses organisations internationales.

Tous les efforts effectués par ces différents acteurs pour extirper les nations sous-développées de la pauvreté voire de l'extrême pauvreté sont restés vains ! De là à croire que les pays du Sud sont frappés par une malédiction géographique, il n'y a qu'un pas !

L'économie du développement est devenue une science à part entière enseignée dans les grandes universités. Une abondante littérature existe sur le sujet, mais la plupart des ouvrages sont purement descriptifs et ont de ce fait peu d'intérêt par rapport à l'objectif de déclenchement du développement.

Écrire un livre descriptif sur le sous-développement d'un pays en présentant des statistiques sur l'emploi, la santé, l'éducation … est superflu. Plutôt que de s'attarder sur ce genre de caractéristiques des sociétés sous-développées, il est infiniment plus pertinent de s'interroger sur les facteurs de déclenchement susceptibles de faire passer les pays sous-développés à l'état de pays développés.

Beaucoup de théories et modèles ont été conçus à cet effet, malheureusement, ils sont tous dans l'impasse.

La fin du 20e siècle est marquée par :

- l'inefficacité de tous les modèles de développement y compris les modèles libéraux, et ce malgré le triomphe du libéralisme à l'échelle planétaire ;
- la faillite du communisme ;
- et l'inachèvement des voies alternatives

Il n'y a pas un chapitre de cet ouvrage qui ne comporte pas d'innovation intellectuelle.

La caractérisation des sociétés développées s'est faite à l'aide de cinq paramètres constitués de richesses immatérielles et matérielles : La démocratie, le savoir, l'avoir, le pouvoir et l'esthétique.
La première richesse des sociétés développées est une richesse immatérielle : la démocratie avec ses attributs fondamentaux qui sont l'égalité des citoyens devant la loi, l'alternance au pouvoir, l'indépendance de la justice, la liberté de la presse, le respect des libertés individuelles et collectives et le respect des droits humains. Elle est le socle du patrimoine immatériel des pays occidentaux.
La deuxième richesse immatérielle des pays développés est le savoir. La maîtrise des savoirs et savoir-faire constitue, de notre point de vue, la clé du développement. Les savoirs déclencheurs sont en nombre de trois :

- Les sciences de l'ingénieur.
- Le management de direction.
- Et le markéting stratégique.

Dans ces trois domaines et plus particulièrement dans le domaine des sciences de l'ingénieur, les élites intellectuelles des pays sous-développés doivent être formées dans les meilleures universités du monde.
Le transfert technologique étant un mirage, la maîtrise des technologies ne peut se faire que grâce à des ingénieurs ayant reçu une brillante formation. Les élites envoyées en formation à l'étranger ne doivent revenir dans leurs pays respectifs qu'une fois hissées au niveau des ingénieurs qui font le progrès technique des nations développées. Quitte à préparer l'ingéniorat en 10 ans au lieu de 05 !

L'avoir mesuré par le PIB discrimine relativement bien, pays développés et pays sous-développés.
La tentative d'enrichissement de ce critère par l'indice de développement humain (IDH) est, du point de vue du développement, sans intérêt aucun ! Ce n'est pas en ayant un taux d'alphabétisation élevé, c'est-à-dire en sachant lire, écrire et faire des additions et des soustractions que les sociétés sous-développées vont se hisser au niveau des nations développées !

En Egypte comme en Algérie, le nombre d'ingénieurs et de docteurs est considérable, mais personne ne se pose la question de savoir pourquoi les ingénieurs des pays développés innovent et inventent des merveilles technologiques et ceux des pays du tiers-monde sont dans l'incapacité de reproduire des produits qu'ils peuvent avoir entre leurs mains pendant toute leur vie.

Sur le plan sanitaire, dans notre pays, on soigne les maladies virales à l'aide d'antibiotiques ; un rendez-vous pour un scanner ou une IRM dans un hôpital public relève de l'impossible pour le commun des mortels ; chez les praticiens privés, une IRM coûte plus d'un mois et demi de salaire au SMIG et le montant remboursé par l'assurance maladie est dérisoire. Une seule séance de radiothérapie dans une clinique privée est l'équivalent de presque deux années de salaire au SMIG. Beaucoup de médecins de ville accomplissent des actes injustifiés sur le plan médical, notamment en matière de chirurgie, juste pour encaisser des millions …

Les fonctionnaires de l'ONU s'accommodent de ce genre de situations pour donner de bonnes notes à certains pays comme l'Algérie ou la Roumanie … leur faisant croire qu'ils sont au seuil de la porte qui leur donne accès au développement. Ces fonctionnaires ne sont pas loin des auteurs des pays avancés qui estiment qu'il faut laisser les pays sous-développés vivre leurs traditions dans la tranquillité … plutôt que de les perturber et de les importuner avec les histoires de technologie …

Celui qui possède le savoir et l'avoir a le pouvoir sur les autres ; savoir, avoir et pouvoir vont de pair.

Reste un dernier critère totalement ignoré par les économistes du développement : l'esthétique.

L'esthétique dans les sociétés développées est omniprésente, on la trouve non seulement dans la vie de tous les jours, dans la façon de s'habiller, de se coiffer, d'organiser son jardin, de décorer son intérieur, dans les cérémonies de mariage … mais aussi dans les cérémonies de deuil et dans les cimetières.

La tyrannie de l'apparence a poussé les sociétés occidentales jusqu'à donner au prophète Jésus-Christ une apparence qui ne correspond pas à celle d'un natif de Bethléem.
Le mode de production capitaliste est imprégné par des préoccupations et des opérations fondamentalement esthétiques, ce qui nous a poussé à parler de capitalisme des beaux-arts et de sociétés-artistes.
Le premier chapitre est consacré aux théories et modèles de développement ainsi qu'à leur impasse.
Dans le deuxième chapitre, nous avons identifié les obstacles et les freins au développement illustrés par l'exemple de l'Algérie.
Nous avons montré comment la dénaturation de ce que nous avons appelé les institutions fondamentales a instauré un cadre normatif porteur de dérives qui sapent les fondements mêmes de la société.
L'emmêlement des professions militaires, politiques et économiques hypothèque tout espoir de développement.
La malédiction des richesses naturelles frappe l'Algérie de plein fouet, elle permet à la médiocratie de prospérer et au Système de perdurer.
Le chapitre est clôturé par la notion du ruissellement du développement des pays du Nord vers les pays du Sud, qui constitue une chance pour les pays du tiers-monde.
Poser un diagnostic sans proposer de remède est un acte futile, c'est la raison pour laquelle nous avons dans un troisième chapitre, proposé un modèle de développement basé sur la technique et l'esthétique, avec cette précision fondamentale que la technique s'obtient non pas par des ''transferts technologiques'' mais par des formations brillantes dans les sciences de l'ingénieur qui est la quintessence de la fonction technique (Recherche/développement et production) qui fait partie de ce que nous avons appelé les fonctions développantes de l'entreprise, à côté des fonctions de direction et du marketing stratégique.
Le rôle de l'État dans la phase de développement est primordial, l'État développeur est un État planificateur, organisateur, promoteur de l'investissement privé et financeur en dernier ressort. L'organisation des branches d'activité devrait se faire selon les

principes du Triangle magique QCI, mêlant qualité, compétition et imitation innovante.

Les différents problèmes auxquels sont confrontés les pays développés témoignent du chemin qui leur reste à faire pour bâtir des sociétés plus prospères, plus justes, plus durables et plus sûres, que nous qualifions de sociétés métadéveloppées. La notion de métadéveloppement est mesurée à travers quatre indices :

- L'Indice de démocratie – I.D –.
- L'Indice de développement économique – IDE –.
- L'Indice de développement social – IDS –.
- L'Indice de protection de l'environnement –IPE –.

Ces quatre indices constituent l'Indice synthétique du métadéveloppement noté sur 20. Seuls les pays qui obtiennent une note de 17 à 20 peuvent prétendre au statut de pays métadéveloppé.
L'autre innovation intellectuelle dans ce domaine est l'introduction de la notion de sécurité : sécurité de la démocratie, sécurité économique, et sécurité dans la société.

Tout au long de cet ouvrage, nous avons mis en relief l'importance de la qualité de la formation dans le déclenchement du développement notamment, dans les domaines des sciences de l'ingénieur et des fonctions de direction et de markéting stratégique.
La qualité de la formation requise pour la maîtrise de la technologie et le développement des entreprises et des économies est dispensée dans les meilleures universités du monde.

À la fin de la rédaction de cet ouvrage, le décret présidentiel n° 24-218 du 27 juin 2024 est publié dans le journal officiel, permettant aux militaires d'occuper des postes de responsabilité dans les entreprises des secteurs stratégiques.
Les activités revêtant un caractère stratégique sont définies par le décret Exécutif n°21-145 du 17 avril 2021, il s'agit des activités suivantes :

L'industrie pharmaceutique :

- Fabrication de produits pharmaceutiques.
- Fabrication de dispositifs médicaux.

- Commerce de gros de produits pharmaceutiques.
- Distribution de gros de dispositifs médicaux …

L'énergie et les mines :
- Extraction d'hydrocarbures liquides et gazeux.
- Transport d'hydrocarbures liquides et condensat par canalisation.
- Extraction et préparation de minerai de fer.
- Extraction et préparation de bauxite.
- Extraction et préparation de minerais de métaux communs non-ferreux.
- Extraction et préparation de minerais pour ferro-alliages.
- Extraction et préparation de minerais de métaux précieux.
- Extraction et préparation de minerais métalliques divers.
- Extraction et préparation de minerais d'uranium et de minerais radioactifs.
- Extraction et préparation de pyrite, production de soufre.
- Extraction et préparation de produits minéraux divers.
- Extraction de houille…

Le transport :
- Transport ferroviaire de voyageurs.
- Transport ferroviaire de marchandises.
- Transport aérien de personnes.
- Transport aérien de marchandises.
- Services aériens de transport.
- Service aérien pour l'agriculture.
- Transport maritime de voyageurs.
- Transport maritime de marchandises.
- Cabotage maritime.
- Transport maritime urbain.
- Entreprise de services portuaires.
- Services aéroportuaires.
- Courtier maritime.
- Exploitation de services d'aviation légère.
- Affrètement et frètement aérien…

Cette décision est un contresens. Au lieu de confier la direction des entreprises à des diplômés des meilleures grandes écoles et universités du monde, on les confie à des militaires !
Ce genre de décisions justifie si besoin est, le titre du livre : le sous-développement risque bien d'être durable et les pays en voie de développement se trompent véritablement de voie !

Nous avons proposé un modèle de développement et avons identifié les conditions de sa réussite tout en étant conscient, que leur mise en œuvre relève des pouvoirs militaire et sécuritaire qui s'obstinent, par manque de lucidité, à faire perdurer un système qui est délétère pour eux, pour leurs familles et leurs proches et pour la nation tout entière.

Quant à nous ..., nous avons le sentiment d'avoir accompli le devoir de vérité quitte à faire un détour par la case prison avant de monter au ciel !

Table des matières

Revue « Marché et Organisations »

Promouvoir la recherche originale sur les relations de plus en plus étroites entre le marché et les organisations. Les acteurs économiques de taille, de puissance et de pouvoir différents dont les intérêts peuvent être convergents, complémentaires ou, le plus souvent, antagoniques, ont tendance à organiser les marchés. La raison du marché, pourtant, est la référence stratégique pour l'entreprise ainsi que pour les institutions publiques de décision économique.

N°6 : Entrepreneuriat et accompagnement. Outils, actions et paradigmes nouveaux, 2008
N°7 : Développement durable des territoires. Economie sociale, environnement et innovations, 2008
N°8 : Développement durable et responsabilité sociale des acteurs, 2009
N°9 : Gouvernance : exercices de pouvoir, 2009
N°10 : Le travail collaboratif. Une innovation générique, 2009
N°11 : Economie sociale et solidaire. Nouvelles trajectoires d'innovations, 2010
N°12 : Relations à la marque et marques de la relation. Regards croisés sur le management relationnel de la marque, 2010
N°13 : Les contrats au service de la recherche ?, 2011
N°14 : Le potentiel économique de l'Afrique subsaharienne, 2011
N°15 : Management de la distribution, 2012
N°16 : Territoire Vert. Entreprises, Institutions, Innovations, 2012
N°17 : Eco-conception, conception et innovation. Les nouveaux défis de l'entreprise, 2013
N°18 : Intelligence économique : entreprises et territoires, 2013
N°19 : La finance globale. Un monde fini, 2013
N°20 : La crise du « développement », 2014
N°21 : La Chine innove. Politiques publiques et stratégies d'entreprise, 2014
N°22 : Go East! Nouvelles Economies de Marché, 2015
N°23 : L'économie du changement, 2015
N°24 : Le temps des artisans. Permanences et mutations, 2015
N°25 : Innovations de proximité et esprit d'entreprise, 2016
N°26 : L'avenir des économies du Maghreb : entre inertie structurelle et envie de rupture, 2016/3 (n° 27)
N°27 : Le sport aux frontières du marché du travail, 2016
N°28 : Dynamiques internationales des entreprises, 2017
N°29 : L'univers du risque, 2017
N°30 : Les petites entreprises dans l'histoire industrielle, 2017
N°31 : Economie sociale et *social business* ? Au défi d'entreprendre et se financer, 2018
N°32 : Éducation et fertilisation des économies africaines, 2018
N°33 : L'entrepreneuriat innovant dans les pays du Maghreb, 2018
N°34 : L'entrepreneuriat scientifique : institutions et innovation, 2019
N°35 : Le champ économique de la culture, 2019
N°36 : Economie sociale et solidaire ? Modèles d'innovation et modes de gouvernance, 2019
N°37 : Rethinking Luxury Business, 2020
N°38 : La santé connectée. Nouvelles technologies et réorganisation des soins, 2020
N°39 : Options stratégiques et systèmes complexes d'innovation, 2020
N°40 : Les services : intégration des systèmes productifs et lien social, 2021
N°41 : Crise pandémique, crise globale. Réalité et controverses théoriques, 2021
N°42 : La crise de la covid-19. Le marché et les organisations en perspective, 2021
N°43 : (Re)faire système. *Bug & reset*, 2022
N°44 : Aléas du marché et management du risque, 2022
N°45 : Le renouveau du transport et de la logistique : les systèmes d'information, 2022
N°46 : Entrepreneuriat et innovation dans l'enseignement supérieur, 2023
N°47 : Le tourisme créatif. Culture, créativité, patrimoine, management, 2023
N°48 : L'Afrique : questions de performances, 2023
N°49 : *Fintech* en sciences du management, 2024

https://www.cairn.info/revue-marche-et-organisations.htm

Collection « L'esprit économique »
fondée par Sophie Boutillier et Dimitri Uzunidis en 1996

Dernières parutions

► ***Série Economie et Innovation***
T. MICHAUD, *La science-fiction institutionnelle*, 2023.
M. TOMAS, *Gouvernance territoriale et développement économique au Maroc : l'opportunité d'une étude économétrique*, 2025.
► ***Série Le Monde en Question***
O. MUMBERE MUHONGYA, *Efficacité de l'aide publique au développement. Question de la qualité des données*, 2024.
M. CAMARA, *Être ministre de l'Économie et des Finances de la République de Guinée*, 2024.
R. A. OBAM NLONG, *Du franc CFA à l'Afrix : la nécessaire refonte du Fonds Monétaire Africain*, 2024.
A. N. BASAHAG, *La réforme budgétaire dans les États de la Communauté économique et monétaire d'Afrique centrale (CEMAC)*, 2025.
A. OUCHEN, *Analyse des crises financières de grande ampleur : étude économétrique de contagion*, 2025.
O. S. AWAL, *Dette publique et développement au Cameroun : outils, stratégies et souveraineté économique*, 2025.
M.-C. DJIENA WEMBOU, E. B. AKONO, *Réformes économiques et financières en Afrique centrale : bilan et perspectives*, 2025.
E. FAKABA SISSOKO, *L'État, le marché et la fragilité : dynamiques croisées de l'investissement public et privé dans l'Alliance des États du Sahel (AES)*, 2025.
Ch. PROVIDENCE, *Développement durable dans la Caraïbe francophone : économie, culture et politique sociales face aux enjeux territoriaux*, 2025.
► ***Série Krisis***
A. MANRAY, *Petit traité de gouvernance à l'usage des despotes éclairés*, 2024.
B. LANDAIS, *Théorie générale de la croissance économique et du développement*, 2024.
V. SOYER, *Critique de la théorie contemporaine de la valeur*, 2024.
E. CARREY, H. LANDIER, *De l'économie financière à l'économie du sens et du soin*, 2025.
J.-E. Brunie, *Faire le CHOIxCE : une monnaie universelle pour réparer le capitalisme et protéger le vivant*, 2026.
► ***Série Clichés***
B. S. BONBON, *Géométrie parabolique tridimensionnelle ou perspective parabolique*, 2023.
S. BOUTILLIER, B. LAPERCHE, S. T. K. LE, *Ports industriels en transition : De l'économie circulaire à la décarbonation*, 2024.
B. HAGIARIAN, *En route vers le capitalisme.* Suivi de *Qu'est-ce qu'un supermarché ?*, 2025.
► ***Série Cours Principaux***
B. LANDAIS, *Macroéconomie. Les fondamentaux*, 2024.
A. KATFI, O. EL MNOUER (dir.), *Mathématiques financières. Cours d'initiation et exercices corrigés*, 2024.
J. NGONGO NGOY, *Manuel d'analyse financière*, 2024.
H. GUENICHI, *Analyse avancée de données de panel : aperçu du cadre théorique et applications avec Stata et R*, 2025.
Y. KEHO, F. B. DOUCOURE, *Économétrie des données de panel : rappels de cours et applications avec Stata*, 2025.
Z. T. M. VAHI, *Modélisation du risque de crédit bancaire/ Les enjeux de la norme IFRS 9*, 2025.
M. Y. El A. ISMAILI, J. AYEGOU, B. GBAOUI, *Méthodologie de recherche en sciences économiques : réussir sa thèse et son mémoire de fin d'études*, 2026.
► ***Série L'économie formelle***
J.-P. ROSELLO, *Marchés financiers, capital financier et crises systémiques*, 2024.
J.-L. VILLOUTREIX, *L'eau coule à Aguad : un conte économique*, 2024.
B. MEUNIER, *L'insoutenable dette publique de la France*, 2024.
J. LATREILLE, *Le PIB, ou la mesure de notre démesure*, 2024.
C. MEIDINGER, *Controverses macroéconomiques contemporaines*, 2024.
J.-M. RUFFIE, *La loi de l'offre et du besoin : décrocher de la demande*, 2025.
J.-N. COTTIER, *Les financières de l'immobilier locatif : SCPI, OPCI (SPPICAV et FPI) et SIIC*, 2025.

Structures éditoriales du groupe L'Harmattan

L'Harmattan Italie
Via degli Artisti, 15
10124 Torino
harmattan.italia@gmail.com

L'Harmattan Hongrie
Kossuth l. u. 14-16.
1053 Budapest
harmattan@harmattan.hu

L'Harmattan Sénégal
10 VDN SICAP AMITIE 3
BP 45034 Dakar-Fann
direction@senharmattan.com

L'Harmattan Cameroun
Tsinga/Derrière polyclinique FECAFOOT
BP 11486 Yaoundé
Jacques.koukam@harmattan.fr

L'Harmattan Burkina Faso
Villa 281, secteur 23 623, rue 14.32
Ouagadougou
zagbie@outlook.fr

L'Harmattan Guinée
Almamya, rue KA 028 OKB Agency
BP 3470 Conakry
harmattanguinee@yahoo.fr

L'Harmattan RDC
185, avenue Nyangwe
Commune de Lingwala – Kinshasa
matangilamusadila@yahoo.fr

L'Harmattan Congo
219, avenue Nelson Mandela
BP 2874 Brazzaville
deunovmikhael@gmail.com

L'Harmattan Mali
Immeuble Mgr Jean Marie Cissé
Aci Hamadallaye
BP 145 Bamako
syllaka@yahoo.fr

L'Harmattan Togo
Djidjole – Maison Amela
face EPP BATOME
02 BP 20680 Lomé
didieramela11@gmail.com

L'Harmattan Côte d'Ivoire
Résidence Karl – Cité des Arts
Abidjan-Cocody
03 BP 1588 Abidjan
harmattan.ivoire@gmail.com

L'Harmattan Bénin
Rue 604, (Immeuble à l'entrée
de la rue UCAO- Cite de Saint-Jean)
Cotonou
stepcorpus@gmail.com

Nos librairies en France

Librairie internationale
16, rue des Écoles
75005 Paris
librairie.internationale@harmattan.fr
01 40 46 79 11
www.librairieharmattan.com

Librairie des savoirs
21, rue des Écoles
75005 Paris
librairie.sh@harmattan.fr
01 46 34 13 71
www.librairieharmattansh.com

www.ingramcontent.com/pod-product-compliance
Lightning Source LLC
LaVergne TN
LVHW011447061026
849535LV00004BA/985